Gil Fronsdal &
Nancy Van House

Buddhismus
für den Westen

arbor

Arbor Verlag
Freiamt im Schwarzwald

Inhalt

Heimat und Inspiration für die spirituellen Praxis in Spirit Rock ist das Land selbst. Das mehr als tausend Hektar umfassende Gelände des Spirit Rock-Zentrums, das heiliges Land der Miwokindianer sein soll, besteht aus großen Wiesen und Feldern mit wilden Blumen, sanftgeschwungenen Hügeln mit spektakulären Ausblicken, einer Reihe von kleinen Cañons, Bächen, die nur zeitweise Wasser führen, sowie Wäldern mit Eichen und Lorbeerbäumen.

Vorwort

Stimmen aus Spirit Rock besteht aus zwölf Dharma-Vorträgen, die von Mitgliedern des Lehrerkollegiums von Spirit Rock gehalten worden sind. Unmittelbar zu Anfang sollte jedoch bemerkt werden, dass der Geist von Spirit Rock nur dann vollständig wiedergegeben würde, wenn dieses Buch gleichermaßen die Stimmen all derjenigen einschlösse, die die Gemeinschaft von Spirit Rock bilden. Denn Form und Geist unserer gemeinsamen Praxis der Achtsamkeit und liebevollen Güte werden durch die Schüler, Mitarbeiter, Kinder und Lehrer gemeinsam geprägt. Im Zentrum unserer Gemeinschaft steht der tiefgehende *Dharma* der Befreiung – die Praxis und Erfahrung der Freiheit von Gier, Haß und Täuschung. Und in einem gewissen Sinne ist dieser Dharma der Befreiung der eigentliche Lehrer von Spirit Rock.

Als buddhistisch-spirituelles Zentrum ist Spirit Rock darauf ausgerichtet, der Breite wie auch der Tiefe unseres spirituellen Lebens gerecht zu werden. Wenn die Anwendung der Achtsamkeitspraxis im täglichen Leben die Breite der Praxis ist, dann steht die Pflege von Achtsamkeit bei der formalen Meditation, insbesondere bei *Retreats*, für ihre Tiefe. Vielleicht läßt sich die integrierte Vision dessen, was Spirit Rock ermöglichen soll, am besten beschreiben, wenn wir aus der von Spirit Rock dazu aufgestellten Erklärung zitieren:

> Das Zentrum von Spirit Rock ist als lebendiges Mandala geschaffen worden: Ein westliches Dharma- und Retreatzentrum, das der Entdeckung und Festigung des Dharma in unserem Leben gewidmet ist. Als Gemeinschaft widmen wir uns der spirituellen Verwirklichung. Zusammen begründen wir ein neues Zentrum, in dem sich das Herz der Weisheit durch die traditionelle buddhistische Praxis und ihre Umsetzung in der Welt entfalten kann. Für uns hat dieses Mandala eine Form, bei der alle Facetten miteinander verbunden sind und jede einzelne Facette sowohl eine Widerspiegelung der Wahrheit ist als auch zu dieser zurückführt. Während der Dharma der Befreiung im Zentrum des Mandalas steht, schließt der äußere Ausdruck die folgenden Dharmawege ein: Retreats, rechte Beziehungen, Studium, Rückzug, Integration und Dienst an anderen.

Die Lehrtätigkeit in Spirit Rock wird von dem Lehrerkollegium getragen, das zu diesem Buch beigetragen hat. Alle zeichnen sich durch ein mehrjähriges, in manchen Fällen sogar jahrzehntelanges, intensives Engagement für die Praxis der Achtsamkeit und der liebevollen Güte aus der buddhistischen Theravada-Praxis aus. Sie haben bei zahlreichen asiatischen und westlichen Lehrern aus einer Reihe unterschiedlicher Traditionen studiert. Auch wenn einige dieser Lehrer zeitweilig buddhistische Mönche bzw. Nonnen waren, so sind sie jetzt ausnahmslos alle Laien, und einige von Ihnen haben Kinder und Enkelkinder. Auch wenn alle der Durchführung ihrer eigenen spirituellen Praxis im täglichen Leben viel Aufmerksamkeit gewidmet haben, so sind sie sich dennoch der Herausforderungen und Möglichkeiten nur allzu bewußt, die das Leben außerhalb eines Klosters für eine spirituelle Praxis bedeutet, die das Erwachen für die Unmittelbarkeit eines jeden Momentes in den Mittelpunkt rückt.

Die buddhistische Praxis wird im wesentlichen als mündliche Tradition weitergegeben, und eine der Hauptlehrmethoden sind die Dharma-Vorträge. Zwölf solcher Vorträge sind in diesem Buch enthalten. Jeder Vortrag war ursprünglich der besondere Ausdruck der spirituellen Praxis, des Verständnisses und der Inspiration eines Lehrers zu einer bestimmten Zeit, an einem bestimmten Ort und mit einem bestimmten Publikum. Vor jedem Vortrag haben der Lehrer und das Publikum eine Zeitlang in meditativer Stille gesessen. Wenn dann der Lehrer zu sprechen begann, legten alle eine gemeinsame Gesammeltheit, Empfänglichkeit und Konzentration an den Tag – Qualitäten, die zum Vorschein kommen, wenn Menschen gemeinsam meditieren. So können wir also, obwohl jeder Vortrag der einzigartige Ausdruck eines Lehrers ist, auch sagen, dass jeder Vortrag aus der kollektiven Aufmerksamkeit und Präsenz aller Anwesenden entstanden ist.

Bei der Entstehung dieses Buches wurden drei Absichten verfolgt. Die erste besteht darin, etwas von der Praxis der Achtsamkeit, der liebevollen Güte, Ethik, Großzügigkeit, dem Dienen und der Freiheit zu vermitteln, die für die Lehren von Spirit Rock von zentraler Bedeutung sind. Die zweite ist, die Lehrer von Spirit Rock einer größeren Gemeinschaft von Menschen vorzustellen, die an der auf Achtsamkeit basierenden buddhistischen Praxis interessiert sind. Und die dritte ist, Geld für den Bau der Meditationshalle in Spirit Rock zu beschaffen.

Auch dieses Buch ist ein Ausdruck von Großzügigkeit. Alle Arbeiten wie das Transkribieren, das Redigieren, die Gestaltung und Veröffentlichung sind auf freiwilliger Basis ausgeführt worden. Das gesamte Geld für die Produktion dieses Buches ist von Mitgliedern der Sangha gestiftet worden. Aus diesem Grunde wird der Erlös aus dem Verkauf des Buches für den Bau der Meditationshalle verwendet werden.

Eine Quelle der Freude bei der Zusammenstellung dieses Buches ist die großzügige Unterstützung zahlloser Menschen gewesen. Mit Dankbarkeit werden hier viele von ihnen namentlich erwähnt.

Ohne die Hilfe von Nancy Van House wäre das Manuskript wahrscheinlich nie zu einem Buch geworden. Sie hat nicht nur sorgfältige, energiegeladene und fachmännische Redigierarbeit geleistet, sondern auch all die notwendigen Copyrights für die Zitate eingeholt. Sie hat das Gesamtprojekt in vielfacher Hinsicht unterstützt.

Eileen Phillips hat ebenfalls dem Projekt mit auf den Weg geholfen und beträchtliche Zeit, Sorgfalt und Fachwissen auf das Design und Layout des Buches verwendet.

Glenn McKay war unglaublich großzügig und geduldig bei der Aufnahme der Fotografien, die er von jedem einzelnen Lehrer gemacht hat. Und in derselben Gesinnung hat Evan Winslow Smith das Foto auf dem Umschlag aufgenommen.

Guy Armstrong, Stephen Browning, Anne Fitzmaurice, Sandy Marcus, William McBride und Sandi Russi haben frühe Manuskripte des Buches durchgesehen und äußerst wertvolle Vorschläge für seine Verbesserung gemacht. Joe Curran hat das Manuskript zu einem frühen Zeitpunkt durchgesehen und schließlich noch einmal die Endfassung lektoriert.

Jeder Lehrer hat nicht nur ein Kapitel beigetragen, sondern auch viel Zeit damit verbracht, seinen Vortrag durchzusehen und zu überarbeiten. Wir möchten uns außerdem bei den vielen Menschen erkenntlich zeigen, die ihnen bei der Transkription und dem Redigieren und Lektorieren geholfen haben: Elizabeth Adler, Shoshana Alexander, Jane Baraz, Victoria Bour, Jan Burch, John Chandler, Annie Cohn, Ana De Noon, Susan Douglas, Hanuman Golden, Tamara Kan, Ellen Kelley, Martha Ley, Eileen Phillips, Wendy Wank.

Andere, die dieses Projekt ebenfalls unterstützt haben, sind Leslie Boyer, Mary Ann Clark, Arlene De Vries, Barbara Gates, Leslie Gross, Arnie Kotler, Bernice und Robert LaMar, Patricia Pigman und Carol Shannon.

Gil Fronsdal

Gil Fronsdal hat dieses Projekt geplant und als verantwortlicher Herausgeber betreut. Er hat die Manuskripte gesammelt, mitgeholfen, sie zu redigieren, das Team von Mitarbeitern zusammengestellt, das vonnöten war, um dieses Buch zu verwirklichen, und die zahlreichen Aufgaben koordiniert, die notwendig waren, um dieses Buchprojekt zum Abschluß zu bringen.

Schließlich möchten wir uns noch bei den Mitgliedern der Gemeinschaft von Spirit Rock bedanken: Den Lehrern, Schülern, Mitarbeitern, Freiwilligen und Helfern, die uns dabei unterstützen, ein Zentrum und eine Gemeinschaft für die Vipassana-Praxis in Nordkalifornien zu schaffen.

Wir hoffen, dass diejenigen, die dieses Buch kaufen, hierin Inspiration finden werden, und zwar nicht nur aus den Lehren, die hierin zu finden sind, und aus dem Bewußtsein von der Großzügigkeit, die zu seiner Entstehung geführt hat, sondern auch aus dem Wissen, dass sie zur Schaffung eines Meditationszentrums beigetragen haben, in dem wir uns alle in unserer spirituellen Praxis miteinander verbinden können.

Gil Fronsdal

Einführung

Die Praxis, die in Spirit Rock vermittelt wird

In den übrigen Kapiteln dieses Buches wird davon ausgegangen, dass der Leser mit der Meditationspraxis vertraut ist. Der Leser, dem diese Praxis nicht vertraut ist, erhält in diesem Kapitel eine Einführung in die beiden Hauptübungen, die in Spirit Rock vermittelt und in diesem Buch besprochen werden: die Einsichtsmeditation (*vipassana*) und die Meditation der liebevollen Güte (*metta*). Im Anschluß an die Beschreibung der beiden Methoden werden kurze Anweisungen gegeben, die ein Lehrer in einer einführenden Meditationssitzung normalerweise geben würde.

Achtsamkeitspraxis

In der *parinibbana sutta*, der Schrift, in der die letzten Lehren des Buddha festgehalten sind, ist zusammengefaßt, was der Buddha bei seinem Erwachen entdeckt und in seinen 45 Jahren als Lehrer vermittelt hat. Bedeutsamerweise gibt er kein Lehr- oder Glaubenssystem vor, sondern führt vielmehr eine Liste von Übungen und spirituellen Qualitäten an, die im Laufe eines spirituellen Lebens ausgebildet werden. Die Liste beginnt mit der Achtsamkeitspraxis; sie umfaßt Faktoren wie Freude, Ruhe, Konzentration und Erforschung und endet mit der klassischen Zusammenfassung buddhistischer Praxis, die als der Edle Achtfache Pfad bekannt geworden sind. Indem er Übungen anstelle von „Wahrheiten" lehrt, bietet der Buddha Methoden an, um ein klares, stabiles und nicht-urteilendes Bewußtsein zu entwickeln, so dass wir aus eigener Kraft unser Potential für ein friedliches, mitfühlendes und befreites Leben entdecken können.

Die wichtigsten unter den zahlreichen Übungen, die der Buddha gelehrt hat, sind diejenigen, die als Achtsamkeitspraxis bezeichnet werden. Ganz allgemein gesagt ist Achtsamkeit, auf Pali *sati* genannt, unsere angeborene Fähigkeit zur Beobachtung und Reflexion; diese

Fähigkeit wird durch die Achtsamkeitspraxis, gestärkt. Einige traditionelle Definitionen von Sati sind „Wachsamkeit des Geistes", „Klarheit des Geistes", „Wachheit" und "unabgelenkte Aufmerksamkeit."

Der Buddha hat zwei Formen der Achtsamkeit gelehrt, die jeweils auf verschiedene Umstände anwendbar sind. Zunächst hat er kontemplative und themenbezogene Formen der Reflexion gelehrt, bei denen der Praktizierende seine analytischen, kontemplativen, imaginativen und konzentrativen Kräfte anwendet, um zu einem besseren Verständnis eines Lebensbereiches zu gelangen. Eine solche Reflexion kann entweder in diskursivem Denken bestehen oder in tiefer, stiller Meditation mit Schwerpunkt auf einem bestimmten Thema. Eines der klassischen buddhistischen Themen für die Reflexion ist der Tod – nicht in Form einer morbiden, angsteinflößenden Beschäftigung, sondern als Mittel, um das Leben mehr schätzen zu lernen und unsere tiefsten Prioritäten und Intentionen zu klären. Alles, was wir besser verstehen möchten, kann zum Thema der Reflexion gemacht werden. Auch wenn der Buddha die Schwierigkeiten erkannte, die unsere Vorstellungen und unser Urteilen uns bereiten können, hat er uns nicht die Fähigkeit abgesprochen, klar zu denken und unseren gesunden Menschenverstand zu gebrauchen. Vielmehr hat er diese Fähigkeiten als Grundlage für tiefere spirituelle Erforschung angesehen.

Diese reflexive Achtsamkeit ist besonders nützlich für die Wertschätzung der Verbundenheit allen Lebens. Die buddhistische Spiritualität erfordert nicht nur, dass wir in das Wesen unseres Geistes und unseres Herzens eintauchen, sondern auch, dass wir verstehen, dass kein Aspekt der Realität unabhängig von den übrigen ist. Die Existenz dieses Buch läßt sich nicht trennen von den Bäumen, die sein Papier produziert haben; sie läßt sich nicht trennen von dem Boden, dem Wasser und dem Sonnenlicht, welche die Bäume produziert haben, und sie läßt sich auch nicht trennen von dem riesigen Netzwerk von Menschen, die die Bäume gefällt und sie zu Papier verarbeitet haben, denjenigen, die die Rohstoffe transportiert haben, denjenigen, die das Buch gedruckt haben und so weiter. Bewußt über die Verbundenheit unseres Lebens mit allem Leben zu reflektieren, bedeutet, einen heiligen Bereich der Wirklichkeit zu spüren; und das ist die Grundlage für verantwortliche Teilhabe an jener Realität.

Die zweite Form der Achtsamkeitspraxis, die der Buddha gelehrt hat, wird häufig „Einsichtsmeditation", auf Pali vipassana, genannt. Ihr Sinn und Zweck besteht darin, unsere Fähigkeit zu stärken, „die

Dinge so zu erfahren, wie sie sind", nämlich ganz direkt, also ohne die Filter des diskursiven Denkens, der Bewertung oder unserer gewohnten Reaktionen. Sie besteht darin, allem, was im gegenwärtigen Moment geschieht, natürliche und klare Aufmerksamkeit entgegenzubringen. Viele Menschen fühlen sich von dieser Achtsamkeitspraxis angezogen, weil sie ihnen hilft, Ruhe und Klarheit in die Belastungen des Alltagslebens hinein zu bringen. Andere praktizieren sie mit großem Engagement, weil es sich bei dieser Methode um eine äußerst wichtige spirituelle Praxis handelt, die allmählich die Barrieren auflöst, welche einer vollständigen Entwicklung von Weisheit und Mitgefühl im Wege stehen.

Die Einsichtsmeditation nimmt in der Lehre und Praxis von Spirit Rock eine zentrale Stellung ein. Durch Unterricht, Dharma-Unterweisungen, Dialoge und Retreats vermitteln die Lehrer von Spirit Rock diese uralte buddhistische Achtsamkeitspraxis und erforschen deren Anwendbarkeit auf unser tägliches Leben. In Spirit Rock wird viel Wert darauf gelegt, unsere Fähigkeit zur Achtsamkeit durch die formelle Sitz- oder Gehmeditation zu wecken. Indem wir Achtsamkeit und Befreiung in diesen relativ einfachen Aktivitäten entwickeln, fällt es uns leichter, Achtsamkeit und Befreiung auch auf den Rest unseres Lebens auszuweiten.

Kurzanleitung für die Sitzmeditation

Nehmen Sie eine bequeme, aber gleichzeitig wache Haltung, entweder auf dem Boden oder auf einem Stuhl, ein. Schließen Sie sanft Ihre Augen und entwickeln Sie in Ihrem Körper ein Gefühl von Präsenz. Dabei ist es manchmal hilfreich, die Meditation mit zwei oder drei tiefen Atemzügen zu beginnen, denn dadurch wird die Verbindung zu Ihrem Körper und Ihrem Atem klarer, und Sie können einige der oberflächlichen geistigen Beschäftigungen hinter sich lassen. Richten Sie dann ihre Aufmerksamkeit darauf, einfach aber bewußt die physischen Empfindungen des Ein- und Ausatmens wahrzunehmen, aber ohne den Versuch, Ihren Atem zu kontollieren oder zu manipulieren.

Wenn Sie allmählich mit Ihrer Atmung vertraut werden, lassen Sie Ihre Aufmerksamkeit in dem Bereich Ihres Körpers ruhen, in dem der Atem am deutlichsten oder am leichtesten wahrnehmbar ist. Das kann das Heben und Senken des Bauches sein, die Bewegung im Brustkorb oder die Empfindung von Luft, die in die Nase ein- und ausströmt. Um die Verbindung zwischen den physischen Empfindungen des Atmens und des Bewußtseins zu halten, finden es viele Menschen hilfreich, die einzelnen Atemzüge mit Ein- und Ausatmung sanft und still mit „heben" und „senken" oder mit „ein" und „aus" zu etikettieren.

Da die auf den Atem gerichtete Achtsamkeit unsere Fähigkeit stärkt, in der Gegenwart präsent zu sein und in ihr zu ruhen, achten wir während der Sitzmeditation vorrangig darauf, unsere gesammelte Aufmerksamkeit auf unserem Atem gerichtet zu halten. Jedesmal wenn Sie sich in der Beschäftigung mit dem oberflächlichen Geplapper Ihres Geistes verlieren, richten Sie Ihre Aufmerksamkeit wieder sanft und ohne Urteil auf Ihren Atem.

Wenn jedoch irgendeine Empfindung oder Erfahrung so stark wird, dass Sie es schwierig finden, Ihre Aufmerksamkeit beim Atem zu halten, dann lassen Sie den Atem gehen und erlauben Sie es der stärkeren Empfindung, zum Zentrum Ihrer Aufmerksamkeit zu werden. Dabei werden Sie es unter Umständen nützlich finden, zwischen dem Vordergrund und dem Hintergrund des Bewußtseins zu unterscheiden. Stellen Sie anfangs die Atmung in den Vordergrund der Aufmerksamkeit und erlauben Sie es allen anderen Empfindungen und Erfahrungen, in den Hintergrund zu treten. Lassen Sie, solange Sie ohne Anstrengung den Atem im Vordergrund halten können, die Hintergrunderfahrungen einfach da sein. Wenn irgendeine physische, emotionale oder mentale Erfahrung den Atem im Vordergrund ersetzt, dann nehmen Sie diese als neuen Ruheort für Ihr Bewußtsein.

Als Hilfe, um achtsam auf eine Erfahrung fokussiert zu bleiben, die in den Vordergrund getreten ist, könnten Sie es nützlich finden, sie sanft und still zu etikettieren. Töne bzw. Geräusche können als „hören, hören" benannt werden, Empfindungen von Brennen als „brennen, brennen", Freude als „Freude, Freude" und so weiter. Wichtig ist, dass Sie die Erfahrung, die Sie etikettieren, so umfassend wie möglich spüren, fühlen und mit ihr präsent bleiben. Behalten Sie eine offene Wahrnehmung für das, was sich im Vordergrund der Aufmerksamkeit befindet, und nehmen Sie, falls das eintreten sollte, wahr, wie sich die Erfahrung verändert. Sobald eine Erfahrung nicht länger vorherrschend ist, oder Sie sie in ausreichendem Maße anerkannt haben, so dass sie nicht länger Ihre Aufmerksamkeit erfordert, kehren Sie mit Ihrer Aufmerksamkeit zum Atem zurück.

Eine andere Möglichkeit, die Achtsamkeitspraxis zu beschreiben, besteht darin, dass Sie bewußt und klar Ihre Aufmerksamkeit auf dem Atem ruhen lassen, bis Sie von etwas sehr abgelenkt werden. Wenn das geschieht, dann wird die sogenannte „Ablenkung" zum Fokus der Meditation. Eigentlich gibt es in der Achtsamkeitspraxis keine Ablenkungen, sondern nur etwas Neues, dem man seine Aufmerksamkeit schenken kann. Nichts befindet sich außerhalb der Reichweite der Achtsamkeitsmeditation. Die volle Bandbreite unserer Menschlichkeit darf sich im Lichte unserer Achtsamkeit entfalten. Physische Empfindungen, Gefühle, Emotionen, Gedanken, geistige Zustände, Stimmungen und Intentionen werden ausnahmslos einbezogen.

Halten Sie im Laufe Ihrer Meditation die Aufmerksamkeit weich und entspannt, während Sie gleichzeitig wach und präzise bleiben. Wenn Sie zwischen den Vorstellungen, Konzepten, Bildern und Geschichten, die mit einer Erfahrung verbunden sind, und den unmittelbaren und direkt gefühlten Empfindungen, die die Erfahrung begleiten, unterscheiden können, dann lassen Sie Ihre Achtsamkeit auf der unmittelbaren Empfindung ruhen. Nehmen Sie die physischen oder geistigen Empfindungen wahr, die tatsächlich und greifbar in der Gegenwart auftauchen. Nehmen Sie wahr, was mit ihnen passiert, wenn Sie ihnen Achtsamkeit entgegenbringen. Werden sie stärker oder schwächer, oder bleiben sie, wie sie sind?

Achten Sie ferner darauf, welche Einstellung Sie zu Ihrer Erfahrung haben. Nehmen Sie Abneigung, Verlangen, Wertschätzung, Urteil, Verurteilung, Angst, Gier, Stolz oder irgendeine andere Reaktion wahr? Die Erkenntnis, dass es zwischen einer schmerzhaften physischen Reaktion und Ihrer Reaktion auf diesen Schmerz einen Unterschied gibt, kann Ihnen helfen, inmitten des Unbehagens Ihr Gleichgewicht zu finden. Darüber hinaus ist es wichtig darauf zu achten, ob Ihre Reaktionen auf eine Erfahrung ausgeprägter sind als die Erfahrung selbst. Sollte das der Fall sein, dann kann Ihre Reaktion selbst zu dem Ort werden, auf dem Sie Ihr Bewußtsein ruhen lassen; folgen Sie nicht Ihren Gedanken oder Geschichten, sondern seien Sie sich einfach und in Stille dessen bewußt, was gerade in Ihrem Körper geschieht.

Indem wir lernen, bei unserer Meditation auf wache und ruhige Weise präsent zu sein, entsteht eine tiefere Nähe zu uns selbst und zur Welt. Indem wir unsere Fähigkeit üben, achtsam zu sein und weder einzugreifen, zu urteilen, zu vermeiden noch an unserer direkten Erfahrung festzuhalten, haben die Quellen von Einsicht und

Weisheit eine Chance, an die Oberfläche zu treten. Irgendwann erkennen wir dann voller Freude, dass die ungehinderte Wahrnehmung dieses Momentes unsere eigentliche Freiheit ist. Auf wunderbare Weise stellt es sich heraus, dass Achtsamkeit sowohl Mittel als auch Ziel der Einsichtspraxis ist.

Die Meditation der liebevollen Güte

Der Buddha hat auch die Praxis von liebevoller Güte (*metta*) gelehrt. In Spirit Rock wird Achtsamkeit häufig zusammen mit liebevoller Güte gelehrt.

In seiner einfachsten Form ist Metta der innige Wunsch nach dem eigenen Wohlergehen und demjenigen der anderen; es ist die angeborene Freundlichkeit eines offenen Herzens. Die Metta-Praxis übt und stärkt diese Fähigkeit. Sie ist eng mit dem Weichwerden des Herzens verbunden, das es uns erlaubt, Empathie mit dem Glück und dem Kummer der Welt zu fühlen. Es ist weder positives Denken noch das Aufzwingen einer künstlichen positiven Haltung. Ja, manchmal kann es sogar so sein, dass dieses Weichwerden des Herzens schwierige oder schmerzhafte Emotionen, die bis dahin begraben waren, an den Tag bringt. Es diesen Emotionen zu erlauben, an die Oberfläche zu treten, ist Aufgabe der Praxis der liebevollen Güte.

Manche Menschen empfinden die Praxis der liebevollen Güte anfangs als künstlich oder sentimental. Ist das der Fall, dann könnte es das Beste sein, mit der Praxis so lange zu warten, bis die Gefühle und die Intentionen der liebevollen Güte durch die Achtsamkeitspraxis spontan erwachen. Dann ist die Praxis nicht nur ein Kanal für diese Gefühle, sondern es kann tatsächlich eine große Freude sein, sie zu stärken.

Eine starke, von liebevoller Güte geprägte Haltung kann durch voll entwickelte Achtsamkeit zwar wie von selbst entstehen, doch bis dahin ist das aktive Erkennen und Entwickeln unserer Fähigkeit zu Metta ein wirksames und heilsames Mittel gegen Selbstkritik oder das Gefühl der persönlichen Wertlosigkeit, die beide in unserer Kultur so außerordentlich weit verbreitet sind.

Einführung

Kurzanleitung für die
Meditation der liebevollen Güte

Wie bei der Achtsamkeitsmeditation können Sie auch hier mit zwei oder drei tiefen Atemzügen beginnen, um präsenter zu werden. Setzen Sie sich bequem und entspannt hin, lassen Sie jegliche Sorgen und Bedenken los. Fühlen Sie oder stellen Sie sich einige Minuten lang den Atem vor, wie er sich durch die Mitte Ihrer Brust – die Gegend des Herzens – hindurchbewegt.

Metta wird zuerst gegenüber der eigenen Person geübt, da es meist schwierig ist, andere zu lieben, wenn wir nicht zunächst uns selbst lieben lernen. Setzen Sie sich also ruhig hin und sprechen Sie wiederholt langsam und stetig die folgenden oder ähnliche Sätze:

> Möge ich glücklich sein.
> Möge es mir gut ergehen.
> Möge ich sicher sein.
> Möge ich sorglos und im Frieden sein.

Lassen Sie sich, während Sie diese Sätze sprechen, tiefer und tiefer in deren Sinn und Bedeutung einsinken Die Meditation der liebevollen Güte besteht hauptsächlich darin, sich mit der Intention zu verbinden, sich selbst und anderen Glück zu wünschen. Wenn Gefühle von Wärme, Freundlichkeit oder Liebe in Ihrem Körper oder Geist entstehen, dann verbinden Sie sich mit diesen und erlauben es ihnen zu wachsen, während Sie die Sätze wiederholen. Als Meditationshilfe können Sie vor Ihrem inneren Auge ein Bild von sich selbst visualisieren; das trägt dazu bei, die Intention zu verstärken, die in den obengenannten Sätzen zum Ausdruck kommt.

Nach einer kurzen Phase, in der Sie die liebevolle Güte auf sich selbst gerichtet haben, rufen Sie sich einen Freund, eine Freundin oder eine andere Person aus Ihrem Leben in Erinnerung, die ihnen gegenüber sehr fürsorglich gewesen ist. Dann wiederholen Sie langsam Sätze der liebevollen Güte für diese Person:

> Mögest du glücklich sein.
> Möge es dir gut ergehen.
> Mögest du sicher sein.
> Mögest du sorglos und im Frieden sein.

Lassen Sie, während Sie diese Sätze sprechen, deren Bedeutung und von Herzen empfundenen Sinn tief in sich hineinsinken. Und wenn irgendwelche Gefühle liebevoller Güte auftauchen, dann verbinden Sie diese Gefühle mit den Sätzen, so dass die Gefühle stärker werden können, während Sie die Worte wiederholen.

Während Sie mit der Meditation fortfahren, können Sie sich weitere Freunde, Nachbarn, Bekannte, Fremde, Tiere und sogar Menschen, mit denen Sie Schwierigkeiten haben, ins Gedächtnis rufen. Sie können entweder dieselben Sätze benutzen und sie immer wieder sagen, oder Sie finden Sätze, die die liebevolle Güte, die Sie ihnen gegenüber empfinden, noch besser zum Ausdruck bringen.

Über die einfachen und vielleicht persönlichen und kreativen Formen der Metta-Praxis hinaus gibt es eine klassische und systematische Herangehensweise an Metta als intensive Meditationspraxis. Da die klassische Meditation jedoch ziemlich umfassend ist, wird sie normalerweise nur in Phasen intensiver Metta-Praxis oder bei Retreats durchgeführt.

Manchmal können im Laufe der Meditation der liebevollen Güte scheinbar gegensätzliche Gefühle wie Wut, Trauer oder Traurigkeit auftauchen. Nehmen Sie diese als Zeichen, dass Ihr Herz weich wird und Ihnen offenbart, was alles in ihm festgehalten wird. Sie können dann entweder zur Achtsamkeitspraxis übergehen oder, mit der Geduld, Akzeptanz und Freundlichkeit, die Sie diesen Gefühlen gegenüber aufbringen können, liebevolle Güte auf sie richten. Erinnern Sie sich vor allem daran, dass es nicht notwendig ist, sich selbst für solche Gefühle zu verurteilen.

Wenn Sie bei Ihrer Meditation mit der Praxis der liebevollen Güte vertraut werden, können Sie auch damit beginnen, sie im täglichen Leben anzuwenden. Während Sie im Auto sitzen, bei der Arbeit sind oder sich irgendwo in der Öffentlichkeit befinden, üben Sie im Stillen Metta gegenüber den Menschen, die Sie umgeben. Es kann eine große Freude sein, eine innige Verbindung zu allen zu entwickeln, denen wir begegnen, Freunden ebenso wie Fremden.,

Die Praxis der Achtsamkeit und der liebevollen Güte unterstützen sich gegenseitig. Metta ergänzt die Achtsamkeit, indem es eine Haltung der Freundlichkeit gegenüber unseren Erfahrungen fördert, wie schwierig diese auch sein mögen. Metta kann uns in unseren Beziehungen zu anderen anleiten; Metta hilft uns, in diesen Beziehungen ausgeglichen zu bleiben. Achtsamkeit kann Freiheit bringen; liebevolle Güte stellt sicher, dass die Freiheit nicht in Distanz zu anderen stattfindet.

Einführung

Achtsamkeit und liebevolle Güte können entweder unabhängig voneinander oder zusammen praktiziert werden, doch die Grundlage des spirituellen Weges, wie er in Spirit Rock vermittelt wird, ist eine Kombination dieser beiden in Gemeinschaft mit der Praxis des ethischen Verhaltens und der Praxis der Großzügigkeit. Zu der Freiheit, die der Buddha gelehrt hat, bekommen wir am leichtesten Zugang, wenn unser Leben fest in diesen vier Übungswegen verankert ist. Ja, manchmal wird sogar vermittelt, dass Freiheit der mühelose Ausdruck dieser Übungswege in unserem täglichen Leben sei.

Der Sinn und Zweck des spirituellen Lebens besteht nicht darin, Verdienste, Ruhm oder Ehre zu erwerben, noch darin, Tugenden, konzentrative Zustände, Einsichten oder Wissen zu sammeln. Die unerschütterliche Freiheit des Herzens, die Befreiung des vollkommen sicheren Herzens: Dies und dies allein ist das Objekt des spirituellen Lebens, seine Essenz und sein wahres Ziel.

Der Buddha

GUY ARMSTRONG

Von meinem ersten Retreat im Jahre 1976 an hat mich Vipassana so sehr fasziniert, dass ich den größten Teil der darauf folgenden zwölf Jahre der Praxis, der Vermittlung und dem Dienst am Dharma gewidmet habe. Zu meinem Ausbildungs-  weg gehörten eine mehrjährige Ausbildung als Mitarbeiter bei der Insight Meditation Society in Barre, Massachusetts, wo ich auch zum Leiter von Retreats ausgebildet wurde, sowie ein einjähriger Aufenthalt als buddhistischer Mönch in Thailand. Zusammen mit anderen gründete ich die Sharpam-Meditationsgemeinschaft in Devon, Großbritannien, und begann im nahegelegenen Gaia House zu lehren. Im Jahre 1988 ging ich nach Kalifornien zurück und arbeitete fünf Jahre lang als Vertreter und Manager für Microsoft. Im Jahre 1993 begann ich wieder, in Spirit Rock zu lehren und Retreats im Hause zu leiten. In den letzten Jahren habe ich begonnen, bei Lehrern zu praktizieren, die in der Tradition des tibetischen Buddhismus stehen.

In meiner Lehrtätigkeit versuche ich, die klassische Vipassana-Praxis – die in ihrer Einfachheit, Direktheit und mit ihren psychologischen Einsichten so gut für Menschen aus dem Westen geeignet scheint – mit dem Geist des Mahayana-Buddhismus zu verbinden, dessen Ausdrucksformen der Nicht-Dualität und des Bodhisattva-Wegs meine eigene Praxis außerordentlich bereichert haben.

Akzeptanz

Im Pali-Kanon sagt der Buddha: „Von allen Fußabdrücken steht derjenige des Elefanten an erster Stelle." Daran wird sichtbar, dass der Buddha einen großen Teil seines Lebens im Wald verbracht hat. Die Zeiten haben sich geändert. Heute würden wir wahrscheinlich so etwas sagen wie: „Von allen Fußabdrücken steht derjenige des Volvo-Kombis an erster Stelle." Der Buddha fährt fort: „ Das erste unter den Spiegelbildern ist dasjenige der Unbeständigkeit." Dieses Bewußtsein hinsichtlich des sich verändernden Wesens aller Facetten unserer Erfahrung ist eine unerläßliche Hilfe, um klar zu sehen. Ich werde jedoch nicht über Unbeständigkeit sprechen, sondern über Akzeptanz. Auch wenn ich mit dem Buddha nicht über das erste Spiegelbild, das einem Schüler vorgehalten wird, streiten möchte, so würde ich doch sagen, dass Akzeptanz und Unbeständigkeit ganz oben auf der Liste der Themen stehen, an die wir uns erinnern und über die wir nachdenken sollten.

Akzeptanz ist ein täuschend einfacher Begriff. Wenn wir über Jahre hinweg praktizieren und uns unsere Erfahrungen tiefer und tiefer anschauen, dann sehen wir, dass Akzeptanz fast unendliche Entwicklungsmöglichkeiten in sich birgt. Sie ist wirklich ein Hinweis auf das Herzstück und die Tiefe der Lehren des Buddha. Zunächst möchte ich über die weiteren, allgemeineren Bedeutungen von Akzeptanz sprechen und das Thema dann eingrenzen und über Akzeptanz als den Kern der Lehren des Buddha sprechen. Schließlich möchte ich über die Akzeptanz des Lebens sprechen.

Guy Armstrong

Selbstakzeptanz

Meiner Meinung nach ist Selbstakzeptanz ein sehr passendes Thema für diejenigen von uns, die im 20. Jahrhundert in einer Umgebung aufgewachsen sind, die wir als westliche Zivilisation bezeichnen. Vielleicht sind Sie mit Gandhis Antwort auf die Frage, was er von der westlichen Zivilisation halte, vertraut. Er meinte: „Ich glaube, sie wäre eine gute Idee." Ich glaube, wir sind alle dadurch geschädigt worden, dass wir in dieser Kultur aufgewachsen sind. Das spiegelt sich in der Schwierigkeit wider, die wir damit haben, uns selbst in den kleinen und großen Dingen zu akzeptieren. Sie können die weite Verbreitung dieses Problems an der Beliebtheit von Büchern wie Ich bin okay, Du bist okay ablesen. Dieses Buch war eines der ersten Werke aus dem Bereich der populären Psychologie, das zu einem wirklichen Bestseller wurde.

Ein Thema, das heutzutage für viele von uns in bezug auf unsere Fähigkeit, uns selbst zu akzeptieren eine Rolle spielt, ist das Älterwerden. Vor einigen Jahren, als ich mich noch als jungen Mann ansah, besuchten meine Frau Sally und ich Amaravati, ein buddhistisches Kloster in England, das von Ajahn Sumedho gegründet worden war. Wir saßen da und plauderten mit einigen Leuten, und als ich aufstand und einige Schritte ging, um mit jemand anderem zu reden, da fragte die Person, die neben meiner Frau saß: „Wer war dieser Mann?" Sally sagte: „Welcher Mann?" Die Person sagte: „Dieser Mann in mittlerem Alter, mit dem Sie gerade gesprochen haben." Ich war ziemlich schockiert, als Sally mir davon berichtete, denn ich hatte zwar schon ein paar graue Haare, sah mich aber überhaupt nicht als einen Mann mittleren Alters an. Und dann wurde mir bewußt: „Na ja, ich bin fünfunddreißig, somit dürfte ich die Hälfte meines Lebens hinter mir haben, also bin ich ein Mann mittleren Alters."

Auf einer anderen Ebene müssen wir mit unserem gesamten emotionalen Leben zurechtkommen. Wir alle tragen das ganze Bündel des Menschseins mit uns herum, und das bedeutet, dass wir die volle Bandbreite menschlicher Emotionen in uns haben. Wir tragen also die Qualitäten von Glück, Freude, Aufgewecktheit, freudiger Erregung und Glückseligkeit ebenso in uns wie die gesamte Bandbreite an schwierigen Emotionen: Angst, Scham, Wut, Schuldgefühle, Trauer, Depression und Verzweiflung. Je nachdem, wie wir aufgewachsen sind und wieviel Liebe und Akzeptanz wir bekommen haben, entwickeln wir sehr unterschiedliche Einstellungen in bezug auf diese Bandbreite unseres emotionalen Lebens.

Ich stoße noch immer auf Anteile meines emotionalen Lebens, mit denen ich mich unbehaglich fühle. Im letzten Herbst habe ich für mich allein einen Retreat durchgeführt, bei dem ich in einer winzigen Hütte wohnte und wenig Kontakt mit der Außenwelt hatte. Ein Freund kam einmal in der Woche vorbei, um mir etwas zu essen zu bringen. Ansonsten war ich zwei Monate lang vollkommen auf mich gestellt. Nach einem Monat wurde das Wetter recht stürmisch. Zwei Wochen lang sah ich die Sonne kaum und es wurde sehr kalt. Wegen des Schnees konnte ich keine Gehmeditation draussen machen, und ich begann, mich sehr einsam zu fühlen. Plötzlich überkamen mich Zweifel an dem, was ich da tat. Ich fing an zu denken: „Dies hier ist wirklich schwierig. Es macht überhaupt keinen Spaß. Zu Hause könnte ich es mir viel besser ergehen lassen. Das Wetter in Kalifornien ist viel besser Ich könnte jetzt bei meinen Freunden sein. Ich könnte jetzt Tennis spielen."

Dann begann ich, diese Zweifels näher zu untersuchen. Im Buddhismus gilt der Zweifel als eines der klassischen Hindernisse, also meinte ich, dass ich mehr darüber wissen müsse. Mir wurde bewußt, dass ich, kurz bevor ich den Impuls zu gehen verspürt hatte, auf ein Gefühl gestoßen war, das ungewohnt war und das ich nicht mochte. Die Isolation und der Aufenthalt in der Hütte in dem winterlichen Wetter hatten mich in Kontakt mit einer Dimension von Verzweiflung und Leere gebracht, mit der ich mich alles andere als wohl fühlte. Interessant an dem Ganzen war, dass mir nicht einmal bewußt gewesen war, dass ich mich nicht gut damit gefühlt hatte. Sobald das Gefühl auftauchte, bestand mein erster Impuls darin, es wegzuschieben und mich etwas anderem zuzuwenden. Diese Reaktion trat unglaublich schnell ein! Als ich das zu begreifen begann, verlor der Zweifel seine Macht über mich. Damit war ich wieder bei der Verzweiflung angelangt, was aber vermutlich ein Fortschritt war.

Um zu lernen, uns selbst auf der emotionalen Ebene zu akzeptieren, müssen wir also eine subtile Aufmerksamkeit und eine subtile Geisteshaltung in unsere Erfahrung einbringen, damit wir die schwierigen Emotionen wahrnehmen können, bevor wir zu der Bewegung ansetzen, sie wegzuschieben oder zu flüchten, indem wir uns mit etwas anderem beschäftigen. Wenn ich jene Verzweiflung in meinem alltäglichen Leben gefühlt hätte, dann wäre das wie ein vorübergehendes Blinkzeichen gewesen, das schnell über meinen inneren Bildschirm hinweggewandert wäre. Da ich jedoch vollkommen allein war, mußte ich mich damit auseinandersetzen, brauchte aber trotzdem tagelang, um es zu erkennen.

Ohne wahre, tiefgreifende Selbstakzeptanz kann unser Leben äußerst verwickelt und kompliziert werden. Das Geflecht unserer Emotionen verknotet sich, wenn wir versuchen, einige Teile davon zu akzeptieren und andere nicht. Wenn wir uns selbst nicht vollständig akzeptieren können, dann schaffen wir eine Trennung zwischen den Teilen, die wir „den Beurteiler" und denjenigen, die wir „den Macher" nennen könnten. Wir bewerten unsere Handlungen und Stimmungen ständig, um zu sehen, ob sie akzeptabel sind. Die Spaltung macht uns unfähig, uns in uns selbst hinein zu entspannen. Wir können keine wirkliche Ruhe und keinen wirklichen Frieden finden, weil wir immerzu darauf bedacht sind, irgendeinen vorgegebenen Standard zu erreichen.

Wenn wir uns im Innern nicht vollständig fühlen, dann suchen wir immer nach etwas im Außen: Ich möchte, dass du mich anerkennst, dass du mich magst, mich akzeptierst und mich liebst, wenn ich nicht in der Lage bin, mich selbst zu akzeptieren. Wenn wir diese Autorität jedoch nach außen verlagert und einer anderen Person übertragen haben, dann können wir die Anerkennung nicht akzeptieren oder daran glauben, wenn sie tatsächlich kommt.

In unseren persönlichen Beziehungen führt der Mangel an Selbstakzeptanz häufig zu Abhängigkeit und Eifersucht. Wie könnten wir unseren Partner in die Welt hinausgehen und andere Menschen treffen lassen, die allesamt so liebenswert sind, während wir als einzige es nicht sind. Also können wir unserem Partner nie die Freiheit geben, mit anderen in Kontakt zu treten.

Wir können anderen Menschen gegenüber nicht aufrichtig sein, weil wir Angst haben, dass sie erkennen könnten, „wer wir wirklich sind." Aber jenes Selbstbild entspricht nicht der Wahrheit; es hat letzten Endes keine Gültigkeit. Wir stehen also unter ständiger Anspannung und geben vor, jemand anderes zu sein, als wir tatsächlich sind. Wir werden allzu empfindlich gegenüber Kritik und haben das Gefühl, mit jeder unserer Handlungen auf dem Prüfstand zu stehen.

Häufig machen wir uns aus Mangel an innerer Ganzheit und mangelndem Selbstwertgefühl zu viele Sorgen über äußere Dinge und

Symbole: unsere physische Erscheinung und Attraktivität, Kleidung, Reichtum, Status, Macht, das neueste Auto, das größte Haus oder was auch immer. Es kann erfrischend sein, Menschen zu begegnen, die von jenem Wertesystem vollkommen losgelöst sind. Das passiert nicht häufig, weil der Einfluß der Medien heutzutage allgegenwärtig ist. Aber vor einigen Jahren fuhr ich einmal per Anhalter durch Orange County und wurde von einem jungen Paar mitgenommen. Beide waren um die Zwanzig und fuhren ein altes Ford Falcon-Cabriolet, das kaum die Autobahn schaffte, wenn es bergauf ging. Sie trugen eine Art Jeans-Overall und hatten Flanelhemden an, bevor diese modern wurden. Sie waren sehr praktisch veranlagt und vollkommen natürlich. Und sie strahlten wirkliches Glück aus; beide waren sehr fröhliche Menschen. Da fuhren wir also mit offenem Verdeck mit 80 Sachen die I-5 hinunter, plauderten darüber, wo sie gelebt hatten und wo ich hergekommen war, und sie schienen einfach überhaupt keinen Ehrgeiz in sich zu haben. Es war, als ob sie das ganze Spiel von Vergleichen und Konkurrenz einfach fallengelassen hätten. Sie waren schlicht und einfach glücklich, dort zu sein, wo sie sich befanden, und es war ihnen vollkommen egal, ob sie dem Standard der Medien entsprachen. Von ihnen strahlte wirkliche Schönheit aus.

Durch Meditation können wir dahin gelangen, Einblick in diesen Faktor der Selbstakzeptanz zu bekommen. Dort, wo wir Schwierigkeiten haben, einen Teil von uns zu akzeptieren, können wir diesen Faktor durch Meditation erforschen. Wir können ihn meistern und lernen, diese scheinbar schwierigen Teile von uns anzunehmen. Selbstakzeptanz bedeutet eigentlich nichts anderes, als bereit zu sein, von Moment zu Moment zu Moment mit unserer Erfahrung präsent zu sein. In einem Moment des Glücklichseins können wir das akzeptieren. In einem Moment der Angst können wir das akzeptieren. In einem Moment der Traurigkeit können wir das akzeptieren.

Durch diese Arbeit der Sitzmeditation von Moment zu Moment, durch Achtsamkeit, die den ganzen Tag andauert, und dadurch, dass wir unserem emotionalen Leben Aufmerksamkeit schenken, stellen wir fest, dass es nichts in unserer gesamten emotionalen Welt gibt, was wir hinauswerfen müssen. Auf diese Weise kann der Geist in sich selbst ruhen. Er kann sich in seiner ursprünglichen Ganzheit zurücklehnen, indem wir jene Schicht desKonflikts, der Zweifel und der Ablehnung entfernen. Ein Schlüsselfaktor in der ursprünglichen Ganzheit des Geistes ist das, was wir *Samadhi* nennen, eine der Qualitäten des Achtfachen Pfades, den der Buddha beschrieben hat.

Samadhi wird normalerweise mit „Konzentration" übersetzt und beschreibt den natürlichen Zustand des Einsseins, bei dem der Geist in sich selbst ruhen kann. Dieser Zustand des Geistes geht mit einem Gefühl des Wohlbefindens, der Harmonie und der Leichtigkeit einher. Wenn sich die Meditation stabilisiert, beginnt diese Qualität unser emotionales Leben zu durchdringen. Dieses Gefühl des Wohlbefindens bringt Zweifel und Konflikte ebenso zum Verschwinden wie den Mangel an Selbstakzeptanz, mit dem wir unter Umständen sehr lange Zeit gerungen haben.

Akzeptanz als Kernstück buddhistischer Lehren

Als ich als Mönch in Thailand lebte, ging ich jeden Morgen auf eine sogenannte „Almosenrunde", um Nahrung für unsere Hauptmahlzeit zu sammeln. Wir gingen um sechs Uhr morgens hinaus, wobei uns unser Weg durch Reisfelder zu den Häusern der Farmer führte, die inmitten ihrer Reisfelder lebten. Wir gingen genau zu dem Zeitpunkt über die Deiche, als die Sonne aufging und durch die grünen Stengel der für den Sommer frisch gepflanzten Reisstecklinge hindurch schien. Ein traumhaft schöner Anblick.

Ich ging diesen Weg jeden Tag zusammen mit einem anderen Mönch, einem Freund namens Visuddha Cara (den einige von Ihnen vielleicht als Rodney Smith kennen). Eines Morgens machten wir uns gerade marschbereit, als Visuddha plötzlich innehielt, sich mir zuwandte und sagte: „Guy, das Ego ist nichts weiter als Reibung!" Dann drehte er sich um und ging weiter. Ich hatte viel Zeit, darüber nachzudenken, während wir die nächsten anderthalb Stunden still nebeneinander hergingen. Mir wurde klar, dass Visuddha Caras Äußerung von tiefer Bedeutung war.

„Das Ego ist nichts weiter als Reibung." Was wir mit „Ego" meinen, ist das Gefühl von einem „Ich", das Gefühl, als separate, losgelöste Wesenheiten zu existieren. Der Buddha hat uns ermutigt, tief in dieses Gefühl von einem „Ich" oder Selbst hineinzublicken und zu schauen, ob ihm tatsächlich irgendeine Realität zuzuordnen ist. Wir alle haben dieses Gefühl eines „Ich", aber normalerweise ist es vage und schlecht oder falsch definiert. Wenn wir nach diesem „Ich" suchen, dann können wir es nicht finden.

Dieses „Ich" drückt sich durch konstante Bewegungen des Geistes aus. Es drückt sich durch Habenwollen und Ängste aus; dadurch, dass wir etwas anstreben und zu erreichen versuchen, dass wir versuchen, unsere äußere Situation, andere Menschen und unsere Umgebung zu manipulieren und uns bemühen, Dinge genau richtig zu machen. Indem wir uns in dieser konstanten Bewegung befinden, leisten wir dem, was in diesem Moment stattfindet, Widerstand. Dieser Widerstand ist die Reibung, auf die Visuddha Cara hingewiesen hat. Ein Beispiel: Sagen wir, Sie befinden sich an einem wunderschönen Ort in freier Natur, zum Beispiel in den Bergen oder am Meer. Und Sie stellen fest, wie Ihre Gedanken immer wieder um Ihre Arbeit oder Ihr Leben zu Hause mit Ihren Kindern oder Ihrem Partner kreisen. Sie sind blind für die Schönheit um Sie herum und haben sich vollständig in diesen Gedanken verloren. Dann wachen Sie auf und merken: „Ich muß jetzt ja gar nicht darüber nachdenken!" Und plötzlich werden Sie sich der Flugbewegungen eines Vogels, der Wellengeräusche oder der Art und Weise, wie die Strahlen der untergehenden Sonne auf einen Berggipfel fallen, bewußt. Ihnen wird bewußt, dass ein ganzes Leben in diesem Moment liegt – das Leben bringt sich in der Schöpfung dieses Momentes zum Ausdruck, worauf Sie sich zuvor nicht einlassen konnten, weil die Schicht der Sorge um Sie selbst Sie daran gehindert hat. Indem wir diese Reibung der Sorge um uns selbst loslassen, öffnen wir uns für das breitere Bild, für die ganze Bandbreite des Lebens.

Wir können uns fragen: „Woher kommt dieser Widerstand? Warum kann ich mich nicht immer in diesem Zustand von Offenheit und Akzeptanz befinden?" Indem wir uns diese Bewegung des Wollens anschauen, sehen wir allmählich, dass es sich dabei genau um die Zweite Edle Wahrheit handelt, von der der Buddha gesprochen hat. Die Erste Edle Wahrheit ist die Wahrheit vom Leiden. Sie besagt, dass alles Dasein unbefriedigend und leidvoll ist. Die Zweite Edle Wahrheit besagt, dass die Ursache dieses Leidens das Wollen oder Begehren ist. Wir beginnen zu sehen, dass es diese konstante Bewegung des Wollens ist, die uns daran hindert, jeden Augenblick genau so zu akzeptieren, wie er ist, und in jedem Moment Frieden zu finden.

Die erste Unterweisung des Buddha nach seiner Befreiung war die Feuerpredigt über die Vier Edlen Wahrheiten. Sie beginnt folgendermaßen: „Oh Bhikkhus, alles brennt. Und was ist das alles, was brennt? Das Auge brennt, sichtbare Formen brennen, das Augenbewußtsein brennt. Das Ohr brennt, Geräusche brennen, das Ohrenbewußtsein brennt." Und so geht es weiter durch jeden der sechs Sinne, die in den buddhistischen Lehren benannt werden (die fünf Sinne plus die geistigen Faktoren). „Durch was brennen sie? Sie brennen durch das Feuer des Begehrens, sie brennen durch das Feuer des Hasses, sie brennen durch das Feuer der Verwirrung." Bei den Lehren des Buddha geht es darum, den Platz der Kühle im Leben zu finden, den Zustand, den er *Nirvana* nennt, das Ende des Begehrens. Nirvana wird häufig als Zustand der Auslöschung bezeichnet, und damit ist die Auslöschung dieser rastlosen Bewegung des Begehrens und des Widerstandes gemeint.

In unserer Meditation beginnen wir, jenen Platz der Stille und der vollkommenen Akzeptanz zu finden. Wir könnten ihn ein „radikales Akzeptieren" nennen, weil wir aufgehört haben, unsere innere Erfahrung in eine bestimmte Form pressen zu wollen. In jenem radikalen Akzeptieren liegt eine tiefe Stille, die außerordentlich erfrischend ist. Wenn wir uns erlauben, in ihr zu ruhen, beginnt jene Stille unsere Konditionierungen aufzuheben – die Konditionierung durch Erziehung, das Erbe unserer Eltern und Großeltern ebenso wie jene Tendenz des Begehrens, die uns seit anfangloser Zeit begleitet.

Jede spirituelle Tradition hat einen Namen für diesen Prozess. Im amerikanischen Vipassana nennen wir ihn "Akzeptanz.". Ein Anhänger der hinduistischen Bhakti-Lehre, würde vielleicht über „Hingabe" sprechen. Ein Christ würde sagen: „Für das kleine Leben sterben und für das ewige Leben wiedergeboren werden.", und ein Taoist würde wahrscheinlich von „Nicht-Einmischung" sprechen. All das sind Beschreibungen für ein und denselben Prozess: Die Bereitschaft, sich für diesen gegenwärtigen Moment zu öffnen, genauso, wie er ist, und ihn nicht verändern zu müssen.

Nisargadatta Maharaj, ein wunderbarer indischer Lehrer, der vor nicht allzu langer Zeit gestorben ist, hat in seinem Buch *Ich bin... Gespräche mit einem Erleuchteten* gesagt: „Die Essenz der Freude ist die Akzeptanz. Unabhängig davon, wie die Situation sein mag, wenn sie akzeptabel ist, dann ist sie angenehm. Wenn sie nicht akzeptabel ist, ist sie schmerzhaft." Ein Schüler entgegnete: „Schmerz ist nicht akzeptabel." Maharaj: „Warum nicht? Hast du es je versucht? Versuche es und du wirst eine Freude im Schmerz finden, die das Vergnügen nicht zu bieten hat, und zwar aus dem einfachen Grund, weil das Akzeptieren des Schmerzes dich viel tiefer führt als das Vergnügen. Das persönliche Selbst ist seinem Wesen nach ständig auf Vergnügungen aus und sucht Schmerz zu vermeiden. Die Beendigung dieses Musters ist das Ende des „Ich"-Gefühls, das Ende des Selbst. Das Ende des Selbst mit all seinen Wünschen und Ängsten ermöglicht es dir, zu deiner eigentlichen Natur, der Quelle allen Glücks und Friedens zurückzukehren."

Indem wir dahin gelangen, unseren eigenen Schmerz zu akzeptieren, indem wir es uns selbst erlauben, die Offenheit des Herzens zu spüren, das in Kontakt mit unserem eigenen Kummer ist, beginnen wir auch, uns mit anderen Menschen auf einer anderen Ebene zu verbinden. Wir fangen an, uns für den Schmerz zu öffnen, den wir in anderen spüren können. Da wir unseren eigenen Schmerz nicht länger vermeiden müssen, müssen wir auch nicht länger den Schmerz der anderen vermeiden. Diese Erfahrung öffnet uns für eine andere Dimension der Beziehung zur Welt, eine Dimension, in der es uns leichter fällt, eine Herzensverbindung zu den Menschen herzustellen, denen wir begegnen.

Der Dienst an anderen kann nützlich dafür sein, unsere Selbstbezogenheit zu überwinden und Selbstakzeptanz zu üben. Manchmal öffnet sich beim Dienen unser Herz wirklich für das Leiden anderer. Möglicherweise stellen wir sogar fest, dass wir hinsichtlich unserer eigenen Lebensumstände vergleichsweise glücklich sind, wenn wir dem Schmerz und den Schwierigkeiten anderer Menschen begegnen. Natürlich müssen wir unseren gesunden Menschenverstand gebrauchen, wenn wir Akzeptanz ausüben wollen. Als Maßstab kann uns das alte Sprichwort gelten: „Möge Gott mir den Mut geben, das zu ändern, was ich ändern kann, die Geduld, das zu akzeptieren, was ich nicht ändern kann und die Weisheit, beides voneinander zu unterscheiden." Wenn uns selbst oder einem anderen Schaden zugefügt wird, dann müssen wir handeln, um diesen Schaden zu begrenzen. Wenn es jedoch die eigenen Geisteszustände sind, die uns Schmerz bereiten, oder wenn wir unvermeidbaren Schmerzen in unserem Leben gegenüber stehen, dann ist Akzeptanz eine kraftvolle Praxis.

Das Akzeptieren des Lebens

Als ich über Akzeptanz nachgedacht habe, ist mir bewußt geworden, dass dieses Thema allgemein und weit verbreitet ist, um selbst von Hollywood aufgegriffen zu werden. In dem Film *Und täglich grüßt das Murmeltier* stellt Bill Murray fest, dass er wieder und wieder denselben Tag erlebt. Was er auch tut, er kommt nicht über jenen Tag hinaus. Nachdem er den Tag einige Male durchgegangen ist, weiß er stets, was als nächstes passieren wird, und so beginnt er, die Situation so zu manipulieren, dass er aus ihr genau das herausziehen kann, was er möchte. Unglücklicherweise – oder fast möchte man sagen glücklicherweise – funktioniert keine seiner Taktiken; er wacht immer wieder an eben diesem Tag auf. An einem bestimmten Punkt, nach großer Frustration, Verzweiflung und einem Selbstmordversuch, gibt er einfach auf.

Das ist der Wendepunkt. Er gibt einfach auf. Er hat all seine Wahlmöglichkeiten erschöpft und hört einfach auf, es weiter zu versuchen. Und nun verändert sich alles. Er hört auf zu kämpfen; sein Herz öffnet sich für andere Menschen, und er findet zum ersten Mal in seinem Leben aufrichtige Liebe. In buddhistischem Vokabular liest sich die Parabel so, dass er in *Samsara*, dem endlosen Zyklus von Geburt und Tod, gefangen ist. Sobald er aufwacht und den Zyklus von Geburt und Tod so akzeptiert, wie er ist, tritt er aus ihm heraus. Er steht nicht länger mit dem Leben, mit dem Sosein der Dinge, auf Kriegsfuß. Er wird frei, und in jener Freiheit blühen spontan Mitgefühl und Liebe auf.

Diese Arbeit des Akzeptierens bringt uns manchmal an unsere äußersten Grenzen. Wieviel können wir akzeptieren? Ein anderer Kinofilm, aus neuerer Zeit, ist *Forrest Gump*. Wahrscheinlich kennen Sie den berühmten Satz daraus: „Das Leben ist wie eine Schachtel Pralinen. Man weiß nie, was man bekommt." Und das ist wahr. Manchmal ist es ein Stück Schokolade. Manchmal ist es ein Stück von etwas wesentlich Unangenehmerem. Manchmal sind wir aufgefordert, das Undenkbare zu akzeptieren. Ein Teil des Charmes der Figur von Forrest Gump liegt darin, dass er seine Unschuld trotz persönlicher Verluste behält, weil er seine tiefgreifenden Erfahrungen akzeptiert.

Ich denke recht häufig über meinen eigenen Tod nach – mindestens einige Male pro Woche. Wenn ich meinen Geist auf das Sterben richte, dann erscheint mir die eigentliche Tatsache meines Todes nahezu undenkbar, ja unvorstellbar zu sein. Ich befinde mich mitten in meinen täglichen Aktivitäten, und mir wird bewußt, dass ich mor-gen sterben könnte. Häufig ist es für mich fast unmöglich, mir das vorzustellen. Dennoch ist das für uns alle eine sehr reale Möglichkeit. Und wie würde sich das anfühlen? Wie würden wir uns fühlen, wenn wir feststellten, dass wir morgen, nächste Woche oder im nächsten Monat sterben würden? Es gibt Menschen wie uns, die sich jeden Tag mit diesem Thema auseinandersetzen müssen – Menschen, deren Leben durch einen Besuch beim Arzt vollkommen auf den Kopf gestellt wurde.

Akzeptanz

Ich würde Ihnen gerne aus einigen neueren Büchern über Menschen vorlesen, die sich mit dem Tod konfrontiert sahen. Der erste Auszug stammt aus einem Buch, das den Titel Mut und Gnade trägt. Es stammt von Ken Wilber, einem der vorrangigen Autoren im Bereich der transpersonalen Psychologie. Ken heiratete eine Frau namens Treya Killam, und eine Woche nach der Hochzeit wurde bei Treya Brustkrebs diagnostiziert. Sie verbrachten ihre Flitterwochen im Krankenhaus. Das Buch beschreibt Treyas Krankheit und Tod über einen Zeitraum von fünf Jahren. Es ist eine Zusammenstellung von Kens Bericht aus jener Zeit und Auszügen aus Treyas Tagebuch. Das folgende Zitat stammt aus Treyas Tagebuch.

> Zu lernen, mich mit dem Krebs anzufreunden, zu lernen, mich mit der Möglichkeit eines frühen und vielleicht von starken Schmerzen begleiteten Todes anzufreunden, hat mich viel darüber gelehrt, mich mit mir selbst anzufreunden, so wie ich bin; und es hat mich auch viel darüber gelehrt, mich mit dem Leben anzufreunden, so wie es ist. Ich weiß, dass es viele Dinge gibt, die ich nicht ändern kann. Ich kann das Leben nicht zwingen, einen Sinn zu ergeben oder fair zu sein. Diese wachsende Akzeptanz des Lebens, so wie es ist, hat mir trotz all des Kummers, des Schmerzes, des Leidens und der Tragödie eine Art Frieden beschert. Ich stelle fest, dass ich mich immer mehr auf eine wirklich aufrichtige Weise mit allen Wesen verbunden fühle, die leiden. Ich entwickele ein offeneres Mitgefühl. Und ich finde einen immer stetigeren Wunsch zu helfen, auf welche Weise ich nur kann. Dafür bin ich dankbar. Da ich den Tod nicht länger ignorieren kann, schenke ich dem Leben mehr Aufmerksamkeit.

Ken Wilber, *Mut und Gnade*

Ein weiteres Buch ist *In the Lap of the Buddha* von Gavin Harrison. Gavin ist ein Freund und Dharma-Kollege, der als Kind und Jugendlicher sexuell mißbraucht und vor einigen Jahren als HIV-positiv diagnostiziert wurde. Sein Gesundheitszustand ist jetzt von großen Höhen und Tiefen gekennzeichnet. Gavin hat gewiß sein Maß an Schwierigkeiten mitbekommen, und die Schönheit seines Buches besteht teilweise darin, dass er sehr offen darüber spricht, wie er mit diesen Bereichen seines Lebens gearbeitet hat. Die folgende Passage beschreibt eine Phase während eines dreimonatigen Meditationsretreats, an dem Gavin teilnahm, nachdem er als HIV-positiv diagnostiziert worden war.

Eines Morgens in der Frühe stand ich unter einem Baum. Die Blätter in ihren herbstlichen Farben waren sehr schön. Als die Sonne langsam hervorkam und den Wipfel des Baumes berührte, regneten zahlreiche Blätter auf mich herab. Etwas in meinem Innern brach, und ich begann zu weinen. Ich weinte und weinte und weinte. Anfangs weinte ich um meinen Vater. Dann beweinte ich mein eigenes Schicksal. Da war schreckliche Trauer, denn meinem Gefühl nach hatte ich meine eigene Zukunft verloren. Fast fühlte ich mich betrogen. Dann veränderte sich das Gefühl zu einer tiefen Traurigkeit. Es gab keinen Teil in mir, der annahm, dass ich auch nur das nächste Blatt von den Zweigen über meinem Kopf fallen und auf dem Boden unter meinen Füßen landen sehen würde. Alles erschien zerbrechlich und ungewiß. Manchmal empfand ich eine außerordentliche Dankbarkeit dafür, dass ich wußte, dass ich eines Tages sterben würde. Um die Zeit des Erntedankfestes herum, als der erste Schnee kam, begann sich mein Geist zu beruhigen. Ich begann, einen Frieden und eine Ruhe zu erleben, wie ich sie noch nie zuvor erlebt hatte. Ich sah, dass es möglich war, trotz Traurigkeit, Angst und Schmerz ausgeglichen zu sein und sich okay zu fühlen. Ich konnte diese Gefühle ebenso aus ganzem Herzen akzeptieren wie das Entzücken und das Glück, die ebenfalls da waren. Das war eine Zeit großer Wertschätzung und Dankbarkeit.

Gavin Harrison, *In the Lap of the Buddha*

In einigen der wichtigsten Bereiche unseres Lebens haben wir keine Wahl, wie zum Beispiel in bezug auf den Körper, mit dem wir geboren werden und seine Gesundheit im Laufe unseres Lebens, unsere grundlegende Persönlichkeitsstruktur, die Familie, in die wir hineingeboren werden und die Liebe, die wir als Kinder bekommen oder nicht bekommen haben; unser Glück, wenn wir das Erwachsenenalter erreichen, oder unsere Verwirrung. Unsere Entscheidungsmöglichkeiten scheinen bei den kleinen Dingen zu liegen, zum Beispiel darin, wie freundlich wir zueinander sind, wie rücksichtsvoll wir jedem gegenüber sind, dem wir begegnen; wieviel Wert wir auf Liebe und Mitgefühl legen und was wir tun, um sie weiterzuentwickeln, sowie die Fürsorge und Aufmerksamkeit, die wir in jeden Moment unserer Erfahrung einbringen.

Aber es sind diese kleinen Dinge, die den ganzen Unterschied ausmachen. Es sind diese kleinen Dinge, die beginnen, das uralte Leiden abzutragen, das wir vielleicht nicht selbst gewählt haben und an dessen Erzeugung wir uns nicht bewußt erinnern. Das Vertrauen in diese Art des Handelns, in die Offenheit in jedem Moment, ist wie ein Fluß, der den Felsblock unseres verschlossenen Herzens aushöhlt. Wir beginnen, unser gesamtes Haus in Ordnung zu bringen – durch jede kleine Handlung von Moment zu Moment, die sich auf Fürsorge und Freundlichkeit gründet. Wenn wir unser Haus in Ordnung bringen, dann wird das zu einer soliden Grundlage für unser Glück. Dann stellen wir fest, dass wir das Glück tatsächlich unter unsere Kontrolle bringen können. Wir finden Mittel und Wege, uns in ihm zu stabilisieren, uns Zufriedenheit zu sichern. Dann wird dieses Glück zur Grundlage unserer spirituellen Praxis, einer neuen Dimension von Wachstum und Entwicklung und letzten Endes unserer Freiheit und Befreiung.

Mögen alle Wesen zur Selbstakzeptanz gelangen.
Mögen alle Wesen zur Akzeptanz des Lebens gelangen.
Mögen alle Wesen in wahrer Freiheit leben.

James Baraz

Es ist schwer zu sagen, wo die eigene spirituelle Reise beginnt. Mich faszinierten in meiner Kindheit Astronomie und das Universum so sehr, dass sie zeit-lebens den Zwang in mir auslösten, das Mysterium, wer oder was ich bin, wie ich hierher gekommen bin und worum es im Leben überhaupt geht, zu erforschen. Später fühlte ich mich, insbesondere durch eine starke Verbindung zu *Neem Karoli Baba*, zum Pfad der Hingabe hingezogen.

Dem Buddhadharma bin ich zum ersten Mal im Jahre 1974 begegnet, als ich Joseph Goldstein im Naropa-Institut hörte. Es war eine Offenbarung für mich, als ich mir zum ersten Mal der Möglichkeit bewußt wurde, das Herz und den Geist darin zu üben, neurotische Gedankenmuster zu durchschauen und gleichzeitig Mitgefühl und Weisheit zu vertiefen. Ich wußte, dass ich meinen Weg gefunden hatte.

Ich bin außerdem durch Ramana Maharshis Lehre über den Kontakt mit H. W. L. Poonja inspiriert worden, sowie durch die tibetische *Dzogchen*-Praxis. Ich bin überzeugt davon, dass es viele verschiedene Wege gibt, um die Wahrheit zu entdecken und zum Ausdruck zu bringen.

Was ich am meisten am Unterrichten liebe, ist die Möglichkeit, anderen Menschen zu helfen, in Kontakt mit ihrer eigenen Liebe zum Dharma zu kommen und sich mit der inneren Weisheit zu verbinden, die nur darauf wartet, entdeckt zu werden. Ich liebe es, ihr Engagement für das Erwachen zu wecken und ihnen zu vermitteln, wie sie ihre Praxis durch den Einsatz für andere mit Leben füllen können. Im Zusammenleben mit meiner Frau Jane und meinem Sohn Adam sehe ich das Leben eines Familienvaters als bedeutsames Vehikel auf dem Weg des spirituellen Erwachens an.

Glaube und Vertrauen

Der Glaube ist ein essentieller Bestandteil unserer spirituellen Reise. In der Lehre des Buddha stellt er eine der fünf spirituellen Fähigkeiten dar, die für wahres Verstehen und Erwachen notwendig sind. Die anderen sind Energie, Achtsamkeit, Konzentration und Weisheit.

Glaube wird normalerweise an die erste Stelle gesetzt, weil er den gesamten Prozess beflügelt. Wenn wir glauben, dann sind wir bereit, Energie und Bemühen in unsere Praxis einzubringen. Unser Bemühen, präsent zu sein, führt zu einer Vertiefung der Achtsamkeit. Achtsamkeit führt zu Konzentration. Und wenn der Geist konzentriert und klar ist, dann entsteht Weisheit.

Was meinen wir mit Glaube? Der Begriff *saddha*, der mit „Glaube" übersetzt wird, kann auch Vertrauen oder Zuversicht in eine Sache bedeuten. Das bedeutet aber nicht notwendigerweise, dass die Dinge sich so entwickeln werden, wie wir möchten. Wenn wir glauben geht es nicht darum, uns selbst oder unserer Intelligenz zu vertrauen, sondern vielmehr dem Bewußtsein selbst. Anstatt uns auf ein bestimmtes Ergebnis zu konzentrieren, erfahren wir mit Hilfe des Glaubens eine tiefere innere Verbindung zur Wahrheit, so dass wir auch das Vertrauen haben, jeder Situation begegnen und sie für unser Erwachen nutzen zu können. Wenn wir tiefes Vertrauen in unsere Fähigkeit haben, dem jeweiligen Augenblick mit Aufrichtigkeit und weiser Aufmerksamkeit zu begegnen, dann bekommen wir dadurch den Mut, uns mit allen Situationen und Gegebenheiten, denen wir in unserem Leben begegnen mögen, auseinanderzusetzen. Ohne Glaube und Vertrauen ist die Praxis schwierig. Der zweifelnde

Geist fühlt sich sehr alleine, von allem anderen getrennt und verzweifelt. Die Stimme des Zweifels sagt: „Alle anderen meditieren richtig, nur ich weiß nicht, was ich da tue. Es ist bloße Zeitverschwendung. Ich werde niemals lernen, gut zu meditieren." Ich erinnere mich an einen Retreat aus meiner Anfangszeit, bei dem immer wieder Gedanken wie diese in meinem Geist auftauchten. Meine Zweifel in bezug auf mich selbst und meine Praxis waren so stark, dass ich bereit war, aufzugeben und einfach wegzugehen. Wie jeder andere Geisteszustand, zog schließlich auch die Welle des Zweifels vorüber. Zu sehen, wie unbeständig der Geisteszustand war und das Gefühl der Lebendigkeit, die an seine Stelle trat, gaben mir die Kraft, weiterzumachen.

Ich erinnere mich an meine Begeisterung und Aufregung, als meine Gedanken sich veränderten und ich zu mir sagte: „Ich glaube, ich kann das tatsächlich tun!" In mir wuchs das Gefühl, dass ich mein uneingeschränktes Bemühen in die Praxis einbringen und jede Erfahrung, die auftauchte, beobachten konnte. Ich konnte die Möglichkeit sehen, mich für alles zu öffnen, was immer auch geschah. Ich konnte der natürlichen Entfaltung des Lebens vertrauen, ohne irgendetwas kontrollieren zu müssen oder mir eine Note dafür zu geben. Das geschieht, wenn Glaube und Vertrauen vorhanden sind.

Wenn wir mit vertrauensvollem Glauben praktizieren, dann fühlen wir uns mit etwas verbunden, das jenseits von uns liegt. Wir wissen, dass unsere Praxis nicht vom Rest des Lebens getrennt ist. Der dritte Zenpatriarch sagt: „Das Nicht-Duale ist eins mit dem vertrauenden Geist." Das „Nicht-Duale" bedeutet, es gibt keine Trennung zwischen einem selbst und allem anderen. Wenn wir mit vertrauendem Geist sehen, dann öffen wir uns und entspannen uns in die Wahrheit der Nicht-Dualität hinein.

Vertrauen ist eine grundlegende Qualität des Glaubens – Vertrauen in den Prozess und Vertrauen in unsere eigene Fähigkeit, mit dem zu arbeiten, was auch immer auftauchen mag. Dieses Vertrauen kann zur Zuversicht werden. Mit einem solchen Vertrauen zu praktizieren, ist etwas ganz anderes, als ohne es zu praktizieren. Mangelt es uns beispielsweise bei einem Retreat an Vertrauen und wir hören die Glocke läuten, dann könnte es passieren, dass wir uns selbst sagen hören: „Oh nein, nicht schon wieder eine Sitzung. Wie soll ich die bloß durchstehen?" Oder wenn die Glocke am Ende jener Sitzung ertönt, dann denken wir: „Oh nein, jetzt muß ich die Gehmeditation machen." Es fühlt sich ausweglos an. Wenn wir jedoch unsere Übungen mit Vertrauen und Zuversicht in die Praxis und in unsere

Fähigkeiten durchführen, dann reagieren wir auf den Klang der Glocke mit einem erfreuten: „Wunderbar, laßt uns in die Halle gehen!" Und wenn es Zeit für die Gehmeditation ist, sagen wir: „Jetzt bin ich neugierig, was es da zu beobachten gibt!"

Den Glauben vertiefen

Wenn der Glaube stark ist, sind wir bereit, Risiken einzugehen und uns in neues Territorium vorzuwagen. Durch unseren Glauben gestärkt, sind wir bereit für Abenteuer und willens, neue Grenzen und Regionen zu erforschen. Zu Beginn ihrer Praxis fühlen sich manche Menschen durch ihre Gedanken behindert, was zu beobachten sie in der Lage sein werden und insbesondere, wieviele Unannehmlichkeiten sie ertragen können, ehe sie ihren Gleichmut verlieren. Als ich zu meditieren begann, glaubte ich, aufgrund meiner Erfahrung mit meinen Rückenproblemen, genau zu wissen, wie lange ich würde sitzen können, bevor ich eine Pause brauchte. Jedesmal, wenn mein Rücken anfing wehzutun, sagte ich mir, ich sollte wohl besser aufstehen und spazierengehen, um den Schmerz zu lindern.

Als ich schließlich bereit war, meine Grenzen zu erforschen und über das hinauszugehen, was ich als meine Toleranzgrenze ansah, stellte ich voll Erstaunen fest, dass ich im Angesicht schmerzhafter Empfindungen nicht nur achtsam und präsent sein, sondern mich sogar für sie interessieren und Stille in ihnen finden konnte. Das heizte meinen Entdeckergeist an und vertiefte wiederum mein Vertrauen in den Prozess.

Der Glaube ist eine spirituelle Fähigkeit, die sich vom „blinden Vertrauen" unterscheidet. „Blindes Vertrauen" ist ein bedingungsloser Glaube an etwas, das uns gesagt wurde oder eine bedingungslose Hingabe an einen Lehrer, bei der unsere eigenen Erfahrungen mißachtet werden. Glaube im Kontext des Buddhismus entsteht tatsächlich aus unserer eigenen Erfahrung. Indem wir die Wahrheit entdecken, machen wir selbst die Erfahrung, dass die Praxis funktioniert, dass sie unseren Geist befreit und uns zu größerer Freiheit führt. Wir könnten uns zwar von jemand anderem inspirieren lassen, aber es ist die Praxis selbst und nicht die blinde Hingabe an einen Lehrer, die unseren Glauben vertieft und bekräftigt.

Es gibt die berühmte Geschichte eines jungen Brahmanen namens Vakula, der ein Zeitgenosse Buddhas war und sich in diesen verliebt hatte. Wir können uns gut vorstellen, dass der Buddha eine faszinierende Erscheinung war und es wird gesagt, er sei darüber hinaus recht gutaussehend gewesen. Vakula war so vernarrt, dass er beschloß, dem Mönchsorden beizutreten, einfach deshalb, um in der Lage zu sein, den Buddha so häufig wie möglich anzuschauen. Er war weder an der Praxis interessiert noch daran, die Lehren zu erforschen. Als der Buddha der Situation gewahr wurde, hoffte er, dass der Mönch durch die Praxis schließlich zur Reife gelangen werde. Als dessen Vernarrtheit jedoch andauerte, ermahnte er ihn schließlich und sagte: „Du schaust in die falsche Richtung. Diese Form kannst du dir einhundert Jahre lang anschauen und immer noch nicht den Buddha sehen. Einer, der den Dharma sieht, einer, der die Wahrheit sieht, der sieht den Buddha."

Die Geschichte entwickelte sich jedoch so, dass der Mönch mit seiner Bewunderung nicht aufhören konnte. Schließlich beschloß der Buddha, ihm einen Schock zu versetzen, indem er ihn aufforderte zu gehen, damit er von seiner Vernarrtheit ablassen würde. Das stürzte Vakula in solche Verzweiflung, dass er beschloß, Selbstmord zu begehen, denn er glaubte, ohne seinen Geliebten habe das Leben keinen Sinn. Gerade als er dabei war, sich von einer Klippe hinabzustürzen, erschien der Buddha, um ihm zu sagen, dass es ein sehr viel größeres Glück gäbe als das Entzücken, das er durch seine blinde Hingabe erlebt hatte. Als Vakula diese Worte hörte, wurde ihm bewußt, dass er sich in der Anbetung der Form verfangen hatte, und er wurde im selben Moment erleuchtet.

Auch wenn uns eine Inspirationsquelle weiterzubringen vermag, so ist es doch nur die Wahrheit selbst, die uns erwachen läßt. Blinder Glaube an irgend etwas oder irgend jemanden führt zu Verwirrung und Anhaftung. Blinder Glaube verschwindet schnell, wenn wir auf Hindernisse stoßen. Vakula hatte offensichtlich keine inneren Ressourcen zur Verfügung, als ihm das Objekt seiner Anbetung genommen wurde. Der Buddha lehrt, dass wir Glauben und Weisheit miteinander ins Gleichgewicht bringen, wenn wir gründlich erforschen, was an der Natur der Existenz wahr und was nicht wahr ist. Auf diese Weise entwickeln wir eine Quelle des Vertrauens im Innern und hängen nicht von jemandem oder etwas außerhalb von uns ab, um unseren Glauben aufrechtzuerhalten.

Glaube unterscheidet sich auch von Hoffnung. Wenn wir uns in großer Verzweiflung befinden, dann scheint die Hoffnung das Letzte zu sein, was uns bleibt. Hoffnung war alles, was in der Büchse der Pandora zurückblieb, nachdem alles übrige daraus entschwunden war. Die Hoffnung ist jedoch begrenzt. Ihr wohnt ein Gefühl der Verkrampfung und des Unvollständigen inne, und es besteht eine 50-prozentige Chance, dass sich die Dinge nicht so entwickeln werden, wie man es gerne hätte. Der römische Philosoph Seneca hat gesagt: „Du hörst auf, Angst zu haben, wenn du aufhörst zu hoffen, denn die Hoffnung ist immer von Angst begleitet." Was aber passiert, wenn nicht eintritt, worauf wir hoffen?

Was passiert, wenn Sie nach mehreren Tagen Retreat zu sich selbst sagen: „Jetzt habe ich tagelang praktiziert und bin immer noch nicht konzentriert. Vielleicht morgen …" Dann kommt morgen, und Sie sagen sich: „Ich bin immer noch nicht konzentriert. Oh je, ich hoffe, dass morgen …" Sie können den gesamten Retreat damit zubringen, darauf zu hoffen, dass etwas anderes geschehen möge als was tatsächlich geschieht. Diese Haltung führt zu einer Verkrampfung im Geist. Wenn wir vertrauensvoll praktizieren, dann lassen wir alle Pläne los. Es ist eine Bereitschaft vorhanden, für genau das präsent zu sein, was vor uns steht.

Die Vision als Quelle des Glaubens

Was läßt den Glauben in uns erwachen? Eine Möglichkeit, wie das passieren kann, ist, dass uns eine Person, die wir bewundern und verehren, eine inspirierende Vision bietet. Anders als bei Vakula ist es jedoch die Vision und nicht die Person, auf die wir unser Augenmerk richten. Wir lassen uns vielleicht durch den Buddha oder durch Jesus oder irgendeine andere große Figur inspirieren, die Weisheit oder Liebe verkörpert und uns darauf hinweist, dass wir diese Qualitäten auch in uns selbst entdecken können.

Eine andere Quelle kann ein lebender Mensch sein, von dem wir wissen, dass er spirituelle Reife besitzt. Inspirierende Individuen geben uns eine Vision von unserem eigenen Potential und entfachen so unsere Motivation. Als ich zum ersten Mal von den buddhistischen Lehren hörte, fühlte ich mich außerordentlich motiviert zu praktizieren. Ein Teil dieser Inspiration entsprang der Tatsache, dass sich mein Lehrer Joseph Goldstein nicht sehr von mir zu unterscheiden schien. Er war lediglich ein wenig älter und erschien mir recht normal und bescheiden zu sein. Er besaß jedoch eine Weisheit und eine Präsenz, von denen ich spürte, dass sie Ausdruck einer jahrelangen Dharma-Praxis waren. Es drängte sich mir der Gedanke auf: „Wenn er das tun kann, dann kann ich es auch." Zum ersten Mal

hatte ich eine Vision von der Möglichkeit, nicht länger meinen neu-
rotischen Gedankenmustern ausgeliefert zu sein.

Eine Vision zu haben, ist außerordentlich wichtig auf dem Weg,
Zuversicht und Glauben zu entwickeln. Wenn Sie einfach nur deshalb sitzen würden, um zu sehen, ob Sie den Trick erlernen können,
eine Stunde still zu sitzen und Ihren Atem zu beobachten, dann wäre
das eine sehr begrenzte Sicht der Praxis. Wenn Sie jedoch eine Vision
davon haben, wo diese Praxis hinführt, dann kann Sie das motivieren,
jeden einzelnen kleinen Schritt zur Erfüllung dieser Vision zu tun.

Der Buddha hat etwas gesagt, das meinen Glauben stützt und
nährt: „Wenn es nicht möglich wäre, den Geist von Habgier, Haß
und Täuschung zu befreien, dann würde ich euch das nicht sagen."
Er sagte, dass es möglich sei und bewies es durch sein eigenes Beispiel. Diese Art von Beispiel bietet eine Vision, die uns helfen kann
weiterzumachen, wenn wir entmutigt sind. Wir können eine solche
Vision nicht nur für uns selbst, sondern auch für andere im Auge
haben. Wenn wir an die Möglichkeit glauben, dass wir zu unserem
wirklichen Wesen erwachen können, dann halten wir diese Möglichkeit für die gesamte Erde offen.

Ein auf inspirierende Weise aktiver Mensch mit einer solchen
Vision ist John Seed. Er besitzt eine spirituelle Sensibilität, die sich
mit gründlichem Faktenwissen verbindet. Auch wenn er sich im Klaren darüber ist, dass sich die Welt in einem sehr entmutigenden
Zustand befindet, so ist seine Arbeit dennoch von Freude, Glauben
und einer visionären Gesinnung durchdrungen. Er sagt:

Letzten Endes würde in unserer Zeit nur ein Wunder etwas
bewirken. Wenn Sie sich das Ausmaß der Zerstörung anschauen,
egal, ob es nun um den Regenwald, das Ozonloch oder das Kli-
ma geht, um all diese Dinge, die passieren, und selbst wenn Sie
die gesamten Bemühungen von Umweltschützern um einen Faktor von zehn oder sogar hundert vervielfachen könnten, dann
würde das nicht ausreichen. Es ist also nichts in Reichweite, das
uns helfen könnte. Und jetzt fragen Sie sich, was für eine Art von
Wunder das sein könnte? Nun, es wäre eigentlich etwas sehr einfaches. Es würde ausreichen, wenn die Menschen eines Tages
anders aufwachten, als sie am Tag zuvor zu Bett gegangen sind,
wenn sie sich mit einem Mal bewußt wären, dass dies das Ende
ist, wenn diese Entscheidungen nicht getroffen und in die Tat
umgesetzt werden. Das mag unwahrscheinlich klingen, aber

andererseits ist der ganze Weg, den wir bisher gegangen sind, so sehr mit Wundern übersät, dass nur unsere seltsame moderne Psyche sich weigern kann, das zu sehen. Ich meine das Wunder, dass wir von einem Fisch abstammen, der sich entschieden hat, das Wasser zu verlassen und an Land zu gehen … mit einem solchen Stammbaum [ist alles möglich].

– aus einem unveröffentlichten Interview mit

Ram Dass vom 17. April 1991

Aufwachen ist möglich. Die Straße der Wunder wertzuschätzen, aus denen die menschliche Evolution besteht, kann uns in unserem Glauben inspirieren. Alles, was wir benötigen, ist, die Situation klar zu sehen und aufzuwachen. Es ist wichtig, offenzubleiben für die Möglichkeit des Erwachens – für uns selbst und für andere. Der Glaube an diese Vision hilft uns über schwierige Zeiten hinweg.

Zuflucht nehmen als Quelle des Glaubens

Der Buddha, der Dharma und die Sangha – die Drei Juwelen oder der Dreifache Edelstein – sind ausnahmslos eine Quelle starken Glaubens. Wir nehmen Zuflucht zu ihnen als eine Geste der Ankennung, dass wir diese Reise nicht alleine machen müssen. Zuflucht zu nehmen bedeutet, eine Zufluchtsstätte, einen Ort des Schutzes zu finden, an dem wir vor Gefahren sicher sind. Die in unserem Geist lauernde Gefahr des Zweifels und der Angst wird dann eingebettet in eine größere Realität, was uns den Mut und das Vertrauen gibt, den Dämonen gegenüberzutreten zu können und die Wahrheit für uns selbst zu entdecken.

Die gesamte Reise des Buddha zur Erleuchtung erforderte einen ungeheuer starken Glauben. Er hat seine Familie verlassen und sich größten Entbehrungen ausgesetzt, einfach nur deshalb, weil er das sichere Gefühl hatte, dass etwas Größeres möglich sei. Er legte bei seiner Suche eine kompromißlose Entschlossenheit an den Tag, um die höchste Freiheit zu finden. Stellen Sie sich vor, was erforderlich war, sich unter einen Baum zu setzen und die Verpflichtung einzugehen, „hier zu sitzen, bis ich entweder sterbe oder erwache." Wenn wir Zuflucht zum Buddha nehmen, dann bekräftigen wir in uns selbst das Potential für den ungeheuren Glauben und die Entschlossenheit, die er verkörpert hat.

Zuflucht zum Dharma zu nehmen bedeutet, Zuflucht zu der Wahrheit zu nehmen, die jeder von uns durch Erforschung finden kann. Wenn wir für uns selbst immer wieder die Wahrheit der Unbeständigkeit, anicca, sehen können, dann beginnt sich ein Gefühl tiefen Vertrauens in uns zu entwickeln. Die Sonne wird heute untergehen. Morgen wird die Sonne auf- und wieder untergehen. Die Jahreszeiten kommen und gehen; auf jede folgt die nächste und wieder die nächste. Das gleiche gilt für unsere Erfahrung von Moment zu Moment. Wenn wir die Unbeständigkeit begreifen, dann können wir voller Zuversicht beobachten, wie die Dinge vorüberziehen, egal, wie tief die Angst oder der Schmerz sein mögen. Was für den Schmerz und die Angst gilt, gilt auch für unsere angenehmen Erfahrungen. Wenn wir die Unbeständigkeit wirklich begreifen, dann können wir auch unsere angenehmen Erfahrungen mit Würde loslassen.

Ich erinnere mich daran, dass ich, als ich begann, zu Meditationsretreats zu gehen, nicht wollte, dass sie endeten. Mit der letzten Gehmeditation wollte ich bis zum allerletzten Glockenschlag fortfahren. Ich haßte es, die Stille zu durchbrechen, die ich so nährend und kostbar fand. Wenn der letzte Glockenschlag ertönte, erlebte ich eine Explosion des Grauens und bekam Kopfschmerzen vor Verzweiflung. Im Laufe der Zeit lernte ich, es anzunehmen, dass jeder Retreat, egal, wie süß er ist, einmal endet, und ich kann mich mit Würde von ihm verabschieden und zum nächsten Moment übergehen. Es ist, wie einen Vogel fliegen zu lassen ... auf Wiedersehen.

Sich an die Unbeständigkeit zu erinnern, kann den Glauben erwecken, wenn Sie sich in Zweifeln verloren haben. Bei meinem zweiten Retreat erlebte ich eine ungeheure Welle des Zweifels. Ich führte zwar die Meditationspraxis durch, aber ich fühlte mich wie ein Heuchler. Alles daran schien mir lächerlich zu sein. Die Praxis ergab für mich keinen Sinn, und ich war mir sicher, dass die Lehrer nicht wußten, worüber sie da redeten. Ich fragte mich, wie sie sich wohl unter sich oder in ihrem Alltagsleben verhielten. Praktizierten Sie wirklich das, was sie da predigten? Ich war mit einer solchen Mauer des Zweifels konfrontiert, dass ich keinen Moment länger praktizieren konnte.

In eine schwarze Wolke gehüllt verließ ich die Meditationshalle und ging in mein Zimmer, um aufzugeben. Ich dachte, ich würde mich einfach hinlegen und es mir eine Weile gutgehen lassen. Als ich dort ankam, fielen meine Augen auf das Bild des indischen Gurus Neem Karoli Baba, das ich zu dem Retreat mitgebracht hatte. Sein lachendes Gesicht hilft mir stets unweigerlich, die leichtere Seite der

Dinge zu sehen. Es war, als ob er mich ansähe und sagte: „Mmm …
ziemlich ausgeflippt im Moment, stimmt's?" In einem einzigen
Augenblick verschwand die ganze intensive Schwere des Zweifels
und verwandelte sich in eine ungeheure Energie für die Praxis.

Ganz aufgeregt wollte ich meinem Lehrer davon erzählen, dass ich
„den Zweifel erobert hatte." Ich konnte das Interview kaum abwar-
ten, das unglücklicherweise erst zehn Stunden später stattfand. Während dieser folgenden zehn Stunden durchlebte ich alle nur möglichen Geisteszustände, von jenem Moment der Eroberung des Zweifels über freudige Erregung über Aufgewühltheit bis hin zu Verwirrung und Verzweiflung. Schließlich war ich mit dem Interview an der
Reihe, und der Lehrer fragte: „Nun, was geschieht gerade?" Ich seufz-
te lediglich und sagte: „Es verändert sich ständig." „Das ist es", sagte
er, „du hast's kapiert!" Wenn Sie sich mitten im Zweifel befinden und
sich an die Unbeständigkeit erinnern können, dann beginnen die
Dinge weniger solide, weniger klebrig auszusehen. Diese Wahrheit
hinsichtlich der Unbeständigkeit führt zum Vertrauen, weil das Wissen vorhanden ist, dass sich die Dinge verändern werden.

Der Glaube an die natürliche Ordnung der Dinge erwacht auch
dann, wenn wir Zuflucht zum Dharma nehmen. Die Welt entfaltet
sich nach bestimmten Gesetzen, nicht willkürlich. Sie brauchen sich
zum Beispiel nur das Ökosystem anzusehen, um zu begreifen, wie
alles von allem anderen abhängt, und wie dramatisch und trauma-
tisch die Auswirkungen sind, wenn irgendein Teil entfernt wird. Wie
wurde das alles nur zu einem solch vollkommenen Gleichgewicht
zusammengesetzt? Schauen Sie sich nur das Wunder unseres Körpers
an – wie, wenn Sie sich zum Beispiel geschnitten haben, Ihr Körper
weiß, wie er sich heilen kann. Ob wir es nun Gott oder die unendliche Weisheit des Universums nennen, wir können an die natürliche
Ordnung der Dinge und an das Wunder dieser Vollkommenheit
glauben.

Munindra-ji, ein wunderbarer Vipassana-Lehrer, pflegte zu sagen:
„Der Dharma beschützt diejenigen, die den Dharma beschützen."
Wenn wir uns aufrichtig darum bemühen, die Wahrheit – so gut wir
können –, zu verstehen, und mit so viel Klarheit, Mitgefühl, Weisheit und Güte zu handeln, wie es unseren Fähigkeiten entspricht,
dann tragen wir unseren Teil dazu bei. Unsere Aufrichtigkeit ist die
geheime Zutat, die wir in den Prozess einbringen. Der Dharma, die
natürliche Entfaltung der Realität, wird sich vollziehen, ohne dass
wir die Dinge unnötig verkomplizieren, ohne dass wir kämpfen oder

Widerstand leisten. Das befähigt uns, mit Weisheit zu agieren, anstatt aus unserer Verwirrung heraus zu reagieren. Das stärkt unseren Glauben daran, dass wir eine Kontrolle loslassen können, die wir nie besessen haben, und uns für das Geschenk zu öffnen, das das Leben in diesem Moment für uns bereithält, um uns zum Erwachen zu führen.

Vor einigen Jahren hatte ich die Gelegenheit, in Indien bei einem Advaita-Vedanta-Lehrer namens Poonja-ji zu studieren. Ohne sich auf eine bestimmte Methode zu stützen, ermutigt er einfach seine Schüler dazu, in entspanntem Gewahrsein zu ruhen. Poonja-ji spricht über die Möglichkeit, in diesem Moment zu erwachen, nicht in zehn Jahren oder zehn Leben. Eines Tages fragte ich ihn: „Woher weiß ich, dass ich ein Recht habe, erleuchtet zu werden und dass ich ausreichend gutes *Karma* habe, um zu erwachen? Er sah mich an und sagte: „Du bist vom anderen Ende der Welt hierher zu diesem Ort in Indien gekommen, du besitzt ein tiefes Engagement und befindest dich in Gesellschaft von guten Freunden und einem guten Lehrer. Der Dharma ist dein ganzes Leben. Schau dich um. Du steckst bis über beide Ohren in der Gnade und fragst dich, ob das genügt?"

Wir alle stecken bis über beide Ohren in der Gnade. Wir teilen ein außergewöhnliches Karma. Wir sind daran interessiert und in der Lage, uns die Zeit zu nehmen, unser Verständnis zu vertiefen, Unterstützung zu bekommen, und wir haben die Bedingungen und die Möglichkeit zu praktizieren. Über diese Segnungen nachzudenken, kann unseren Glauben vertiefen.

Die dritte Zuflucht, die unseren Glauben nährt, ist die *Sangha* bzw. die Gemeinschaft von gleichgesinnten Freunden, mit denen wir diese Reise teilen. Wenn wir uns alleine oder isoliert fühlen, dann ist es sehr schwer zu praktizieren. Wir können uns ausgehungert fühlen, weil wir meinen, keine Unterstützung zu bekommen. Ein Gefühl von Gemeinschaft läßt uns diese Isolierung durchbrechen. Wenn wir Zuflucht zur Sangha nehmen, dann bauen wir nicht nur eine Verbindung zu denjenigen auf, mit denen wir im Moment diesen Weg beschreiten, sondern wir verbinden uns auch mit einer langen Reihe von Vorgängern, die sich ebenfalls auf der Reise zum Erwachen befanden. Wir gesellen uns zu anderen Praktizierenden in einer Abstammungslinie hinzu, die seit den Zeiten des Buddha nicht unterbrochen worden ist. Dass so viele Menschen festgestellt haben, dass die Praxis sie zum Erwachen und zur Freiheit führt, stärkt unseren Glauben.

Wir können uns außerdem durch das Beispiel derjenigen inspirieren lassen, mit denen wir auf Retreats oder in Meditationsgruppen zusammen praktizieren, oder einfach durch einen Freund, mit dem wir zusammen meditieren können. Selbst Bücher oder Kassetten können uns ein Gefühl von Sangha vermitteln. Millionen von Menschen haben diesen Weg beschritten und tun dies noch, und sie finden einen Wert darin, sich der Dharmapraxis zu verpflichten. Dieses Wissen kann unseren Glauben vertiefen.

Unsere eigene Erfahrung als Quelle des Glaubens

Wir können uns durch das Beispiel des Buddha oder anderer großer Wesen, durch etwas, das wir gelesen haben, oder durch das gemeinsame Praktizieren mit anderen zur Praxis inspirieren lassen. Die tiefste Quelle des Glaubens ist jedoch unsere eigene Erfahrung, das, was wir selbst als wahr erkennen. Denken Sie einmal darüber nach, was Sie in Ihrer eigenen Praxis und in Ihrem eigenen Leben als wahr erkannt haben. Haben Sie Unbeständigkeit erlebt? Haben Sie gesehen, wie schmerzhaft das Festhalten ist? Haben Sie gesehen, um wie vieles reicher das Leben ist, wenn wir für es erwachen und es vollständig erleben? Haben Sie gesehen, dass Sie neurotische Muster, die Ihr Leben beherrscht haben, hinter sich lassen konnten? Haben Sie irgendeinen festen Ort in sich gefunden, auf den Sie als das, was Sie wirklich sind, verweisen könnten? Egal, zu welchem Verständnis sie gelangt sind, dies ist die größte Quelle Ihrer Inspiration und Ihres Glaubens. Es kann Ihnen nicht genommen werden.

Der Dalai Lama sagt, dass Sie, wenn Sie Ihre Praxis bewerten wollten, sich diese über einen Zeitraum von fünf bis zehn Jahren ansehen sollten. Haben Sie die Erfahrung positiven Wachstums gemacht? Wahrscheinlich. Wenn ich mir mein eigenes Leben ansehe, dann haben einige der Dinge, die ich vor zehn, fünfzehn oder zwanzig Jahren sehr anziehend und verführerisch fand, infolge meiner Praxis ihre Anziehungskraft zum großen Teil verloren. Unehrlich zu sein, fühlt sich zum Beispiel nicht gut an. Vor zwanzig Jahren hat es sich vielleicht auch nicht gut angefühlt, aber ich konnte so tun, als ob es funktioniere. Auch wenn ich vor zwanzig Jahren vielleicht nicht darauf aus war, andere zu verletzen, so hatte ich doch ein geringeres Bewußtsein als jetzt von den Folgen meiner Handlungen und davon, dass andere zu verletzen bedeutet, mich selbst ebenfalls zu verletzen. Zu sehen, dass es eine positive

Veränderung in unserem Leben gegeben hat, seit wir mit unserer Praxis begonnen haben, kann für unseren Glauben unglaublich inspirierend sein.

Wenn wir uns dann mehr und mehr entwickeln und tief in uns selbst hineinschauen – und unsere Praxis im Glauben verwurzeln, in dem, was wir als wahr erkannt haben –, dann kehren wir zu jenem Ort zurück, der weiß, zu jenem Zentrum, zu dem wir inmitten unserer Verwirrung immer wieder zurückkehren können. Manchmal, wenn ich verwirrt bin, entdecke ich die Kraft der Praxis von neuem, indem ich einfach zur Gegenwart und zum Atem zurückkehre. Ich kann meinen Glauben darauf richten, mich einfach daran zu erinnere, dass es möglich ist, mich mit einem Verständnis zu verbinden, das mein eigenes kleines Drama übersteigt, das in eine viel weitere Perspektive mündet – ein Verständnis, das über mein Vorstellungsvermögen hinausgeht und sich für das Mysterium des Ganzen öffnet.

Im Verlaufe der Praxis befallen jeden Zweifel. Er ist einer der fünf Hindernisse, von denen der Buddha gesprochen hat. Er hat alle großen spirituellen Führer befallen. Jesus hat am Kreuz gesagt: „Warum hast du mich verlassen?" Kurz bevor der Buddha erleuchtet wurde, kam Mara mit einem Heer von Versuchungen zu ihm, wobei die letzte der Zweifel war. Er forderte den Buddha mit der Frage heraus: „Was gibt dir das Recht, erleuchtet zu werden?" Vielleicht bedeutet das, dass der zukünftige Buddha einen Moment des Zweifels hatte, bevor er seine Hand auf die Erde legte und sagte: „Die Erde ist mein Zeuge für all die Arbeit, die ich eingebracht habe, und für mein Recht, befreit zu werden."

Die Erde ist Zeuge für all die Arbeit, die wir eingebracht haben, und wir können auf unsere Praxis und unsere Erfahrungen vertrauen. Greifen Sie als Inspiration auf das zurück, was Sie in sich selbst vorfinden. Greifen Sie auf das Beispiel von anderen zurück, die Sie bewegen oder die an Sie glauben. Greifen Sie auf die Unterstützung der Sangha zurück. Greifen Sie auf Ihre Erkenntnis zurück, dass sich die Dinge ändern, dass Sie die Show nicht dirigieren und auch nicht dafür belohnt oder getadelt werden können, wie die Dinge sind. Sie können nur loslassen und sich mit Leichtigkeit vertrauensvoll der Wahrheit öffnen.

Sylvia Boorstein

Es ist eine wunderbare Ironie, dass es in meinem Kapitel um Intention geht, denn ich habe mit meiner eigenen Praxis begonnen, ohne irgendeine klare Intention zu haben. Jetzt, zwanzig Jahre später, ist meine Intention wesentlich klarer, und ich bin absolut überzeugt von dem Wert, der darin liegt, sich in der Klarheit der Intention zu üben.

Als Vipassana-Lehrerin bin ich ausschließlich im Westen ausgebildet worden. Meine wichtigsten Lehrer waren Jack Kornfield, Joseph Goldstein und Sharon Salzberg. Meine Praxiserfahrung ist in gewisser Weise einzigartig, denn sie bestand aus relativ kurzen Phasen intensiver Praxis, die ich in mein Familienleben mit meinem Mann und vier Kindern und mein Berufsleben als Psychotherapeutin eingeschoben habe.

Intention

Eine klare Intention ist in der Praxis von entscheidender Bedeutung, und wahrscheinlich sprechen wir nicht häufig genug darüber. Sie stärkt und festigt unsere Meditationspraxis. Sie ist unglaublich motivierend und stellt uns das Potential der Praxis vor Augen. Und sie trägt zur Klärung der Technik bei. Wenn man zunehmend Klarheit darüber gewinnt, worauf man sich zubewegt, erhält man Antwort auf viele technische Fragen.

Klare Absicht

Wenn ich weiß, wohin ich fahren will und eine Landkarte habe, dann kann ich meine Route wählen. Will ich nach Oregon fahren, dann weiß ich, dass ich nach Norden fahren muß, also weiß ich, dass ich die Morgensonne auf meiner rechten Seite haben sollte. Nach einer Weile könnte ich so sogar ohne eine detaillierte Straßenkarte auskommen, auch wenn mir Hinweisschilder und gelegentliche Orientierungspunkte auf dem Weg helfen können.

Ich kann zwei Geschichten aus meiner eigenen frühen Vipassana- und Metta-Praxis erzählen, die von einem Mangel an Klarheit zeugen, und die ich Ihnen als Ermutigung mit auf den Weg geben möchte. Als ich vor zwanzig Jahren mit meiner Vipassana-Praxis begann, bestand meine Intention (falls man sie überhaupt als solche bezeichnen konnte) darin, etwas Schickes zu tun, etwas, das „in" war. Und auch darin, einen Wunsch meines Mannes zu erfüllen. Er hatte Vipassana praktiziert, war nach Hause gekommen und hatte zu mir gesagt: „Syl, das ist toll. Das mußt Du mal ausprobieren." Die Tatsache, dass ich mir keineswegs im klaren darüber war, was mich dort erwartete, war keine große Hilfe bei meiner Praxis. In diesem ersten Retreat war ich eifrig mit dem Versuch beschäftigt, etwas zu tun. Ich war außerordentlich streng in bezug auf den Zeitplan. Ich saß und ich ging. Mein Körper war präsent; ich war physisch bei dem Retreat engagiert, aber nicht geistig, da ich nicht verstanden hatte, was ich mit meinem Geist anfangen sollte. Jahre später, als ich mehr Klarheit darüber gewonnen hatte, was ich durch die Praxis erreichen wollte, verstand ich, was ich zu tun hatte. Ich gewann eine unglaubliche Klarheit in bezug auf die Technik. All die Anweisungen, die Aufmerksamkeit im Atem ruhen zu lassen, mit der Aufmerksamkeit immer wieder zum Atem zurückzukehren, diese und jene wahrzunehmen, ergaben schließlich sehr viel Sinn. Zu jener Zeit wurde ich eine eifrige Praktizierende im besten Sinne des Wortes, weil ich verstand, wo ich mich mit meiner Praxis hinbewegte.

Das ist eine gute Nachricht und es gibt eine noch bessere im Hinblick auf diese Geschichte. Die gute Nachricht ist, dass der Einsatz zählt, auch wenn Sie sich hinsichtlich Ihrer Intention vielleicht nicht im Klaren sind. Wenn wir den Körper auf das Kissen bringen, wenn wir sitzen, gehen und Stille üben, dann kümmert sich der Geist um sich selbst. Er bewegt sich sogar von selbst in Richtung Klarheit. Denn Klarheit ist seine grundlegende Natur. So es ist also in Ordnung zu praktizieren, selbst wenn keine Klarheit hinsichtlich Intention und Verständnis vorhanden sind. Von noch größerem Wert ist die Erkenntnis, dass eine klare Intention und das Wissen, wo man hingeht, dazu beitragen, die hilfreichsten Techniken auszuwählen. Wenn Sie Ihr Ziel kennen, dann beantworten sich technische Fragen fast von selbst.

Parallel zu meinem Mangel an Klarheit zu Beginn meiner Vipassana-Praxis begann ich auch meine Metta-Praxis mit einer unklaren Intention. Metta ist die Praxis, bei der man sich selbst und anderen liebevolle Güte, Freundlichkeit und Gastfreundschaft zukommen läßt. Die Vipassana- und die Metta-Praxis sind sich insofern ähnlich, als beide uns helfen, wach und gelassen zu sein und unserer gegenwärtigen Erfahrung eine Aufmerksamkeit entgegenzubringen, die nicht von Gier geprägt ist. Ich weiss, dass es auf einige Menschen unglaublich motivierend wirkt, aus einem fürsorglichen Interesse für alle Wesen heraus zu praktizieren. Ich habe jedoch meine Praxis aus der Sorge um mich selbst begonnen. Und ich habe nicht mit einer entspannten Haltung wie „wenn es die richtige Zeit für mich ist, glücklich und zufrieden zu sein, dann möge das geschehen" begonnen, sondern mit beträchtlicher Verzweiflung.

Ich hatte bereits einige Jahre Vipassana praktiziert, und um die Wahrheit zu sagen, Metta ging mir auf die Nerven. Ich gab das anderen gegenüber niemals zu. Es war ein Geheimnis, für das ich mich schuldig fühlte. Man sollte Metta mögen, aber ich konnte es nicht leiden. Ich hatte Metta auf recht oberflächliche Art am Ende von Retreats durchgeführt. Manchmal ging es mir dann gut, manchmal auch nicht. Bei der Metta-Meditation richten wir unsere liebevolle Güte auf eine Reihe von Menschen. Wir beginnen mit uns selbst, üben dann mit jemandem, der uns etwas Gutes getan hat oder ähnliches und enden schließlich bei allen Menschen. Bei Retreats waren wir bereits nach zehn Minuten bei der Anweisung angelangt, jedem Menschen Metta zu senden. Ich hatte häufig den entsprechenden Zustand noch nicht erreicht. Die Menschen, die die Praxis anleiteten, wirkten auf mich so, als ob sie sich in diesem Zustand befänden, und ich fühlte mich dann schlecht, weil sie es erreicht hatten und ich nicht. Oder ich dachte: „Vielleicht tun sie überhaupt bloss so als ob," und damit fühlte ich mich auch nicht gut.

Aber dann machte ich eine Erfahrung, die mir die Kraft von Metta aufzeigte. Ich befand mich in einer Phase, in der ich in meiner Praxis ungeheure Schwierigkeiten und Verwirrung erlebte, die mich zu überwältigen drohten. Ich erlebte dramatische und außergewöhnliche energetische Zustände und wußte nicht, was ich mit ihnen anfangen sollte. Ich war erschöpft, verängstigt und verwirrt. Mit großem Engagement hatte ich mich meiner Praxis zugewandt, von der ich geglaubt hatte, dass sie meiner Ängstlichkeit und meinen Bedenken ein Ende bereiten würde. Diese Erfahrungen verängstigten und enttäuschten mich jedoch, und mein Vertrauen in die Praxis war erschüttert.

Ich fuhr zu einem Retreat nach Yucca Valley. Eines Abends, als ich in der Meditationshalle saß, war ich so durcheinander und verzweifelt, dass ich einfach wegging. Ich war außer mir und legt mich ins Bett. (Wenn ich jetzt daran denke, empfinde ich mitfühlende Zuneigung mir selbst gegenüber, so wie man sie einem Kind gegenüber empfindet.) Nachdem ich mir die Decke über den Kopf gezogen hatte, begann ich spontan wie eine Rasende für mich zu wiederholen: „Möge ich friedlich sein. Möge ich glücklich sein. Möge ich frei von Leiden sein." Ich hatte das nicht geplant; es geschah einfach. Und ich machte es nicht auf die entspannte Art im Sinne von „möge es passieren." Es war wild, aber es war auch äußerst konzentriert, und es stand eine unglaublich starke Intention dahinter. Mein Geist wich nicht von seiner Entschlossenheit ab. Nach und nach stellte ich fest, dass sich alles zu verändern begann. Die Decke noch immer über meinem Kopf, fühlte ich mich plötzlich anders, und der Aufruhr in meinem Innern begann sich zu beruhigen. Ich fühlte mich, als hätte ich einen großen Raum um mich selbst herum geöffnet. In jenem Moment erlebte ich Metta als Schutz.

Die Welt folgt ihrem natürlichen Lauf; gute und schlechte Dinge wer-den passieren, und Metta wird uns nicht vor den normalen Wechselfällen des Lebens schützen. Aber Metta ist ein Schutz dagegen, dass unser Herz an diesen natürlichen Wechselfällen des Lebens zerbricht. Es läßt das Herz weich werden. Das Herz fühlt, aber es zerbricht nicht.

Jene Erfahrung in Yucca Valley hat alles verändert, meine Ansichten über die Metta-Praxis eingeschlossen. Sie hat mich dazu gebracht, eine formelle und intensive Metta-Praxis aufzunehmen.

Eifer bei der Praxis

Ihre Intention zu kennen, dient auch dazu, Sie zu motivieren und Ihren Eifer zu verstärken. Wenn der Ort, zu dem ich gehe, für mich gut aussieht, dann werde ich mich eifrig daran machen, dorthin zu gelangen. Wenn Oregon wie Shangri-La aussieht, dann werde ich wahrscheinlich Tag und Nacht fahren, um es zu erreichen.

Vor zwanzig Jahren habe ich nicht begriffen, was Erleuchtung bedeutet. Irgendwie war es ein überstrapazierter Begriff. Jeder schien jedes Wochenende bei dem ein oder anderen Workshop erleuchtet zu werden, aber danach schienen sie mir doch wieder dieselbe Person zu sein. Vielleicht war ich zu jung oder zu unbedarft, um das zu verstehen. Selbst die Vorstellung von Freiheit war für mich anfangs nicht klar. Freiheit wovon? Freiheit, um was zu tun? Ich bekam keine Freiheit. Glück hingegen war nichts Kompliziertes. Glück bekam ich.

Sowohl die Vipassana- als auch die Metta-Praxis sind, um bei der Reisemetapher zu bleiben, im Grunde genommen Wege zum Glück. Es ist etwas sehr Einschneidendes, zu denken, zu entdecken, zu glauben, dass wir tatsächlich frei sind - nämlich frei, zufrieden, friedlich und liebevoll zu sein, (was letztlich darauf hinaus läuft, daß wir die Freiheit haben, glücklich zu sein), denn das ist unsere eigentliche Natur. Letzten Endes gibt es nicht einmal einen Weg dorthin, denn „dort" ist bereits hier.

Intention

Die Praxis ist ein Weg, um Verwirrung und Verwicklungen aufzulösen, die uns daran hindern, unsere eigentliche Natur zu manifestieren. Das ist unglaublich aufregend. Es ist radikal. Wir fühlen nicht,
dass Glück unsere eigentliche Natur ist - schon gar nicht die ganze Zeit
über, und viele Menschen fühlen es nicht einmal sehr häufig. Wir
haben eher das Gefühl, dass das Leben uns Hiebe versetzt. Natürlich
ist das Leben voller Trauer, Verlust, Schmerz und Enttäuschungen. Tatsächlich liegt es in der Natur der Dinge, dass sie vergänglich sind, und
ebenso verhält es sich im Leben: alles kommt und geht. Wir verlieren
ständig Dinge. Der Buddha hatte recht in bezug auf den Schmerz.
Und er hatte auch Recht in bezug auf das Leiden als Reaktion auf den
Schmerz, der entsteht, wenn wir uns in unseren Geschichten verfangen. Ich habe gehört, dass uns die Metta-Praxis dem Glück und die
Vipassana-Praxis dem Leiden näherbringe. Doch anstatt diese Aussagen als voneinander getrennt anzusehen, sehe ich eher, wie sie einen
Kreis bilden, bei dem beide Teile endlos ineinander fließen. Die Metta-Praxis bringt uns dem Glück und dem Gleichmut näher, was es uns
erlaubt, uns für den Schmerz zu öffnen, der ein fundamentaler Teil der
Existenz ist, der Schmerz, der uns zum Leiden und den Verwicklungen
im Geiste führt. Also öffnen uns Glück und Gleichmut stärker für die
Wahrheit des Leidens. Und die volle Öffnung für das Leiden hilft uns,
deutlicher dessen Ursachen und auch die Heilmittel zu verstehen, so
dass wir häufiger im Glück verweilen können. Wir schließen den
Kreis. Das Glück, das es uns erlaubt, uns vollständiger für das Leiden
zu öffnen, es klar zu sehen und zu verstehen, hilft uns letzten Endes,
zu einem tieferen Gewahrsein von Glück und Freiheit zu gelangen.
Metta und Vipassana sind Praktiken der Freiheit.

Das wird durch die Frage nach der Intention verdeutlicht:
„Wohin führt uns diese Praxis?" Wir praktizieren, um Freiheit zu verwirklichen. In jedem Moment, in dem wir vollkommen aufmerksam
sind, sind wir frei. Wir sind vielleicht nicht für den Rest unseres
Lebens frei, aber in diesem Moment sind wir es. Wir haben immer,
genau jetzt, in diesem Moment und nicht irgendwann später und an
irgendeinem wundersamen Ort, zu dem wir vielleicht irgendwann
einmal gelangen werden, die Möglichkeit, uns dem Glück zu öffnen.

Darüber hinaus praktizieren wir, um unsere Widerstände gegenüber der Liebe zu überwinden. Widerstand ist immer mit Schmerzen
verbunden: Wut, Groll, Bitterkeit gegenüber der eigenen Person,
dem eigenen Körper, der eigenen Geschichte, dem eigenen Leben.
„Warum passiert das?" „Warum passiert mir das?"

Sylvia Boorstein

Was wäre, wenn ein jeder plötzlich und vollkommen überzeugt wäre, dass sich durch diese Praxis ein Herz von großer Offenheit entwickeln läßt, das nicht in seinen eigenen Geschichten gefangen ist? Und was wäre, wenn plötzlich ein jeder glaubte, dass wir ein Herz oder einen Geist kultivieren könnten, die so strahlend vor Freude und Entzücken sind, dass sich Hass und Ablehnung unmittelbar nach ihrem Auftauchen auflösen würde? Nicht einen Geist oder ein Herz, die der Lebenserfahrung gleichgültig gegenüber stehen, sondern solche, die alle Wesen leidenschaftlich und ebenso selbstlos lieben würden wie sich selbst. Was für eine ungeheure Vorstellung! Aber genau das bewirkt die Praxis. Ich denke, dass eine dermaßen radikale Idee schwer vorstellbar ist. Wenn wir wirklich daran glaubten, dann würden unsere Intention und unser Eifer bei der Praxis nahezu überwältigend sein.

Als ich mit der Metta-Praxis begann, sagte meine Lehrerin am Ende der Interviews immer: „Denke daran, Sylvia, sei glücklich!" Über lange Zeit dachte ich, dass sei eine Art Gruß – die Ostküstenversion von „einen schönen Tag noch." Ich begriff nicht, dass es sich dabei um eine Anweisung handelte, und zwar um eine radikale und revolutionäre Anweisung. Die Möglichkeit ist wirklich vorhanden. Nicht auf ewig, aber immer in diesem Augenblick. Also verrichtete ich mein Tagwerk, machte meine Praxis, und plötzlich befand ich mich im größten Sturm und ertrank in meinem Unglück. „Was mache ich hier?" fragte ich mich selbst, während ich von Zweifeln geplagt wurde. Dann kam mir die Stimme meiner Lehrerin in den Sinn, die gesagt hatte: „Denke daran, Sylvia, sei glücklich!" Mir wurde bewußt, dass ich im Augenblick zwar nicht glücklich war, dass ich es aber sein könnte. In diesem Moment konnte ich meine Metta-Sätze mit meiner gesamten Aufmerksamkeit sprechen. Oder ich konnte meine Aufmerksamkeit vollständig auf dem Atem ruhen lassen, Atemzug für Atemzug. Momente der Aufmerksamkeit klären den Nebel der Täuschung, und das Glück, das unsere grundlegende Natur ist, beginnt sich zu zeigen .

Ich finde das sehr ermutigend. Wenn ich glücklich bin, dann lebe ich die Tatsache, dass Glück möglich ist. Ich bin frei. Wenn ich nicht glücklich bin, dann bin ich inspiriert, mich daran zu erinnern, dass es möglich ist. Ich weiß, dass wir alle dieses Potential in uns haben. Jeder von uns hat schon Momente von Freiheit und Glück erlebt. Das ist eine Fähigkeit des Herzens. Da es die grundlegende Natur des Menschen ist, ist es nicht etwas Seltenes, was es über längere Zit hinweg zu entwickeln gilt; es ist hier, in diesem Augenblick.

Die Metta-Praxis

Ich habe bereits über die Bedeutung und den Wert der Metta-Praxis gesprochen. Jetzt würde ich gerne einige Anweisungen dazu geben, wie man sie durchführt. Auch wenn sich diese Praxis-Hinweise speziell auf Metta-Retreats beziehen, so sind doch das Gefühl des Wach- und Gelassenseins und die auf die gegenwärtige Erfahrung gerichtete und nicht von Gier gekennzeichnete Aufmerksamkeit gleichermaßen auf Vipassana-Meditierende anwendbar, die sich auf den Atem, auf Körperwahrnehmungen oder geistige Stimmungen ausrichten.

Bei der formalen Metta-Praxis wiederholen wir still und mit Hingabe vier Schlüsselsätze, die die Einstellung der liebevollen Güte zum Ausdruck bringen, wobei jeder dieser Sätze eine etwas andere Nuance in den Vordergrund stellt. Die Sätze können sich voneinander unterscheiden und können in eigenen Worten formuliert werden, aber die am häufigsten gebrauchten lauten:

Möge ich frei von Gefahr sein;
möge ich geistiges Glück haben;
möge ich physisches Glück haben;
möge ich die Leichtigkeit des Wohlbefindens haben.

Für mich hat diese Praxis vier Teile. Der erste besteht darin, das Aufsteigen und Vergehen eines jeden Satzes deutlich zu sehen. Der zweite besteht darin, die Aufmerksamkeit bei jedem Satz vom Anfang bis zum Ende aufrechtzuerhalten. Der dritte besteht darin, die Bedeutung eines jeden Satzes zu verstehen und zu fühlen. Diese drei Teile sind im Grunde genommen Hilfsmittel, die die Konzentration stärken. Wenn wir einen Satz vollendet haben und uns dann von ganzem Herzen dem nächsten zuwenden, dann richten wir aufs neue unseren Geist aus, halten die Aufmerksamkeit aufrecht und fühlen die Intention des Herzens. Jeder dieser aufeinander folgenden Momente der Klarheit báut Konzentration auf. Wenn wir einen Satz loslassen und uns dem nächsten zuwenden, dann konzentrieren wir uns auf die neue Nuance und vertiefen so unsere Konzentration.

Der vierte Teil besteht darin loszulassen, und das ist eine sehr wichtige Anweisung. Manchmal sind das erzeugte Gefühl oder die Geschichte, die mit einem Satz aufsteigt, so wunderbar oder interessant, dass sie unwiderstehlich erscheinen. Es ist jedoch äußerst wichtig, sie loszulassen und den nächsten Satz zu sprechen; das ist ein direkter Ausdruck von Freiheit. Wir beeilen uns weder, zum nächsten Satz zu kommen, noch schieben wir ihn weg, sondern wir sprechen einfach stetig die Sätze, einen nach dem anderen. Besonders am Anfang haben einige Menschen das Gefühl, dass ihre Praxis ein wenig trocken sei. Vielleicht sind sie nicht besonders gefühlsbetont oder emotional, also fühlt es sich für sie so an, als ob sie einfach nur die Sätze aufsagen. Doch einfach nur die Sätze zu sagen und sie loszulassen und sich dabei in Stetigkeit, Aufrichtigkeit und Hingabe zu üben, bedeutet, die Arbeit zu tun, und plötzlich manifestiert sich die Natur von Metta wie von selbst.

Wir sprechen darüber, dass man die Metta-Sätze mit vollkommener Hingabe, vollkommener Aufmerksamkeit und vollkommener Konzentration sprechen sollte. Mein Metta-Lehrer hat darüber gesprochen, jedem Satz Sorgfalt und Zärtlichkeit entgegenzubringen und jeden von ihnen zu hegen, als ob es sich um einen sehr zarten und kostbaren Gegenstand handelte. Sie sollten sich also stark genug mit dem Satz verbinden, um ihn nicht fallenzulassen, aber auch nicht so stark, dass sie ihn zerdrücken. Ein anderes traditionelles Bild hierfür ist die Vorstellung, dass man einen Messingtopf poliert. Wenn man einfach nur mit dem Tuch darüber geht, passiert nichts. Wenn man das Tuch zu stark auf den Topf drückt, dann kann es sich nicht über den Topf bewegen, und nichts passiert. Wenn man jedoch sanft, beständig und sicher mit dem Tuch auf dem Topf hin und her reibt, mit genau dem richtigen Kraftaufwand, dann wird der Topf zu glänzen anfangen.

Sagen Sie jeden Satz so, als ob er völlig neu und frisch wäre. Halten Sie von dem Moment an, wo er auftaucht, Ihre volle Aufmerksamkeit auf ihn gerichtet, bis er wieder verschwindet. Das genaue Ausrichten und Aufrechterhalten der Aufmerksamkeit ist von entscheidender Bedeutung dafür, einen konzentrierten Zustand zu schaffen, von dem aus Metta ganz natürlich fließen kann. Wenn sich die Konzentration vertieft, dann wird ein Gefühl des Entzückens auftauchen, und Metta wird die natürliche Folge sein. Wenn wir verstehen, wie das funktioniert, dann können wir uns mit vollem Einsatz auf das Ausrichten des Geistes und das Aufrechterhalten der Aufmerksamkeit konzentrieren.

Für mich hat es sich als wertvoll erwiesen, jeden einzelnen Vorsatz in seiner besonderen Bedeutung so deutlich zu spüren, wie ich kann. Wenn ich sage: „Möge ich frei von Gefahr sein," dann verbinde ich mich gerne mit einem Gefühl des Beschütztseins. Ich versuche, nicht darüber nachzudenken, vor was genau ich gerne beschützt werden würde. Verfallen Sie nicht in ein „Möge dieses nicht passieren, möge jenes nicht passieren." Denken Sie sich keine Geschichten aus. Erstens sind sie nicht relevant und zweitens lenken sie ab. Ich versuche, so gut ich nur kann, Sicherheit und Geborgenheit im Geist und im Körper zu spüren, und dann lasse ich sie los.

Wenn ich sage: „Möge ich geistiges Glück haben", dann denke ich nicht darüber nach, was genau ich benötigen würde, damit große Freude in mein Leben kommt. Wenn ich sage: „Möge So-und-So geistiges Glück haben", dann denke ich nicht darüber nach, was ihm oder ihr tatsächlich viel Freude bringen würde. Statt dessen verbinde ich mich mit dem Gefühl geistigen Glücks. So fühlt sich geistiges Glück an, das ohne Geschichte ist.

Wenn ein Satz in meinem Geist auftaucht, dann lenke ich meine Aufmerksamkeit auf ihn und bleibe dabei. Wenn ich kann, nehme ich den Satz mit meinem gesamten Geist und ganzen Körper auf und lasse ihn dann los. Dann kommt der nächste Satz.

Wenn ich diese Sätze sage, dann ist es hilfreich, dies mit einer Haltung von „Möge dies geschehen" zu tun. Das ist etwas anderes als zu sagen: „Oh, ich hoffe, es ist so", oder „ich möchte, dass es so geschieht." Wenn wir sagen: „Möge es so sein", dann impliziert das ein gewisses Verständnis des Herzens, das sagt: „Möge es so geschehen, wenn es richtig ist … wenn das geschehen soll … wenn alle Voraussetzungen dafür erfüllt sind… wenn das die karmische Entwicklung ist, die sich in diesem Moment entfalten soll." Es gibt Leute, die fragen: „Funktioniert das enn wirklich, positive Intentionen für andere zu haben oder ihnen Gutes zu wünschen?" Ich kann mit Sicherheit sagen, dass meine Praxis, mir selbst und anderen Gutes zu wünschen, eine transformierende Wirkung auf mich gehabt hat. Wer weiß schon, wie Intentionen funktionieren? Wenn wir die Vipassana-Praxis ausüben, dann nehmen wir unsere Intentionen meist im Hinblick auf physische Handlungen war. Wir nehmen wahr, dass wir die Absicht haben, den Arm zu heben, und der Arm hebt sich. Wir nehmen wahr, dass wir die Intention haben, uns von unserem Kissen zu heben, und wir erheben uns von unserem Kissen. Es wird deutlich, dass sich kein physisches Geschehen abspielt, ohne dass eine geistige Intention dahinter steht. Wer weiß, was aufgrund einer Intention des Geistes oder des Herzens geschehen mag? Ich würde gerne glauben, dass es eine Wirkung hat.

Als ich mit meiner Praxis begann, da habe ich, um meinen Eifer zu intensivieren, zu mir selbst gesagt: „Sylvia, sag diesen Metta-Satz so, als ob alles davon abhinge, wie du ihn sagst". Aber das ist eine recht heikle Anweisung. Ich fühle mich zwar gut damit, glaube jedoch, dass sie einige Menschen auch erschrecken könnte. „Wenn alles davon abhängt, wie ich es sage," dann könnte man denken: „Was wäre, wenn mich plötzlich eine Phantasie überkäme, in einem Restaurant Pizza zu essen; vielleicht würde dann die ganze Welt zusammenbrechen!" Die Kraft von Metta richtig einzuschätzen und zu würdigen, kann uns beflügeln; es soll nicht dazu dienen, uns zu erschrecken.

Wenn man die Metta in einem Retreat praktiziert, beginnt man häufig zu spüren, wie das Herz weich wird. Gleichzeitig mag man sich besorgt die Frage stellen: „Wird das andauern? Oder ist es nur ein vorübergehender Zustand der liebevollen Güte, den ich durch diese Sätze herbeigeführt habe? Wenn ich von hier weggehe und in mein reales Leben zurückkehre, werde ich dann diese guten Gefühle hinter mir lassen müssen?" Wir befürchten, einen besonderen Zustand der Reinheit hervorgerufen zu haben, der aber nicht andauern wird.

In den sechziger Jahren, als wir alle jedes Wochenende die verschiedensten Seminare besuchten, die uns alle erleuchten sollten, erforschten wir auch unterschiedliche Diäten. Einmal beschloß ich, eine ziemlich komplizierte Fastenkur durchzuführen. Dazu gehörten alle möglichen Pulver, Abkochungen und Zusätze. Das war eines der Dinge, die wir in jenen Tagen taten; wir „reinigten" uns. Ich war 25 Jahre jünger, als ich es jetzt bin, und bei bester Gesundheit; ich ernährte mich gesund, aber keiner meiner Freunde fand etwas Merkwürdiges daran, dass ich diese Fastenkur machte. Es war schließlich meine Tochter Elizabeth, die zu mir sagte: „Mutti, warum machst du das?" Ich erklärte ihr: „Ich reinige mein System, indem ich diese Abkochungen trinke, diese Pulver zusammenmische und nichts esse." Sie dachte darüber nach und meinte: „Am Ende wirst du wieder etwas essen, und dann wirst du wieder unrein sein." Das war ein wichtiger Punkt. Ich erzählte es meinen Freunden. Alle waren höchst überrascht; niemand sonst hatte diese Praxis je hinterfragt.

Die Frage lautet also: „Wenn wir einen Meditationsretreat verlassen, werden wir dann alle wieder unrein sein?" Die Antwort darauf lautet: Nein, denn wir kulivieren nicht einen vorübergehenden Zustand, der nur solange andauert, wie wir einer ungewöhnlichen Form der Praxis nachgehen. Wir kultivieren vielmehr unsere natürlichen Geisteszustände der liebevollen Güte, des Mitgefühls und der mitfühlenden Freude, die wir in einem Akt des Glaubens und des Vertrauens als Objekte für unsere Aufmerksamkeit benutzen. Immer wenn wir unsere ganze Aufmerksamkeit auf irgendeinen dieser Geisteszustände konzentrieren, dann durchdringen wir den Nebel, der uns daran hindert, uns mit unserem natürlichen Wesen zu verbinden. Wir durchschauen die Nebel der Verstrickungen und der Verwirrung und sehen unsere wahre Natur . Darum geht es beim Fassen von Vorsätzen; wir halten fest und unterschütterlich den Blick darauf gerichtet, wohin wir gehen und sehen den Endpunkt durch alle Nebel hindurch.

Ich habe mit dem Bild einer Reise nach Norden, nach Oregon begonnen. Die Straße mag manchmal dunkel erscheinen, aber gelegentlich gibt es kleine Lücken zwischen den Wolken. Dies sind Momente der Klarheit, in denen wir die Sonne sehen und die Bestätigung bekommen, dass die Richtung stimmt, in der wir reisen. In einem sehr grundlegenden Sinne führt uns diese Straße zu uns selbst, dem natürlichsten Bestimmungsort auf dieser Welt, zurück.

Howard Cohn

Im Jahre 1971 machte mich meine damalige Freundin mit der Transzendentalen Meditation bekannt – sie meinte, sie wäre gut für mich. Unsere Beziehung hat nicht gehalten, aber mein Interesse an Meditation blühte auf. Im Jahre 1977, nach meinem Universitätsabschluß und einigen angstbesetzten Reisen nach Asien, besuchte ich einen Retreat bei Ram Dass, der als „reifer Ashram" bezeichnet wurde. Es handelte sich um eine zweiwöchige Zusammenkunft bei der Lama-Stiftung in Neumexiko. Er ließ jemanden Unterweisungen in geführtem Visualisieren geben, und Stephen Levine lehrte Vipassana. Still und aufmerksam zu sein, zeigte mir den Gegensatz zwischen dem Frieden und der Weite der Berge bei Lama und dem Lärm und Chaos in meinem eigenen Geist auf. Ich hatte angebissen. Mit jener Erfahrung begann eine Zeit, in der ich an zahlreichen langen Retreats mit Joseph Goldstein und Jack Kornfield als Mentoren ebenso wie mit vielen anderen westlichen und asiatischen Lehrern unterschiedlicher Traditionen teilnahm.

Ich habe mehr als zehn Jahre lang Retreats und Unterricht abgehalten und habe eine eigene Beratungspraxis in San Francisco. Ich bin der Praxis, den Lehren und meinen zahlreichen Lehrern und Wohltätern zutiefst dankbar.

Was ist dieses „Ich"?

Bring diesen erschöpften Geist, der, gepeitscht von den Stürmen des Karma und neurotischer Gedanken, hilflos im unendlichen Ozean von Samsara treibt, im natürlichen großen Frieden zur Ruhe

Nyoshul Kempo Rinpoche

Diese Person, die „Ich" genannt wird

Wenn wir meditieren und der relativ einfachen Aufgabe nachgehen, die Eindrücke, die ungebeten mit der Atmung auftauchen, zu etikettieren, dann bietet sich uns ein unglaubliches Schauspiel dar. Bisweilen ist diese geistige Landschaft wunderschön und harmonisch, zu anderen Zeiten ist sie chaotisch, besorgniserregend oder äußerst beängstigend. Manchmal sind unsere Erfahrungen mitreißend und wunderbar, und wir sind von ihnen fasziniert. Zu anderen Zeiten sind wir so sensibel und verletzlich, dass wir uns fühlen, als hätten wir keine Haut. Wir sind überwältigt und wollen, dass das alles aufhören möge. Was immer jedoch das Gefühl ist, alles befindet sich in einem ständigen Fluß von Veränderung.

Wir beginnen zu sehen, dass wir nicht darüber entscheiden können, was in unserem Geist erscheint. Wenn wir die Kontrolle darüber hätten, dann würden wir wahrscheinlich etwa 90% unserer Gedanken und Bilder nicht zulassen. Doch sie sprudelt ungebeten, diese wunderbare Quelle der Kreativität, die unsere innere Landschaft bildet,

Aus dem, was vor unserem Auge auftaucht – den verschiedenen Farben und Formen im Raum, den Geräuschen um uns herum –, erschaffen wir eine Welt von Konzepten und glauben, dass sich diese Dinge außerhalb von uns befänden, statt zu begreifen, dass all das in unserem eigenen Geist entsteht. Da sie eine so große Kraft haben, glauben wir, dass sie unser Leben ausmachen.

Das stärkste Konzept, das unser Geist erzeugt, ist die Vorstellung von der Person, die wir „Ich" nennen. Wir setzen zahllose, nicht zusammengehörige Gedanken und Gefühle zu einem soliden Bild zusammen, das wir als „Ich" identifizieren. Gedanke für Gedanke bauen wir dieses „Ich" auf, bis es zu einer realen Person wird, die wir mit einer Vergangenheit und einer Zukunft schmücken. Die Vorstellung von diesem „Ich" verstärken wir weiter, indem wir den „Wie-geht-es-mir?" Kommentar hinzufügen. Wir vergleichen uns selbst mit Vorstellungen darüber, wie wir glauben, dass wir sein sollten. Entweder machen wir unsere Sache gut und verdienen Lob, oder wir erreichen unsere eigenen Maßstäbe nicht und verdienen Kritik. Für die meisten von uns ist es allerdings so, dass wir unsere Selbstkritik wie eine Platte immer wieder abspielen lassen.

Die meiste Zeit über sind wir so hypnotisiert von unserem Denken, unseren Vorstellungen und den Geschichten, die unser Geist darüber webt, wer wir sind, dass wir nicht bemerken, dass es sich dabei lediglich um Gedanken handelt, um leere Blasen, und so verpassen wir den Raum des Bewußtseins, in dem das alles stattfindet. Wir prüfen nicht genau, woher diese Gedanken kommen. Das Gute bei all dem ist, dass unser Geist die Fähigkeit besitzt, sich selbst zu prüfen – das heißt, das Theater zu beobachten, das er erschafft – und dadurch Einblick in sein eigenes Wesen zu bekommen. Er kann sich seiner selbst bewußt werden. Da wir so sehr von den Geschichten unseres Lebens gefesselt sind, wird diese geistige Präsenz häufig übersehen. Aber was passiert, wenn wir vorübergehend einmal frei von den Ideen und Gedanken über dieses „Ich" sind? Wenn wir einfach im Gewahrsein ruhen und nicht von unseren Gedanken abgelenkt werden, dann verschwindet die ganze Geschichte von der Person, die wir zu sein glauben. Wenn die Kette der Gedanken über „Ich" und „mich" und „mein" durchbrochen wird, dann ist da einfach nur Bewußtsein.

Der ungetäuschte Geist

Dieses Bewußtsein wird manchmal als ungetäuschter Geist bezeichnet. Wir können uns vorstellen, dass der ungetäuschte Geist irgendwie über unseren gewöhnlichen Geist, über unsere gegenwärtige Fähigkeit zu sehen, hinausgeht. Wir neigen dazu zu denken, dass wir, sobald wir uns einmal all unserer ungeliebten Anteile entledigt haben – der Gier, des Hasses und der Ignoranz – eine Chance haben, den ungetäuschten Geist zu verwirklichen. Die meisten von uns glauben, dass das nur in der Zukunft oder an einem weit entfernten Ort möglich sei. Ich meine hingegen, dass dieser ungetäuschte Geist in Wirklichkeit das Wesen unseres eigenen Bewußtseins ist. Er ist der unbeschreibliche Urgrund dieses ganzen bunten Treibens", der stets vorhanden ist, genau hier und jetzt. Sie brauchen nicht über diesen Augenblick hinausgehen, um die natürliche Wachheit zu entdecken. In Wirklichkeit sind wir immer gegenwärtig; wir stellen uns lediglich vor, an diesem oder jenem Ort zu sein. Wenn Sie sich ausmalen, wie Sie sich am Strand von Mexiko vergnügen, dann sind Sie zwar nicht besonders gegenwärtig – aber haben Sie sich deshalb wirklich an einen anderen Ort begeben?

Richten Sie einmal, ohne die Augen zu schließen, sanft Ihre Aufmerksamkeit auf das Bewußtsein selbst. Lassen Sie all die faszinierenden inneren Dialoge los, die sich Ihr Geist gerade ausdenkt und schauen Sie über die Geschichte hinaus auf den Ort, wo sie entsteht – schauen Sie unmittelbar auf Ihr Bewußtsein. Entspannen Sie sich. Statt es Ihrer Aufmerksamkeit zu erlauben, sich in das Drama, das Ihr Geist erschafft, hineinziehen zu lassen, richten Sie sie unmittelbar auf das Bewußtsein, welches das Drama erkennt.Achten Sie auf die natürliche Wachheit – die Unmittelbarkeit und Frische – , die dieses Gewahrsein begleiten. Achten Sie, während Sie sich auf Ihren Atem konzentrieren und dabei gleichzeitig die auftretenden Sinneseindrücke zur Kenntnis nehmen, auf das Bewußtsein, welches registriert. Werden Sie sich dieses Bewußtseins gewahr.

Fahren Sie fort, in diesem Bewußtsein zu ruhen, suchen Sie nach nichts Bestimmtem – nehmen Sie einfach nur die unendliche Offenheit und Weite wahr, die entsteht, wenn man das Bewußtsein selbst ist. Während Sie in diesem Bewußtsein ruhen, achten Sie darauf, ob es in irgendeiner Weise begrenzt ist. Hat es irgendeine Form? Hat es physische Grenzen oder dehnt es sich unendlich in alle Richtungen aus? Hat es Mauern? Können Sie irgendwelche Ecken und

Kanten finden? Einige spirituelle Traditionen beschreiben das Bewußtsein als grenzenlos und leer wie den Himmel. Aber es ist nicht einfach nur leer, vielmehr besitzt es die Fähigkeit, das zu registrieren, was in ihm auftaucht. Diese ganze phantastische Welt erscheint im Bewußtsein.

Wie Padmasambhava in *Die Geheimlehre Tibets* sagt: „Wenn du deinen Geist in seinem wahren Zustand suchst, dann kann er nicht gesehen werden. In seinem wahren Zustand ist der Geist nackt, makellos, transparent, leer und nicht als separates Ding erfahrbar, sondern als die Einheit aller Dinge. Dein eigener Geist ist nicht von dem anderer getrennt. Ursprünglich ist er so rein und leer wie der Himmel." Bewußtsein müssen wir nicht erschaffen – es ist immer vorhanden. Es hat keine Grenzen; es gibt kein Innen und kein Außen. Bewußtsein existiert vor dem Denken, bevor wir ihm einen Namen, ein Gefühl oder eine Erinnerung an etwas geben, das in unserem Geist auftaucht.

Wenn wir in diesem Bewußtsein ruhen, frei von Gedanken und Ideen, wer „ich" bin, und einfach nur dieses offene Bewußtsein sind – dann gibt es eine Lücke zwischen unseren Erinnerungen aus der Vergangenheit und unseren Vorstellungen von der Zukunft. Wir ruhen in diesem Bewußtsein, das heißt, wir bleiben im gegenwärtigen Augenblick, wie auf Messers Schneide; es ist ein dimensionsloser Punkt zwischen Vergangenheit und Zukunft.

Wo in diesem unmittelbar präsenten Raum, in Ihrem gegenwärtigen Bewußtsein, ist Leiden? In diesem Moment des Bewußtseins befragen wir nicht unser Gedächtnis, um uns an unser Leiden zu erinnern. Wir sind frei von der Vergangenheit. Vielleicht sind körperliches Unbehagen oder sogar starke Schmerzen vorhanden, aber wo – in diesem Augenblick des Bewußtseins – ist das geistige Leiden geblieben?

Wenn Sie fortfahren, in Ihrem natürlichen Bewußtsein zu ruhen, mangelt es Ihnen dann in diesem Moment an irgendetwas? Wenn Sie sich nicht auf die Vergangenheit beziehen oder darüber nachdenken, in welcher Weise die Dinge anders sein sollten, als sie sind, was fehlt Ihnen dann? Wenn wir bewußt sind, dann sind wir nicht durch die begrenzten Vorstellungen gebunden, die wir von uns selbst haben. Normalerweise definieren wir uns selbst über unser Denken. Dieses Schwungrad von Gedanken, das sich auf der Grundlage unserer Erinnerungen bildet, formt ein Bild, das wir als uns selbst bezeichnen, und wir lassen es real werden, wenn wir unachtsam sind. Wir sehen nicht, dass die Gedanken flüchtig sind und dass sie niemals unsere wahre Natur einfangen können. Wir verpassen das, was Thich Nhat Hanh unsere „angeborene Vollständigkeit" in genau diesem Moment genannt hat.

Wie kommt es, dass wir das vergessen? Wir alle haben Augenblicke erlebt, in denen wir uns nicht in Geschichten von „ich" und „mein" verlieren, sondern einfach nur gegenwärtig waren. Diese einfachen Momente der vollkommenen Präsenz sind nährend, vollständig und von Freiheit geprägt.

Anhaftung an das „Ich"

Aber wir wenden uns von dieser Einfachheit ab und halten anderswo Ausschau nach Frieden und Freiheit. Wir widmen uns dem, was auftaucht und wieder vergeht – dem, was unbeständig ist und sich verändert – statt der natürlichen Weite des Geistes, die immer vorhanden und verfügbar ist. Auch wenn diese Art von Sprache so etwas wie einen gesonderten Hintergrund neben den Dingen, die kommen und gehen, anzudeuten scheint, so ist es doch so, dass alle Erfahrungen im Bewußtsein entstehen und von ihm nicht zu trennen sind. Wir neigen jedoch dazu, nach dem zu greifen, was erscheint und wieder vergeht – unsere Gedanken und Gefühle, unser Körper und unsere Identität –, und übersehen dabei die Zuflucht, die wir im Bewußtsein selbst finden können. Und als Folge davon kennen wir keinen wirklichen, dauerhaften Frieden. Jack Kornfield zitiert häufig eine Frau namens Jocelyn King, die gesagt hat: „Ich verstehe nicht, warum die meisten Menschen den Treibsand des „Etwas" dem festen Grund der Leere vorziehen."

Aus unserem natürlichen, offenen Bewußtsein heraus entsteht unsere persönliche Geschichte, die sich aus Gedanken und Gefühlen zusammensetzt, die ein Gefühl von „ich bin der und der" produzieren. Diesem sich bewegenden Bild geben wir einen Namen: „Ich bin Howie." Wir vervollständigen das Bild, indem wir uns mit diesem Namen identifizieren.

Aber die Vorstellung von „ich bin dieser Körper" oder der Gedanke, „ich bin der und der" sind bloße Erfindungen. Wir konstruieren dieses Gefühl eines Selbst und machen uns dann daran, dieses mythische „Ich" zu trösten, zu heilen, ihm Sicherheit und Freude zu geben, und es – natürlich – zu erleuchten.

Für die meisten Menschen scheint der vertrauteste Refrain dieses „Ich" ein „so wie ich bin, bin ich nicht in Ordnung" zu sein. „Ich" bin zu fett, zu dünn, zu arm, zu schwach, zu häßlich, zu groß, zu klein, nicht genug, nichts wert usw. In der einen oder anderen Form denken wir immer wieder: „Ich bin getrennt", und sind zutiefst der Überzeugung, dass diese Ansicht und die damit verbundenen Gefühle, die absolute Wahrheit seien. Wie eine Welle, die sagt: „Ich bin verloren und vom Ozean getrennt und ich muß den Weg zurück zu meinem wahren Zuhause finden", ohne sich bewußt zu sein, dass sie die ganze Zeit bereits zu Hause gewesen ist, dass sie nie vom Ozean getrennt war. Sie ist eingebettet in das, was sie gesucht hat. Unsere Vorstellungen von „ich bin dieses" oder „ich bin, so wie ich bin, nicht in Ordnung", sind damit vergleichbar. Ein Gedanke taucht auf, und wir halten ihn für die Wahrheit. Durch jahrelange Konditionierung wird dies zu einer unserer am nachhaltigsten gepflegten Überzeugungen. Diese Vorstellung von einem „Ich" ist jedoch nichts weiter als ein Gedanke.

Wir weigern uns, die Unbeständigkeit anzuerkennen und identifizieren uns mit jenem illusorischen Wesen, das „Ich" genannt wird. Wir widmen uns der Aufgabe, es zu verbessern, es zu vergrößern, es zu befriedigen, es zu verteidigen. Damit verbringen wir den größten Teil unseres Lebens, und dennoch handelt es sich – unabhängig davon, wieviel Zeit und Energie wir darauf verwenden, unser Selbstgefühl zu stärken – letztlich um eine hauchdünne und wackelige Struktur. Beim geringsten Angriff kann sie auseinanderfallen.

Gelegentlich unterbrechen wir den Verlauf unserer Geschichte – wenn wir mit etwas sehr beschäftigt sind, wenn wir meditieren oder einen Sonnenuntergang betrachten oder wenn wir eine romantische Begegnung haben. Aber nur, um den Faden unmittelbar danach wieder aufzunehmen. Selbst wenn diese Anhaftung uns Schmerzen bereitet, ziehen wir die Vertrautheit des „Ich" der Leichtigkeit der Offenheit und Weite des Geistes vor.

Der Buddha hat diese Anhaftung an das Konzept des „Ich" die tiefste und subtilste Anhaftung genannt. Wir gehen davon aus, dass hinter unseren Intentionen, Wahrnehmungen, Handlungen und Gedanken ein beständiges Ich als Urheber stünde. In unserer normalen Sprache beziehen wir uns auf diesen Urheber, wenn wir Dinge wie „ich fühle mich heute schlecht," oder „ich bin begeistert" oder „ich mache mir Sorgen" sagen. Wir sprechen wie von selbst in dieser Weise, als ob wir wirklich wüßten, worauf wir uns beziehen. Was ist dieses „Ich"? Das ist die große Frage, mit der wir uns meist nicht gerne auseinandersetzen. Einer meiner Freunde hat es ausgedrückt hat:

Was ist dieses »Ich«?

„Wir umkreisen die Waggons und sind nicht wirklich bereit hineinzugehen, um zu schauen, was sich drinnen befindet."

Die Anhaftung an das Konzept des „Ich" führt ganz natürlicherweise zur nächsten großen Anhaftung, der Vorstellung von „mein", was das Konzept des „Ich" weiter unterstützt. Goenka-ji, der indische Meister der Einsichtsmeditation, sagt: „Es gäbe kein Problem, wenn das, was wir „mein" nennen, ewig wäre, und das „Ich" bestehen bliebe, um es bis in alle Ewigkeit zu genießen. Früher oder später werden „ich" und „mein" jedoch getrennt werden. Mein Schmerz, mein *Zafu*, [hartes mit Kapok gefülltes Kissen für die Übung des Zazen – Anm. d. Ü.] mein Platz in der Halle, mein Körper, meine Gedanken und meine Erinnerungen sind ohne Ausnahme unbeständig.

Vor vielen Jahren habe ich sowohl in Burma als auch in den Vereinigten Staaten bei einem sehr fordernden Lehrer namens U Pandita Sayadaw praktiziert. Er war der Nachfolger des Ehrenwerten Mahasi (dem es im wesentlichen zuzuschreiben ist, dass die Vipassana-Meditation Laien weltweit zugänglich gemacht worden ist). Es erschien mir, als ob er zu einigen Leuten sehr freundlich, zu mir jeoch recht streng war. Damals dachte ich, dass ich ein ziemlich brillanter Yogi sei, – daher glaube ich, er sah mein Potential zur Weiterentwicklung. Vielleicht meinte er, ich sei arrogant und müsse ein wenig aufgerüttelt werden. Meine Interviews mit ihm unterschieden sich sehr von denjenigen, die ich im Westen erlebt hatte.

Der äußere Zweck des Interviews bestand darin, ihm genau zu berichten, was mir während der Meditation widerfahren war – einfach die nackten Tatsachen meiner Erfahrung – keine Ausführungen, keine Interpretationen, keine Geschichten über das, was passiert war. Er war nicht an meiner Analyse dessen interessiert, was vor sich ging, oder was es im Zusammenhang mit meiner Praxis bedeutete. Hier ein Beispiel für einen Bericht:

> Wenn ich das Heben und Senken des Bauches beobachte, dann bemerke ich Dehnung und Kontraktion. Zwei Atemzüge später beginnt der Geist zu wandern. Nach einer kleinen Bewegung nehme ich das Wandern des Geistes wahr. Dann nehme ich eine sanfte Vibration im gesamten Körper wahr.

Und so weiter. Diese Art der Berichterstattung war tatsächlich ein wunderbares Training, um zu sehen, in welchem Maße ich Erfahrungen ausschmücke.

Wenn ich sein Zimmer betrat, nahm er häufig ein Buch zur Hand und begann zu lesen. Oder er ignorierte mich einfach. Zu anderen Zeiten stellte er jedes meiner Worte in Frage. Natürlich mochte „ich" das nicht. Während das Tag für Tag so weiter ging, bemerkte ich, dass ich immer wütender wurde. Häufig verbrachte ich die Tage zwischen Interviews damit, meine Rache zu planen. Wie leicht „ich" doch unter diesem prüfenden Blick und dieser Gleichgültigkeit zusammenbrach.

Es ist schwer zu glauben, dass wir, wie einer meiner Lehrer sagt, „bis über beide Ohren in der Gnade" stecken. Diese Geschichte des Selbst, dieses „Ich"-Gefühl, ist deshalb unzuverlässig, weil es an Vorstellungen und Überzeugungen geknüpft ist. Es ist an die Zeit geknüpft, die immer vergeht. Es erfordert eine Projektion – die Schaffung eines Bildes von einer statischen Person, die sich in Richtung Zukunft voranbewegt, und dieses Bild wird durch die Gewohnheit des Wartens auf die Zukunft verstärkt.

Es ist hilfreich, die Subtilität des Wartens zu erkennen. Bei Retreats warten wir auf festgelegte Ereignisse wie das Läuten der Glocke, die das Ende der Meditation anzeigt, auf das Ende der Gehphase, auf das Mittagessen, darauf, dass der Retreat endet. Wir warten darauf, dass sich unsere Erfahrungen vertiefen. Wir sind versessen auf das, was als nächstes kommt. Warten ist ein Trick des Geistes, um den möglichen Friedens im gegenwärtigen Moment nicht zu sehen. Es verstärkt unser Gefühl, dass die Gegenwart, so wie sie ist, nicht genügt, dass „ich", so wie „ich" bin, nicht genüge. Wir warten auf eine Zukunft, die nie kommen wird, denn die Zukunft ist nichts weiter als ein Gedanke in der Gegenwart. Es gibt keine eigentliche Zukunft. Hat jemals irgend jemand die Zukunft gesehen? Die Zukunft ist eine Schöpfung unseres Geistes.

Dasselbe gilt für die Vergangenheit. Wir definieren unser Selbstgefühl aufgrund unserer vergangenen Erfahrungen. Wir erinnern uns an unsere Familie, unsere Eltern, unsere Kindheitserfahrungen. Wir sehen diese Erinnerungen als Realität an und verknüpfen Gefühle damit. Einige machen uns glücklich, andere lassen uns leiden. Manchmal ist es schwierig, sich zu erinnern, dass wir in der Gegenwart an die Vergangenheit denken. Wie der berühmte Advaita-Vedanta-Meister Sri Nisargadatta Maharaj gesagt hat: „Die Wirklichkeit ist das, was die Gegenwart so vital macht, so ganz im Gegensatz zu Vergangenheit und Zukunft, die lediglich im Geist bestehen.

Was ist dieses »Ich«?

Uns selbst durch Gedanken zu definieren, die auf Erinnerungen beruhen, verstärkt die unrealistische Sicht die wir von uns selbst haben. Wenn wir diese Gedanken als die ganze Wahrheit ansehen, dann verpassen wir die darunter liegende Realität. Ein Gedanke über Sie selbst könnte zum Beispiel niemals Ihre lebendige Erfahrung einfangen oder beschreiben. Wir machen uns selber klein, damit wir in unsere Gedanken hineinpassen. Es geht jedoch nicht darum, dass wir versuchen sollten, diese Vorstellungen loszuwerden, sondern darum zu erkennen, dass sie nur Annäherungen, Teilwahrheiten und nicht die ganze Geschichte sind.

Unser Versuch, dieses „Ich"-Gefühl zu sichern, erschöpft uns. Wir stellen fest, dass wir des Wollens, der Ungeduld müde werden – immer auf jenen Moment zu warten, wo wir uns friedlich fühlen, weil das „Ich" sich befriedigt fühlt. Wir leiden unter unserem Schmerz, unserer Trauer, Langeweile, Einsamkeit und Angst. All diesen Gefühlen wird durch diesen sorgsam gehegten Glauben an das „Ich" Bestand verliehen. Unser Geist und unser Körper werden es überdrüssig, nach Sicherheit für dieses „Ich" zu suchen. Wir sind es leid, gesehen werden zu wollen und unsere Bedürfnisse befriedigt zu bekommen. Das hat der Buddha *dukkha* oder Leidhaftigkeit genannt – die Wahrheit unserer bedingten Existenz. Wei Wu Wei hat es so ausgedrückt:

Warum bist du unglücklich?
Weil 99,9 Prozent dessen,
was du denkst und
was du tust,
für dein Ich ist -
und dabei gibt es gar keines.

Zitat aus Ken Wilber, No Boundary

Sich auf die Freiheit zubewegen

Irgendwann taucht inmitten des Leidens ein Gedanke auf – so etwas wie: „Ich möchte frei sein. Ich möchte aufwachen. Ich will Frieden haben." Und während Sie dem zuhören, sehnt die Person, die Sie zu sein glauben, sich wahrscheinlich danach, frei zu sein.

Dieses „Ich", dieses Gefühl des Selbst, will seine eigene Zerstörung. Es möchte aufhören, der Fülle der Dinge im Weg zu stehen.

Aber gleichzeitig verteidigt es seine Existenz und möchte Überleben.
Wir suchen nach Frieden und rennen dann schnell vor ihm weg,
sobald er sich zeigt. Mit diesen beiden Kräften in unserem Geist
haben wir es also zu tun, und wir müssen freundlich zu uns selbst
sein, wenn wir diesen nur allzu häufigen Kampf miterleben.

Vielleicht werden Sie sich dessen bewußt, sobald Sie etwas Ruhe
in Ihrer Praxis erleben. Was geschieht? Was wird jetzt schwächer?
Vermutlich ist es das „Ich-Gefühl". In diesem Moment jedoch, wo
Körper und Geist in Harmonie miteinander kommen und wir einfach nur den Augenblick erleben, so wie er ist, entwickeln wir häufig
Angst und Aufregung zur gleichen Zeit. Kaum merklich beginnen
sich Gedanken einzuschleichen wie: Toll, jetzt komme ich aber wirklich tief. Ich bin ganz nah dran" Das „Ich" wird eine Identität um
jede beliebige Erfahrung herum schaffen – sogar um die Stille. Vor
vielen Jahren bemerkte ich auf einem Retreat, dass mein Geist recht
still geworden war. Gerade als es sich so anfühlte, als ob ich in dün-
ner Luft verflüchtigen würde, begann ich zu denken: „Na ja, ich bin
wohl ein ziemlich guter Yogi, oder?" Ich beschrieb der Lehrerin, was
gerade passierte und sie sagte: „Der Verstand ist ein gerissener
Scheißkerl." Er strebt nur sein Überleben, ein fortgesetztes Gefühl
von „Ich" an.

Achtsamkeit hilft uns, aufzuwachen, den Unterschied zwischen
unseren Konzepten und der Wirklichkeit des Augenblicks zu sehen,
die unbeschreiblich ist. Wenn wir das magische Spiel der Erfahrungen
immer wieder aufs neue beobachten, dann gewinnt unsere Praxis an
Kraft. Indem unsere Konzentration und unsere Achtsamkeit stärker
werden, vertiefen wir unser direktes, intuitives Verständnis dessen,
was der Buddha als die drei Merkmale jeglicher Erfahrung beschrieben hat: *anicca* (Unbeständigkeit), *dukkha* (Leiden) und *anatta*
(Selbstlosigkeit, Unpersönlichkeit). Wenn wir in Stille sitzen, beginnen wir klar zu verstehen, dass Gedanken, körperliche Wahrnehmungen und Gefühle entstehen und vergehen. Sie verändern sich ständig.
Da sich jedoch alles als unbeständig erweist, wird uns bewußt, dass
darin keine verläßliche Zuflucht und keine dauerhafte Erfüllung
gefunden werden können. Es gibt keine Erfahrung, die „mich" glücklich machen wird. Wir beginnen zu begreifen, dass alles aus sich selbst
heraus geschieht. Die Gedanken denken sich selbst. Es gibt keinen
Denker. Körperliche Empfindungen verändern sich ständig von
selbst. Die Gefühle stehen außerhalb unserer Kontrolle. Sie entstehen
und vergehen nicht nach irgend jemandes Wunsch oder Willen

Was ist dieses »Ich«?

Inmitten dieses tiefen Dramas könnte die Frage auftauchen: Wenn „ich" nicht im Körper gefunden werden kann, und es auch kein „Ich" in den Gedanken und Gefühlen zu finden gibt – wer bin ich dann?

Ich kann mit einiger Zuversicht sagen, dass Sie, wenn Sie die Antwort finden, das gefunden haben werden, wonach Sie die ganze Zeit gesucht haben. Und mit dem Ende des Suchens kommt das Ende unserer Vorstellungen, ausgeliefert, isoliert und unvollständig zu sein – sowie das Ende unserer Vorstellungen von Freiheit. Was übrigbleibt, ist das, womit wir angefangen hatten – unser eigenes natürliches Bewußtsein. Das Bewußtsein ist immer präsent, es ist zeitlos, nicht von Kommen und Gehen, nicht von Gedanken, Bildern, Empfindungen, Stimmungen oder Erinnerungen abhängig. Es ist eine leere Präsenz, ein Gewahrsein, das alle Dinge umfaßt.

Wenn wir das unmittelbar spüren, genau hier und jetzt, dann verlieben wir uns in dieses Bewußtsein, diese Fülle des Geistes. Wir sind dieses Bewußtsein. Wir erkennen, dass jeder Moment der Achtsamkeit ein Moment ist, um zu dieser angeborenen Freiheit zurückzukehren. Und wenn wir aufrichtig sind in bezug darauf, wie häufig wir in Täuschung oder Vergessen verfallen, dann verpflichten wir uns aufs neue darauf, uns an diese Wachsamkeit so oft wie möglich zu erinnern.

Ich möchte mit einem Zitat eines der großen tibetischen Meditationsmeister des 20. Jahrhunderts, Kalu Rinpoche, schließen:

Du selbst bist ein Buddha. Warum fühlst du es dann nicht? Warum weißt du es nicht vollkommen, durch und durch? Weil ein Schleier, der den Erscheinungen anhaftet, dem im Wege steht, ebenso wie der Glaube, dass du nicht ein Buddha bist, sondern ein getrenntes Individuum. Wenn du diesen Schleier nicht sofort lüften kannst, dann muß er langsam aufgelöst werden. Wenn du ihn auch nur einmal vollkommen durchschaut hast, nur einmal einen Blick auf ihn erhascht hast, dann kannst du ihn immer durchschauen. Wo immer du bist, was immer sich zeigt, wie auch immer die Dinge zu sein scheinen, beziehe dich einfach auf jene immer gegenwärtige, angeborene Weite, Offenheit und Klarheit.

Anna Prajna Douglas

Ich war vierunddreißig Jahre alt, als der Dharma in mein Leben trat. Es war das tiefe, spielerische Mitgefühl eines tibetischen *Tulkus*, das mich dazu brachte, meinen New Yorker Zynismus hinsichtlich allem, was spirituell war, zu überwinden. In den darauffolgenden zwanzig Jahren hat mich der Dharma auf eine reiche, gesegnete Bewußtseinsreise mitgenommen. Ich habe in den drei Haupttraditionen des Buddhismus praktiziert, und durch die unterschiedlichen Formen und Lehren, die uns jetzt im Westen zur Verfügung stehen, eine große Bereicherung erfahren.

Im Jahre 1984, nach zehn Monaten intensiver Praxis in der Insight Meditation Society, bin ich in das Umland von San Francisco gezogen und habe festgestellt, dass dort ein neues Abenteuer auf mich wartete: der Aufbau eines Dharma-Zentrums an der Westküste. Jetzt ist Spirit Rock eine lebendige Realität geworden, aber das Allerbeste kommt noch, nämlich ein Retreat-Zentrum mit Übernachtungsmöglichkeiten, zu dem Menschen aus der ganzen Welt kommen können, um die allgegenwärtige Wahrheit der Lehre des Buddha zu entdecken.

Ich praktiziere und treffe mich weiterhin mit wunderbaren Lehrern. Ich lehre, ich reise, ich schreibe, ich male mit dem Dharma als meinem ständigen Begleiter und meiner ständigen Zuflucht. Auf meinem Grabstein soll einmal stehen: „Sie hat ein gesegnetes Leben geführt." Mögen alle Wesen so gesegnet sein.

Die höchste Form
der Magie

Zu Beginn würde ich gerne eine Geschichte erzählen. Da gibt es einen Mann namens Robert, der ein großer Schamane werden möchte. Er hat viele Kurse besucht, in denen ihm schamanistische Techniken vermittelt wurden. Er hat entlegene Orte besucht und zahlreiche hervorragende Lehrer und Führer kennengelernt. Er hat zwar viele erstaunliche Erfahrungen gemacht, jedoch verläßt ihn das Gefühl nicht, dass sein Lernprozess noch nicht abgeschlossen ist. Durch Zufall erfährt er von einer sehr mächtigen Schamanin, die in der abgeschiedenen und hochgelegenen Wüste Südkaliforniens lebt. Robert beschließt, sie aufzusuchen. Er fliegt also nach Los Angeles, mietet sich einen Wagen und fährt in die Wüste hinaus, wo er schließlich den einsam gelegenen, bescheidenen Bungalow der Schamanin ausmacht.

Sie erwartet ihn bereits und lädt ihn ein einzutreten. Robert verschwendet keine Zeit mit unnützem Gerede. Er sagt: „Sie sind eine große Schamanin. Ich bin viele Kilometer weit gereist, um Sie hier aufzusuchen. Ich möchte die höchste Form der Magie erlernen."

Sie lächelt, schaut ihn durchdringend an und entgegnet: „Gut, ich werde Ihnen die höchste Form der Magie vermitteln. Aber lassen Sie mich Ihnen zunächst eine Tasse Tee anbieten."

Er ist einverstanden. Sie geht in die Küche, bereitet den Tee zu und kommt mit zwei Tassen und einer Kanne Tee zurück. Sie bietet ihm eine Tasse an. Genau in dem Augenblick, als sie dabei ist, seinen Tee einzugießen, beginnen plötzlich die Wände des Hauses vehement zu zittern. Die Erde bebt heftig, und der Boden hebt und senkt sich. Robert hat große Angst, denn er hat noch nie zuvor ein Erdbeben erlebt. In Panik springt er auf, rennt aus dem Haus, steigt schnell in sein Mietauto ein und fährt so schnell er kann in die Wüste hinaus, um – blind vor Angst – dem Erdbeben zu entkommen.

Er fährt viele, viele Kilometer weit und dringt immer tiefer in die menschenleere Wüste ein, bis er sich schließlich beruhigt hat. Dann stellt er fest, dass er nur noch wenig Benzin im Tank hat. Glücklicherweise sieht er just in diesem Moment vor sich auf der Straße eine verblichene, staubige Tankstelle, die wie eine Fata Morgana vor ihm auftaucht. Er fährt zu einem kleinen Gebäudekomplex, zu dem ein Motel und ein Souvenirladen gehören. Als er aus dem Wagen aussteigt, entfährt ihm ein tiefer Seufzer, denn er glaubt, dass er nun endlich in Sicherheit sei. Plötzlich kommt ein altes indianisches Ehepaar aus dem Motel heraus. Die beiden gehen mit ausgestreckten Armen auf Robert zu. Sie lächeln ihn warmherzig an und kichern vor Vergnügen, so als ob er ein alter Freund sei. Und wirklich sagt der alte Mann: „Endlich bist du gekommen! Wir haben auf dich gewartet. Es wurde uns prophezeit, dass du kommen würdest, und hier bist du."

Robert ist ziemlich überrascht. Wer sind diese Leute und warum begrüßen sie ihn so warmherzig? Er versucht, ihrer Begrüßung nicht so viel Bedeutung beizumessen und teilt ihnen mit, was er braucht: „Ja, ja… gut, wissen Sie, eigentlich brauche ich nur etwas Benzin."

„Natürlich, kein Problem," sagt der alte Mann. „Du bekommst Benzin, aber zuerst mußt du die Prophezeiung erfüllen."

Robert spürt jetzt, dass sie wirklich ehrlich sind, und auch wenn ihn die Begrüßung verblüfft und verwirrt hat, fühlt er sich von ihrer ruhigen Überzeugungskraft auf seltsame Weise angezogen. „Ach so, und wie… was ist das für eine Prophezeiung?" stammelt er.

„Die Prophezeiung besagt, dass du unsere Tochter heiraten wirst," sagt die alte Frau, während sie ihn mit mütterlichem Stolz anstrahlt, so als ob er bereits ihr Lieblingsschwiegersohn wäre. „Sie hat auf dich gewartet!"

In diesem Moment tritt eine schöne junge Frau schüchtern aus dem Souvernirladen heraus und lächelt Robert erwartungsvoll an. Er ist tatsächlich von ihrer ungewöhnlichen Schönheit fasziniert und fühlt sich auch von ihrem Liebreiz und ihrer Berührbarkeit angezogen. Bevor er noch seine Gedanken ordnen kann, tritt der alte Mann hervor, stellt sich entschlossen zwischen Robert und seine Tochter und sagt: „Keine Heirat, kein Benzin."

Robert, der vollkommen aufgelöst ist, nickt wortlos und gibt seine Zustimmung. Der alte Mann verliert keine Zeit. Er führt eine kurze Hochzeitszeremonie durch und läßt Robert wissen, dass er am nächsten Morgen das Benzin für seinen Wagen bekommen wird. Zu erschöpft und durcheinander, um zu protestieren, stimmt Robert allem zu.

Die alte Frau hat ein köstliches Abendessen zubereitet, und Robert genießt das Essen mit seiner neu gewonnenen Familie. Dann führt man ihn in das Schlafzimmer der Tochter und lädt ihn ein, mit ihr zu schlafen, um die Ehe zu vollziehen. Dem kommt er gerne nach, denn sie ist sehr schön und sehr süß. Er findet es wunderbar mit ihr zusammenzusein, und am nächsten Morgen sind alle wie verzaubert. Robert fragt sich, welche weiteren Überraschungen auf ihn warten.

Und er muß nicht lange warten. In der Nacht waren die Eltern des Mädchens gestorben. Leila, die Tochter, sagt: „Ja, auch das war ein Teil der Prophezeiung. Und jetzt, Robert, mußt du hierbleiben und mir helfen, das Familienunternehmen zu führen und eine neue Generation hervorzubringen. Wir werden glücklich miteinander sein. So sagt es die Prophezeiung." Mittlerweile haben ihre Freundlichkeit und Aufrichtigkeit Robert überzeugt. Also bleibt er. Robert richtet sich in seinem neuen Leben gut ein. Er und Leila führen ein sehr glückliches Leben miteinander, und Robert vergißt sein früheres Leben in der Stadt. Jetzt genießt er die ruhigen Freuden des Lebens in der abgeschiedenen Wüste. Ein Sohn wird geboren. Bald ist ein zweites Kind unterwegs. So vergeht die Zeit. Zum ersten Mal in seinem Leben ist Robert wirklich zufrieden. Es ist ein ruhiges, aber sehr befriedigendes Leben. Er fühlt sich sehr reich beschenkt, dass er durch Zufall auf die indianische Familie gestoßen ist.

Eines Tages rollt ein großer, glänzender Lastwagen, den seitlich ein stilvolles Logo der „Tristar-Filmgesellschaft" ziert, in sein ruhiges, zufriedenes Leben hinein. Zwei Männer mit Kameras steigen aus dem Lastwagen aus und fotografieren alles, was ihnen vor die Linse kommt. Sie sind keine gewöhnlichen Touristen. Sie lassen Robert wissen, dass sie Drehorte für einen neuen Film auskundschaften, und dass sie gerne die Tankstelle als Schauplatz für ihren Film verwenden würden.

Gerade als Robert antworten will, hört er, wie jemand aus weiter Ferne seinen Namen ruft, „Roooooberrt!" Und plötzlich befindet er sich wieder im Haus der Schamanin, und diese hat ihm gerade eine

Tasse Tee eingegossen. Sie schaut ihm eindringlich in die Augen, während sie sagt: „Dies ist die höchste Form der Magie."

Es war alles nur ein Tagtraum gewesen. Sein Geist hatte eine faszinierende Phantasiewelt erschaffen. Im Bruchteil einer Sekunde, in dem er unaufmerksam war, hatte er sich vollkommen in einer erstaunlichen Phantasie verloren. Haben Sie eine solche Erfahrung auch schon gemacht? Genau wie Robert sind wir in dem einen Moment dabei, unseren Tee zu trinken, und im nächsten sind wir vollkommen „weg" und in Gedanken versunken. Dies geschieht blitzartig, und dieses Spiel des Geistes ist die „höchste Form der Magie." Und obendrein glauben wir für die Dauer der Phantasie noch vollkommen an deren Realität. Wenn die Achtsamkeit fehlt, dann sind wir vollkommen mit den Inhalten unserer Tagträume identifiziert.

Wir machen das recht häufig, während des Tages und auch in unseren nächtlichen Träumen. Wir verlieren uns in den Filmen unseres Geistes und lassen uns von ihnen absorbieren. Können Sie das aus eigener Erfahrung bestätigen? Es ist so alltäglich, ein so regelmäßig wiederkehrender Bestandteil unserer Erfahrung und uns so zur Gewohnheit geworden, dass wir unter Umständen noch nicht einmal die Motivation verspüren, diesem Prozess besondere Aufmerksamkeit zu schenken. Doch genau aus diesem Grunde sollten wir darüber sprechen. Worin besteht diese Aktivität des Geistes, die sich Tag und Nacht pausenlos vollzieht? Gedanken, Erinnerungen, Emotionen und Bilder tauchen ständig im Bewußtsein auf. Die geistige Aktivität ist, außer während der traumlosen Zustände, andauernd im Fluß. Wir können nicht kontrollieren, welche Gedanken aufsteigen. Sie sind nicht unserem Willen unterworfen. Wenn wir diese geistige Aktivität nicht als das sehen, was sie ist, sondern uns in ihr verlieren oder uns durch sie verwirren lassen, dann nennen wir das Unwissenheit oder Vergessen.

Eines Nachts träumte ein Mann, dass er von einem Ungeheuer gejagt werde. Schließlich packte ihn das Ungeheuer von hinten, warf ihn zu Boden und sprang auf ihn drauf. Der Mann schlotterte vor Angst, sah das Ungeheuer flehend an und fragte: „Was wird jetzt mit mir passieren?" Das Ungeheuer antwortete: „Das weiß ich nicht. Es ist dein Traum."

Es ist unser Traum, den wir von Moment zu Moment erschaffen. Sehen Sie das ein? Aus diesem Grunde ist die Achtsamkeit von Augenblick zu Augenblick so nutzbringend. Unsere Ignoranz ist sehr subtil, tief eingewurzelt und gewohnheitsmäßig. Wir brauchen eine Praxis, die ebenso subtil und tiefgreifend ist und die unsere Wachsamkeit gegenüber unserer Angewohnheit abzudriften, uns in Gedanken zu verlieren und ablenken zu lassen, schärft.

Auch wenn wir in tiefen Zuständen der Konzentration tatsächlich die Erfahrung machen können, wie es ist, wenn der Geist frei von Gedanken ist, so ist das dennoch nicht unser Ziel. Es gibt ein tibetisches Sprichwort, das lautet: „Es ist ganz schön viel verlangt, Tee ohne Teeblätter oder Fleisch ohne Knochen haben zu wollen." Desgleichen ist es „ganz schön viel verlangt", einen Geist ohne Gedanken haben zu wollen. Was wir Geist nennen, ist im wesentlichen nichts anderes als Gedanken. Unsere Praxis besteht nicht darin, uns des Denkens zu entledigen, sondern vielmehr, die Natur des Gedankens zu erkennen, so dass wir uns nicht fälschlicherweise dazu verleiten lassen, etwas für wahr zu halten, was nicht wahr ist.

Vielleicht haben Sie die Geschichte über den Buddha gehört, die sich in der Nacht seines Erwachens zugetragen hat. Der zukünftige Buddha saß unter dem *Bodhi*-Baum und war entschlossen, sich nicht eher von dort zu erheben, als bis er Befreiung erlangt hätte. Er setzte die volle Kraft seiner hochentwickelten Konzentration und Achtsamkeit ein. Aber er war nicht ohne Gedanken. Ja, es war sogar so, dass er eine Vielzahl intensiver und ablenkender Gedanken und Gefühle erlebte. Das wird manchmal in Form der Heerscharen Maras versinnbildlicht – Dämonen, die alle möglichen Waffen bei sich trugen, welche sich jedoch allesamt auf magische Weise in Blumen verwandelten, sobald sie in die Aura des Buddha eintraten. Die Waffen bedeuten die Hindernisse des Geistes, die uns in Knechtschaft halten. Begierde stieg auf, Angst stieg auf, Wut stieg auf, Langeweile und Trägheit stiegen auf – alle möglichen Hindernisse stiegen auf –, aber der zukünftige Buddha ließ sich nicht abschrecken.

Wie hat er diese Störungen aufgenommen? Nun, er hat sich nicht beim ersten Anzeichen von Furcht gesagt: „Vergiß es, ich gehe in den Palast zurück." Er hat nicht beim ersten Anzeichen von Langeweile gesagt: „Das Leben ist so kurz, warum sollte ich es mit Leiden verbringen? Ich denke, ich werde in die Stadt fahren und mich amüsieren." Er hat nicht beim ersten Anzeichen von Begierde gesagt: „Ich bin ganz eindeutig nicht für diese Meditation geschaffen. Sie ist zu trocken. Ich bin ein Mann, der seine Bedürfnisse erfüllen muß." Er hat nicht beim ersten Anzeichen von Wut gesagt: „Ich halte es nicht mehr aus. Was läuft wohl gerade im Kino?" Noch hat er besondere

Mantras, Yoga-Asanas oder Visualisierungstechniken ausprobiert. Was hat er denn nun wirklich getan? Er ist da sitzengeblieben, wo er saß, Minute um Minute, Stunde um Stunde. Jedesmal, wenn ein geistiger Zustand auftauchte, erkannte er klar dessen wahr Natur. Er sagte: „Ich kenne dich, Begierde. Ich kenne dich, Angst. Wir sind uns schon viele Male begegnet. Ich lasse mich von dir nicht zum Narren halten. Du bist sehr überzeugend; du hast mir eine faszinierende Geschichte zu erzählen, aber ich durchschaue dich. Ich weiß, dass du unbeständig und trügerisch bist. Du bist nur ein Gast; du gehörst nicht zu mir." Kurz gesagt, er durchschaute jede Geschichte und erkannte die wahre Natur eines jeden geistigen Zustands. Das ist unsere Praxis von Moment zu Moment – die Dinge in ihrer wahren Natur zu sehen und uns von der Neigung zu befreien, dem immer etwas hinzufügen zu wollen.

Außerordentliches Sehen

Wenn wir genau hinschauen, dann können wir die Neigung des Geistes beobachten, jede Erfahrung mit einer Erinnerung aus der Vergangenheit oder einer Erwartung hinsichtlich der Zukunft in Form einer Geschichte verknüpfen zu wollen – eine Geschichte, die wir uns selbst immer wieder vorerzählen. Jedesmal, wenn wir das wieder tun, sind wir stärker von ihrer Realität überzeugt. Die Angst hat eine Geschichte. Die Begierde hat eine Geschichte. Der Zorn hat eine Geschichte. Die Faulheit hat eine Geschichte. Ja, diese intensiven Geisteszustände haben etwas Halluzinatorisches hinsichtlich ihrer Fähigkeit, uns von ihrer Realität zu überzeugen. Sie lullen uns so sehr ein, dass wir in einen Trancezustand verfallen. Achtsam zu sein bedeutet dagegen, aus der Trance herauszukommen und das eigentliche Wesen der Trance zu erkennen: Sie ist ein intensives Gefühl, das mit einer faszinierenden Geschichte verbunden ist, an die wir glauben und mit der wir uns identifiziert haben.

Einige dieser Geschichten, meist diejenigen aus unserer Kindheit, wiederholen wir immer wieder, und zwar solange, bis wir sie in unserem gegenwärtigen Bewußtsein noch einmal erleben. Dann müssen wir uns all dieser Gedanken und Gefühle, die uns fixiert halten und dazu bringen, die Geschichte immer wieder abzuspulen, bewußt werden. Im gegenwärtigen Bewußtsein – ohne Gier oder Widerstand – können wir die Gedanken und Gefühle klären, aus denen die Geschichte besteht, und unsere Beziehung zu ihnen bereinigen, so dass sie uns nicht länger in ihrer Gewalt haben. Es gibt ein einfaches Sprichwort: „Durch Hinschauen wird es gesehen. Durch Sehen wird es befreit." Indem wir uns für jede Geschichte, die aufsteigt, vollständig öffnen und sie klar erkennen, befreien wir uns aus ihren Klauen.

Eine Definition von Vipassana lautet „außergewöhnliches Sehen" – lebhaft und klar in der Gegenwart wahrnehmen, was normalerweise nur partiell oder überhaupt nicht wahrgenommen wird. Wenn wir nicht klar und deutlich erkennen, in welcher Weise wir eine Geschichte konstruieren und wiederholen, wirkt sich das wie ein Filter für unsere Wahrnehmung aus . Das kann sich sogar in kleinen, scheinbar unbedeutenden Momenten zeigen. Zum Beispiel kann ein geringfügiger körperlicher Schmerz eine Kette von geistigen Reaktionen auslösen: „Ist das derselbe Schmerz, den ich vor einigen Wochen schon einmal gespürt habe? Ist ein solcher Schmerz ein frühes Warnzeichen für Krebs? Meine Freundin ist an Krebs gestorben, weil sie ihn nicht früh genug entdeckt hat. Ich sollte wohl besser einen Termin für eine Mammographie vereinbaren, aber Soundso hat mir gesagt, dass Mammographien nicht so sicher seien." Und so weiter.

Oder die Art und Weise, wie uns jemand anschaut, wenn er an unserem Arbeitsplatz im Gang an uns vorbeigeht: „Oh, mein Gott, weiß er etwas, was ich nicht weiß? Werde ich gefeuert und erfahre es als letzte?"

So wird eine ausführliche Geschichte erschaffen – doch auf welcher Grundlage? Ein flüchtiger Blick, ein flüchtiger Gedanke.

Wie wir unsere Geschichten konstruieren

Vor vielen Jahren, als ich alleine in Manhattan lebte, wurde ich einmal mitten in der Nacht vom Klingeln des Telefons geweckt. Im Halbschlaf nahm ich den Hörer ab. Eine männliche Stimme flüsterte: „Hilfe! Können Sie mir helfen?" Ich dachte sofort, dass es mein Freund Tony sei, den ich zu einem früheren Zeitpunkt an jenem Abend getroffen hatte. Ich stellte mir vor, er sei in großer Not, entführt oder sonstwie in Gefahr. Eine Adrenalinwelle schwappte durch meinen Körper. Ich sagte: „Tony? Geht's dir gut?" Die Stimme sagte: „Hör gut zu und tu, was ich dir sage." „Ja, ja," entgegnete ich in dem Wunsch, meinem Freund zu helfen. Die Stimme sagte weiter, immer noch flüsternd: „Steh auf und geh langsam in die Küche."

Das tat ich. Ich fühlte mich verwirrt und benommen, war aber immer noch darauf bedacht, meinem Freund zu helfen. Als ich mich in der Küche befand, sagte die Stimme: „Jetzt hole ein Glas Wasser." Ich hatte das Glas Wasser gerade zur Hälfte mit Wasser gefüllt, als es plötzlich bei mir funkte und ich dachte: „Was mache ich hier überhaupt? Wie könnte das in irgendeiner Weise meinem Freund Tony helfen? Ist das überhaupt Tony am Telefon? Mit wem rede ich da eigentlich?" Als ich dann entrüstet fragte, ob Tony am Telefon sei und die Stimme lachte, wußte ich natürlich, dass mir jemand einen Streich gespielt hatte. Im halbwachen Zustand hatte ich ein ausgedehntes, mysteriöses Szenario geschaffen, in dessen Mittelpunkt mein Freund Tony stand, wobei alles nur auf dem Klingeln des Telefons und der Tatsache basierte, dass eine Stimme „Hilfe" geflüstert hatte.

Jeder Moment – wie unbedeutend er auch sei – kann, wenn er mit Achtsamkeit untersucht wird, praktisch als Beweis für unseren Hang angesehen werden, eine Geschichte zu konstruieren. Ein Ton, eine Körperempfindung, ein Gedanke im Geist – selten bleibt es jedoch bei der einfachen Wahrnehmung: hören, spüren, denken. Statt dessen führen diese Eindrücke zu einer ganzen Kette assoziativer Gedanken und Gefühle, die zur Geschichte unseres Lebens werden: Erinnerungen an die Vergangenheit, Phantasien in bezug auf die Zukunft, reich an Spekulationen, Details, Halbwahrheiten und imaginären Schlußfolgerungen. Diese Aktivität des Geistes wird traditionell papanca genannt; das ist die Neigung des Geistes, sich auf der Grundlage des Kontaktes mit angenehmen oder unangenehmen Sinneseindrücken eine Geschichte auszumalen.

Handelt es sich um eine zusammenhängende Geschichte? Wir tun unser Bestes, um uns davon zu überzeugen, dass es so sei, aber wenn wir genau hinschauen und sehr ehrlich mit uns sind, dann müssen wir zugeben, dass unsere Geschichte Tausende von untergeordneten Handlungen beinhaltet, von denen viele einander vollkommen widersprechen. Stellen Sie sich einmal vor, Sie sehen ein tolles Stück Schokoladenkuchen in Ihrem Lieblingscafé. Sie machen gerade eine Diät. Sie haben jedoch einen schweren Tag gehabt und hören sich selbst sagen: „Oh, mach schon und gönn dir dieses Stück Schokoladenkuchen. Du verdienst es. Sei gut zu dir." Sie essen das Stück Kuchen. Ein paar Minuten später hören Sie eine andere Stimme sagen: „Das hättest du nicht tun sollen! Du hast es verpatzt. Du verdienst es zu leiden."

Die höchste Form der Magie

Manchmal scheint es, als ob wir eine ganze Mannschaft von Schriftstellern in uns hätten, die alle fieberhaft an einer jeweils etwas anderen Handlung arbeiten und darin wetteifern, uns mit Text füttern zu dürfen. Einmal hatte ich mir überlegt, mir einen Taucheranzug zu kaufen, um das ganze Jahr über im Meer schwimmen zu können. Ein Freund beschrieb mir die verschiedenen Arten von Taucheranzügen. Plötzlich sah ich mich glücklich in dem Anzug in der Bucht von Tomales herumschwimmen und fühlte mich belebt und abenteuerlustig. Mann, das ist echt toll! Dann plötzlich, oh nein, wurde ich von einem Hai angegriffen! Und dann im nächsten Bild sah ich mich mit einem amputierten Bein im Rollstuhl sitzen. Und dann im nächsten Bild fühlte ich mich unglaublich traurig darüber, dass ich nicht mehr in der Lage sein würde, wandern zu gehen. An diesem Punkt kam ich dann erleichtert in die Gegenwart zurück: Ich habe Beine! Ich kann wandern gehen!

Dies ist ein kleines Beispiel für verschiedene Handlungsstränge, die zu einer kurzen Phantasie zusammenlaufen: Bei dem einen geht es darum, dass ich einen gesunden Sport ausübe, bei dem anderen darum, dass ich einen katastrophalen Unfall habe, der mein Leben vollkommen verändert, und ein weiterer, dass ich unfähig werde, weiterhin eine Aktivität auszuüben, die mir am Herzen liegt – all das hat sich innerhalb von dreißig Sekunden abgespielt.

In der Psychologie werden die verschiedenen Geschichten in uns manchmal Teilpersönlichkeiten, in ihrer extremen Form auch als multiple Persönlichkeiten, bezeichnet. Diese Sichtweise der Psychologie ist hilfreich. Aus der Sicht des Dharma können wir das Ganze etwas anders verstehen. Wir können diese verschiedenen Geschichten als unterschiedliche Ausdrucksformen der samsarischen Realität ansehen: alle Eigenschaften und Zustände des Geistes können sich potentiell in ihr Gegenteil verkehren. Wenn sich die Bedingungen ändern, verändert sich die Gesinnung. Liebe kann zu Haß werden, Lob kann zur Anklage werden, Stolz kann sich in Scham verwandeln und so weiter. Das Wesen der dualistischen Tendenzen unseres Geistes besteht darin, dass wir uns von einem Extrem zum anderen bewegen, wenn wir nicht achtsam sind.

Wann und wie sich unser Geist verändert, hängt von den jeweiligen Ursachen und Bedingungen ab. Wir können das gut anhand unserer Meinungen über andere Menschen beobachten. Wenn die richtigen Ursachen und Bedingungen gegeben sind, verlieben wir uns zum Beispiel. Wir sehen den Geliebten als idealen Partner an, als den Menschen unserer Träume. Mit der Zeit verändern sich dann die Ursachen und Bedingungen, und plötzlich erscheint uns unser Idealpartner unattraktiv, nicht mehr reizvoll und schwierig. Die inneren und äußeren Bedingungen haben sich geändert. Jetzt sehen wir denselben Menschen mit anderen Augen an.

Wir tun dasselbe auch im Hinblick auf uns selbst. Vielleicht haben Sie selbst schon einmal im Verlauf eines Retreats bemerkt, wie viele Male Sie zu einem Schluß in bezug auf sich selbst gelangt sind. Ihre Sitzpraxis läuft schlecht und Sie folgern: „Ich bin darin nicht gut. Ja, eigentlich bin ich in der Meditation ein ebensolcher Versager, wie ich es auch in meinem übrigen Leben gewesen bin." Ein wenig später läuft Ihre Sitzpraxis außerordentlich gut, und plötzlich erwischen Sie sich bei dem Gedanken: „Vielleicht habe ich eine besondere Begabung für Meditation. Ich sollte mich erkundigen, wie man Dharma-Lehrer wird." Ein Teil der Magie unseres Geistes besteht darin, dass wir uns manchmal als Engel und manchmal als Teufel ansehen. Wir reinkarnieren uns jedesmal von neuem, wenn wir uns mit einem Gedanken, einer Emotion, einer Meinung, einer Ansicht und so weiter identifizieren. Manchmal schenken wir einem Gedanken über uns selbst Glauben, und manchmal glauben wir genau das Gegenteil. Welchem Gedanken sollen wir glauben? Woher können wir wissen, welcher wahr ist? Wir möchten wirklich wissen, wer wir sind, aber wenn wir das nur mit Hilfe unserer Gedanken herauszufinden versuchen, dann suchen wir am falschen Ort.

Mein Lehrer Munindra-ji sagte einmal: „Der Gedanke über deine Mutter ist nicht deine Mutter." Das ist eine wunderbare Lektion. Du glaubst, dass du deine Mutter kennst, stimmt's? Die Wahrheit ist, dass kein Gedanke, den du denken könntest, egal, wie umfassend, präzise, poetisch, tiefgreifend oder wissenschaftlich genau er ist, jemals deine Mutter in ihrem Sosein beschreiben könnte. Auf die gleiche Weise können wir zu uns selbst sagen: „Ich bin nicht die Gedanken, die ich über mich habe." Was wäre, wenn Sie den Rest dieser Stunde oder dieses Tages damit zubrächten, keinem der Gedanken oder Schlußfolgerungen, die Sie in bezug auf sich selbst haben, Glauben zu schenken? Wie würde das wohl sein? Machen Sie das Experiment, probieren Sie es aus! Sie werden erstaunt sein, wie viele Schlüsse wir ständig im Hinblick darauf ziehen, wer wir glauben zu sein. Bei diesem Experiment geht es nicht darum, all Ihre Schlüsse zu negieren, sondern vielmehr darum diese Aktivität Ihres Geistes als das anzusehen, was sie ist, ohne an deren Inhalt zu glauben, ohne die Schlußfolgerung: „Ja, so bin ich" für die Realität zu halten. Wie wäre es, wenn wir uns nicht mit den Gedanken identifizieren würden, die wir uns über uns selbst machen?

Die *Avatamasaka Sutta* sagt: „Wenn man nicht der Vorstellung von einem „Ich" verhaftet ist, lebt man immer in Frieden." Wenn man keine Position zu verteidigen hat –, und der Glaube an das Selbst ist die Position schlechthin –, dann bleibt man im Frieden. Keinen Glauben zu konstruieren, der die Sicht: „ich" und die anderen verfestigt, ist ein Akt des Mitgefühls. Indem man keine trennenden Mauern errichtet, die auf verfestigten Meinungen aufbauen, erlaubt man dem freien Fluß der Empathie und der Verbundenheit hervorzutreten. Das ist das Herzstück des spirituellen Verstehens: Aus der Identifikation mit den Ansichten darüber, wer wir sind und wer die anderen sind auszusteigen, und frei von „Ich"-Vorstellungen zu werden.

Nachdem der Buddha erwacht war, sah man ihn die Straße entlang wandeln. Die Menschen waren von seiner strahlenden Erscheinung sehr beeindruckt. Sie fragten ihn: „Wer bist du?" Er entgegnete einfach: „Ich bin erwacht!" Er sagte nicht: „Ich bin der Buddha" oder „Ich bin ein großer arhat" oder „Ich bin ein großer Meditierender." Nein, er sagte einfach nur: „Ich bin erwacht." Er hatte jegliches Ichgefühl vollkommen hinter sich gelassen. Das können wir auch.

GIL FRONSDAL

Zur buddhistischen Praxis fühlte ich mich erstmals hingezogen, als ich als College-Student im zweiten Studienjahr nach Alternativen zur vorherrschenden westlichen Einstellung gegenüber der Natur und der Lösung von Konflikten suchte. Nach einigen holprigen Versuchen mit verschiedenen Meditationsformen wandte ich mich der Zenpraxis zu. Mit der Zenpraxis fühlte ich mich wohl und vertraut, und so machte ich schließlich eine Ausbildung als Zenpriester in Japan.

Im Jahre 1984, während ich versuchte, die Zeit möglichst gut zu nutzen, während ich in Bangkok auf ein neues Visum für Japan wartete, verbrachte ich zehn Wochen in einem Vipassana-Zentrum, wodurch mir viele neue Einsichten geschenkt wurden. Von einem inneren Drang getrieben, kehrte ich ein Jahr später für einen achtzehnmonatigen Aufenthalt mit intensiver Achtsamkeitspraxis nach Südostasien zurück. Während dieser Zeit war mein Hauptlehrer U Pandita, der mich auch für eine kurze Zeit als Mönch ordinierte.

Nach meiner Rückkehr nach Amerika machte ich sowohl mit Zen als auch mit Vipassana weiter und schrieb mich schließlich für ein Graduiertenprogramm in buddhistischen Studien ein. Gegenwärtig leite ich eine Meditationsgruppe in Palo Alto, Kalifornien, und lebe dort in der Nähe zusammen mit meiner Frau Tamara. Mit großer Freude beobachte ich die verschiedenen Formen, die die buddhistische Praxis im Westen annimmt.

Angst

Man muß nicht frei von Angst sein. In dem Moment, wo du versuchst, dich von Angst zu befreien, erzeugst du Widerstand gegenüber der Angst. Widerstand in jeglicher Form bringt die Angst nicht zum Verschwinden. Was vielmehr vonnöten ist – anstatt wegzulaufen, zu kontrollieren, zu verdrängen oder irgendeine andere Form von Widerstand zu zeigen –, ist, die Angst zu verstehen. Das bedeutet, sie zu beobachten. Etwas über sie zu lernen. In direkten Kontakt zu ihr zu treten. Wir müssen die Angst kennenlernen, nicht um zu lernen, wie man ihr entfliehen kann; nicht, wie man ihr mutig die Stirn bietet.

Krishnamurti: Der Flug des Adlers

Vipassana, der Pali-Begriff für diese Praxis, bedeutet „Klarsicht." Unsere Praxis besteht darin, es uns selbst zu erlauben, in dem Moment, wo Dinge auftauchen, für sie präsent zu sein, so wie sie sind. Wir streben in dieser Praxis nicht nach irgendetwas; wir versuchen nicht, an irgendeinen besonderen Ort zu gelangen. Wir verfolgen kein Ziel. Wir versuchen nicht aktiv, uns zu ändern, sondern vielmehr, klar zu sehen, wer wir sind und was geschieht, ohne in diesen Prozess einzugreifen. Die Achtsamkeitspraxis ist weder ein Kampf noch ein Schlachtfeld. Ich würde vielmehr behaupten, dass sie eine Form der Gewaltlosigkeit ist.

Es handelt sich also nicht um einen Prozess, bei dem es darum ginge, etwas anzustreben oder bewirken zu wollen. Es ist eher eine natürliche Vorwärtsbewegung oder Reihenfolge, wie bei der Knospe einer Blume, die sich öffnet, um all ihre Blütenblätter, Stempel und Staubgefäße zu enthüllen. Und es ist auch noch in einem anderen Sinne eine Entfaltung, nämlich eine Bewegung des Sich-Öffnens und Glättens, wie bei einer Serviette oder einem Blatt Papier. Wir entfalten uns selbst in dem Sinne, dass wir die Falten unseres Bewußtseins glätten – die Stellen, an denen unser Bewußtsein festhängt oder eingeengt ist. Unser Bewußtsein wird geschmeidig, während seine Kniffe, Ecken und Winkel glattgebügelt werden.

Wir glätten unser Bewußtsein jedoch nicht indem wir etwas tun; vielmehr werden unsere Präsenz und unser Bewußtsein sich von selber glätten, wenn wir das Gewahrsein für eine unmittelbare Erfahrung unserer selbst entwickeln. In einigen anderen buddhistischen Schulen ist die Praxis der Achtsamkeit manchmal in eine Lehre eingebettet, die besagt, dass der gegenwärtige Augenblick, so wie er sich uns darstellt, vollendet und vollkommen sei. Sie lehren, dass wir, so wie wir sind, Buddhas sind. Wir sind Ausdrucksformen der Buddha-Natur selbst.

In der Vipassana-Praxis sind wir mit solchen Ansichten und Meinungen jedoch vorsichtiger. Wir widmen uns einfach der Aufgabe, präsent zu sein, ohne dass dies von Aussagen wie „jetzt bist du ein Buddha" oder „dies ist vollkommen" oder „dies ist nicht vollkommen" überlagert wird. Wir sind einfach gegenwärtig, für das, was ist. Es spielt keine Rolle, ob Sie ein Buddha sind oder nicht. Im Vipassana suchen wir eine klare Sicht von dem, was geschieht, so wie es geschieht, ohne irgendwelche Philosophien, metaphysische Spekulationen oder Ansichten über das, was vor sich geht, sondern mit dem Vertrauen und der Zuversicht, die diese Klarsicht unterstützen.

Außerdem sind allein wir selbst verantwortlich für das, was geschieht, für unsere unmittelbare Erfahrung. Niemand außerhalb von uns selbst kann wissen, was wir unmittelbar in der Gegenwart erfahren.

Indem wir für die Realität präsent bleiben, begegnen wir auch den Falten und Windungen in unserem Leben – den Gefühlen, Emotionen und Einstellungen, die es uns schwer machen, präsent zu sein. Den Aussagen des Buddha zufolge ist es ganz grundlegend so, dass all die Blockaden, die Falten und Kniffe unseres Bewußtseins von unseren Anhaftungen stammen.

Die Wurzel des Leidens

Eine der wesentlichen Einsichten der Achtsamkeitspraxis besteht darin, dass Leiden durch Anhaftung, also das Festhalten an etwas, verursacht wird. Aufgrund dieser Einsicht könnten wir leicht die Nicht-Anhaftung, das Nicht-Festhalten oder einen Zustand des Freiseins von Verhaftungen als Ideal festlegen. Doch so erstrebenswert die Nicht-Anhaftung auch sein mag – wir versuchen präsent zu sein für das, was tatsächlich vorhanden ist, und nicht für irgendein Ideal.

Anstatt zu versuchen, ohne Anhaftungen zu sein, versuchen wir, das Wesen von Anhaftung und Nicht-Anhaftung zu verstehen. Wenn wir eilig versuchen, unseren Verhaftungen zu entkommen, dann führen wir ein Leben der Verleugnung, der Vermeidung und häufig genug auch ohne Vitalität. Wenn unser Ausgangspunkt die Ansicht ist , dass wir an nichts haften sollten, wird die Anhaftung an diese Sichtweise selbst zum Problem. Unsere Aufgabe besteht also nicht darin, etwas über die Nicht-Anhaftung zu lernen, sondern vielmehr darin, uns sehr gründlich mit der Anhaftung zu beschäftigen. Wenn wir die Anhaftung verstehen, dann findet die Nicht-Anhaftung von selbst ihren Weg.

Zum Naturforscher werden

In dem Lernprozess, einfach für das gegenwärtig zu sein, was ist, könnten wir es bisweilen als nützlich empfinden, gegenüber unserem eigenen Leben die Haltung eines Naturforschers einzunehmen. Ein Naturforscher beobachtet die Natur, er beobachtet alles in der gleichen Weise, ohne einzugreifen oder dem Beobachteten seine Ansichten aufzuzwingen. Wenn ein Tiger ein Reh frißt, dann entspricht das einfach nur seiner Natur, und der Naturforscher beobachtet es, ohne darüber zu urteilen.

Wir sind ebenfalls Teil der Natur. Uns selbst als von der Natur getrennt zu betrachten, ist in einem gewissen Sinne eine Art von Arroganz. Also sollten wir uns selbst beobachten, wie ein Naturforscher die Natur beobachtet. Ein Naturforscher verdrängt weder, noch verleugnet oder unterstützt er irgend etwas, sondern er übt lediglich eine nicht-eingreifende Präsenz und beobachtet. Also betrachten wir unsere Wut, Depression, Angst, unser Glück, unsere Freude, unseren Schmerz und unser Vergnügen unmittelbar so, wie sie sind, ohne Komplikationen. Wir respektieren sie; wir sind für sie präsent. Es geht nicht darum, sie nicht zu erfahren, sondern darum, sie wie ein Naturforscher zu beobachten. Wir können uns sagen: „Ah, da gibt es ein interessantes Phänomen – Angst (oder Depression oder Freude und so weiter). Worum geht es wohl dabei?"

Wir werden also zu Naturforschern, die ihr Leben beobachten – und zwar alle Aspekte des Lebens. Wir beobachten, wie sie sich entfalten. Und genauso, wie wir keine Ansichten darüber pflegen, ob wir Buddhas sind, entwickeln wir auch nicht die Ansicht, dass irgendein Teil von uns ein Feind, ein Sünder oder ein Bösewicht sei. Das wäre das Gegenteil davon, uns selbst als Buddha anzusehen. Es ist gleichermaßen unnötig. Wir versuchen einfach, uns selbst als Teil des natürlichen Lebensprozesses anzusehen.

Wir nähern uns unserem emotionalen Leben als Naturforscher an. In dieser Praxis sprechen wir häufig von „beobachten" oder „gegenwärtig sein", aber diese Verben sind vielleicht zu passiv, um unsere Praxis und unser emotionales Leben vollkommen erfassen zu können. Manchmal ist „umarmen" eine bessere Ausdrucksweise. Wir umarmen alles. Ich werde das anhand eines europäischen Märchens illustrieren:

Es war einmal eine wunderschöne Prinzessin, die einem furchtbaren Schlangendrachen versprochen war. Voller Angst bat sie eine weise alte Hexe um Rat. Die Hexe sagte der Prinzessin, sie solle sich auf eine Hochzeit einlassen und in der Hochzeitsnacht zehn weiße Gewänder tragen. Und wenn es dann an der Zeit wäre, mit dem Drachen zu Bett zu gehen, solle sie nacheinander jedes ihrer zehn Gewänder ablegen und den Schlangendrachen bitten, für jedes ihrer Gewänder eine seiner Häute abzulegen. Nachdem sie ihre zehn Gewänder abgelegt habe, solle sie die schuppige Kreatur umarmen.

Der Prinzessin gefiel das zwar nicht, aber sie nahm den Rat der Hexe an. Als sie ihr letztes Gewand abgelegt hatte, sah sie, dass der schleimige, abstoßende Drache immer noch da war. Aber obwohl sie Angst hatte, besaß sie doch die Weisheit, dem zu folgen, was die Hexe ihr aufgetragen hatte, und umarmte die Schlange. Als sie es tat, verwandelte sich die Schlange in einen stattlichen königlichen Geliebten.

– adapatiert aus *The Serpent and the Wave*
von Jalaja Bonheim

Dieses Märchen erzählt etwas darüber, wie wir uns auf verschiedene Aspekte unserer Persönlichkeit beziehen. Wir alle haben viele Schichten von Gefühlen. Wie die Prinzessin, so müssen auch wir uns entblößen – wir müssen unsere schwierigen und schmerzhaften Emotionen anerkennen, akzeptieren und umarmen. Erstens, die Prinzessin anerkennt die Schlange als ihren Bräutigam, den sie heiraten und umarmen muß. Dann entkleidet sie sich, und während sie das tut, legt die Schlange ihre verschiedenen Häute ab. In ähnlicher Weise entblößen auch wir uns – wir entfernen die Schichten unserer Emotionen. Wir sind für sie präsent; wir werden ihrer gewahr und untersuchen sie. Wenn wir für jede einzelne Schicht wirklich präsent sind, dann löst sie sich ab und legt die darunter liegende frei, wie bei einer Schlangenhaut. Wir entblößen uns, indem wir wirklich für jede einzelne Schicht präsent sind und für alles, was sich zeigt. Und wenn schließlich keine Schichten mehr vorhanden sind, die entfernt werden könnten, dann umarmen wir das, was da ist.

Unsere Angst erforschen

Wir untersuchen unsere Angst in derselben Weise wie unsere anderen Emotionen, nämlich als Naturforscher: Wir wollen die Angst verstehen und akzeptieren. Egal, ob wir sie nun Furcht, Besorgnis, Bedenken, Grauen, Kummer oder Mißtrauen nennen, ein großer Teil unseres Lebens wird von diesem Gefühl beherrscht, – wahrscheinlich ein größerer, als den meisten Menschen bewußt ist. Wenn wir uns mit Meditation oder Achtsamkeit beschäftigen, dann können wir erwarten, dass wir uns des Ausmaßes bewußt werden, in dem Besorgnis und Angst nicht nur präsent sind, sondern bisweilen unser ganzes Leben beherrschen. Angst ist die Wurzel vieler Arten von psychologischen Leiden.

Es liegt in der Natur der Angst, dass sie immer zu irgendeiner Art von Vermeidung führt. Die Angst vor unseren Emotionen führt ihnen Nahrung zu und gibt ihnen Kraft. Sie treibt uns dazu, entweder unseren Emotionen entsprechend zu handeln oder sie zu vermeiden. Unsere Angst wird sich jedoch verändern, wenn wir nur lernen, uns den tieferen Schichten mit Klarsicht und Präsenz zu stellen.

Für viele von uns ist zum Beispiel die Angst verletzt zu werden etwas sehr Grundlegendes. Wir reagieren darauf, in dem wir eine defensive Persönlichkeit um diese Angst herum erschaffen. Die defensive Persönlichkeit selbst ist zerbrechlich, also erschaffen wir eine Haut der Angst um sie herum – nämlich der Angst, dass etwas unsere Abwehr durchbrechen könnte. Wir erzeugen immer weitere Schichten: Schichten der Defensivität, der Aggression, der Angst, der Schüchternheit – und schaffen damit eine immer komplexere und rigidere Persönlichkeitsstruktur, mit der wir die einander überlagernden Schichten zu halten und zu schützen suchen. Mit zunehmender Rigidität fühlen wir uns mehr und mehr bedroht und folglich entsteht – bewußt oder unbewußt – noch mehr Angst. Also fahren wir fort, eine noch solidere und rigidere Struktur zu erschaffen, wobei wir zunehmend versteinern. Und genau das passiert mit uns, wenn wir unserer Persönlichkeitsstruktur immer weitere Schichten hinzufügen – wir versteinern, werden furchtsam und rigide.

Wir erleben viele Arten der Angst. Wir fürchten uns vor Schmerz, Ablehnung, Unsicherheit und Verlust. Und dann gibt es noch interessantere Ängste, wie die Angst vor Liebe, vor Lust und sogar vor Wissen – einige Menschen wollen überhaupt nicht wissen, was vor sich geht. Im Buddhismus gibt es viele Aufzählungen. Eine davon benennt die fünf großen Ängste. Es sind dies die Angst vor:

- dem Verlust der Existenzgrundlage
- dem Verlust des guten Rufes
- ungewöhnlichen Geisteszuständen
- dem Tod
- dem Sprechen in der Öffentlichkeit.

Die buddhistische Psychologie unterscheidet weiterhin zwischen zwei weitgefaßten Kategorien von Angst. Die eine wurzelt in Wünschen und Anhaftungen. Der Buddhismus sagt, dass die meisten Ängste entstehen, weil wir dem anhängen, dass Dinge in einer bestimmten Weise zu sein hätten und sich nicht verändern sollen.

Eine zweite Form der Angst entsteht, wenn man ein nicht erwünschenswertes, ein nicht tugendhaftes Leben führt. Die Angst vor den Folgen kann sich positiv oder negativ auswirken. Sie kann positiv sein, wenn wir uns anschauen, was wir aus dieser Situation lernen können, um es in Zukunft besser zu machen. Oder sie kann negativ sein. Wir fürchten die möglichen negativen Folgen unserer Handlungen oder wir befürchten, dass jemand etwas über unsere Handlungen herausfinden könnte. Die Konsequenz sind Schuldgefühle oder die Angst vor Bestrafung, so dass unser Verhalten mehr durch Ablehnung als durch Einsicht und Verständnis bestimmt wird.

Angst

Die moderne Psychologie unterscheidet noch zwischen anderen Arten von Ängsten. Die eine ist die angemessene Angst, die sich auf ein spezifisches und erkennbares Objekt richtet – also eines, das man klar sehen kann – und bei dem es weise ist, Angst zu haben, zum Beispiel wenn ein Auto mit 60 Stundenkilometern auf einen zugerast kommt.

Eine andere Art von Angst ist die Besorgnis, bei der das Objekt der Angst häufig vage ist. Unsere Einstellung dazu ist ebenfalls vage; sie ist unbewußt. Die Angst vor einer Sache ist eine Angst vor etwas, das nicht wirklich in der Gegenwart, sondern nur in der Vorstellung stattfindet. Eine Geschichte aus der Zen-Tradition erzählt von einem hervorragenden Maler, der das Bild eines Tigers malte. Er arbeitete solange an seinem Tiger, bis dieser vollkommen wirklichkeitsgetreu war. Schließlich trat er zurück, um sich den von ihm gemalten Tiger anzuschauen, und der machte ihm soviel Angst, dass er wegrannte.

Angst ist oft ein komplexes Gefühl, das viele Schichten umfaßt und häufig eng mit anderen Emotionen assoziiert wird. Die Angst ist häufig vermischt mit Wut oder sie kann Wut überdecken. Manchmal kann Angst unser Bewußtsein von unserer Unsicherheit, unserem Verletztsein, von Ehrgeiz, Stärke oder Anhaftung an Ergebnisse ablenken. Fritz Kunkel beschreibt diese Komplexität und die Kraft der Achtsamkeit, das zu sehen und zu durchschauen:

> Wenn der Wunsch, ehrlich zu sein, größer ist als der Wunsch, „gut" oder „schlecht" zu sein, dann wird die ungeheure Macht der eigenen Stimmen deutlich. Und hinter der Stimme wird die alte vergessene Angst aufsteigen (die Angst, vom Leben ausgeschlossen zu sein) und hinter der Angst der Schmerz (der Schmerz, nicht geliebt zu werden) und hinter diesem Schmerz der Einsamkeit der tiefste und stärkste aller menschlichen Wünsche: der Wunsch zu lieben und sich selbst in Liebe zu geben und Teil des lebendigen Stroms zu sein, den wir die menschliche Familie nennen. Und in dem Moment, wo Liebe hinter dem Haß entdeckt wird, verschwindet jeglicher Haß.
>
> Fritz Kunkel
> In *Search of Maturity*

Gil Fronsdal

In unserer Angst gegenwärtig sein

Unsere Angst verändert sich, wenn wir lernen, uns durch Klarsicht und Präsenz mit ihren Tiefen zu konfrontieren. Genauso wie die Prinzessin mit der äußeren Haut der Schlange beginnt, beginnen wir in der Achtsamkeitspraxis damit, die Emotionen an der Oberfläche gründlich kennenzulernen. Wir verlegen uns nicht auf psychoanalytische Deutungen und versuchen nicht herauszufinden, woraus die Schichten bestehen oder wo sie herrühren. Wir nehmen einfach das, was sich uns als manifeste Erfahrung zeigt – Wut, Angst, Verzweiflung, was auch immer – und erforschen einfach nur das, auch wenn es sich unter Umständen als vielschichtig und sehr kompliziert erweisen könnte. Unsere Aufgabe als Praktizierende der Achtsamkeit besteht darin – unmittelbar und ohne Komplikationen dem zu begegnen, was sich vor unseren Augen befindet.

Unsere Reaktionen auf unsere jeweilige Erfahrung vollziehen sich in vielen Stufen oder Generationen. Nehmen wir einmal an, dass ich vor etwas Angst habe, und dann habe ich Angst vor meiner Angst, und dann bin ich wütend auf mich, weil ich Angst vor meiner Angst habe. Und dann bin ich wütend auf mich, weil ich wütend bin, und dann fühle ich mich schuldig, weil ich es besser wissen sollte. Und so weiter.

Häufig verbringen wir unser Leben in der vierzehnten oder fünfzehnten Generation – es könnte auch die einhundertundvierzehnte sein – von Reaktionen auf unsere primäre Erfahrung. Unsere Aufgabe in der Achtsamkeitspraxis besteht darin, dort aufzuwachen, wo wir jetzt sind, selbst wenn es in der einhundertundvierzehnten Generation ist, anstatt uns über uns selbst zu ärgern. Akzeptieren Sie einfach die letzte Generation; machen Sie es nicht noch komplizierter. Entwickeln Sie eine direkte, unmittelbare Beziehung zu dem, was immer gerade vorhanden ist. Wenn Ihre Achtsamkeit stärker wird, dann werden Sie immer früher aufwachen, bis Sie schließlich zur ersten Generation erwachen werden.

Wir versuchen, uns nicht durch unsere Angst beunruhigen zu lassen. Wir versuchen nicht, unsere Angst loszuwerden. Statt dessen wollen wir sie ganz genau kennenlernen. Wir verleugnen sie nicht, denn dadurch würden wir sie nur verstärken. Wir erforschen sie, wir spüren sie, lernen sie genau kennen und werden schließlich weniger von ihr geplagt. Das ist nicht nur für uns selbst von Nutzen, sondern auch für die Menschen in unserer Umgebung. Angst erzeugt Trennung zwischen Menschen; das Verstehen unserer Angst kann dazu beitragen, Entfremdung und Distanz innerhalb unserer Gesellschaft abzubauen.

Ein großer Teil unserer Kultur leugnet Schmerz und Angst. Wir täten gut daran, dem Beispiel des Buddha zu folgen, der, bevor er zum Buddha wurde, und wahrscheinlich auch danach, sich in folgender Praxis übte: Wann immer Angst auftauchte, hielt er bei dem inne, was er gerade tat und schenkte der Angst Aufmerksamkeit. Wir können dasselbe tun. Wir können lernen, mit unserer Angst zu üben.

In den Tagen des Buddha sind Menschen absichtlich zu furchterregenden Orten gegangen, um mit ihrer Angst zu üben. Der Buddha schickte Mönche zum Meditieren in die Wälder und Dschungel, wo es Tiger und Schlangen gab, und sie kamen zurückgerannt und berichteten, dass sie Angst hätten. Da lehrte er sie die Praxis der liebevollen Güte als Mittel gegen die Angst. Vielleicht würde die moderne Version eines Dschungelaufenthaltes darin bestehen, ein heruntergekommenes Hafenviertel aufzusuchen. In der Achtsamkeitspraxis halten wir jedoch normalerweise nicht nach Gelegenheiten Ausschau, Schwierigkeiten auf den Plan zu rufen – es reicht aus, mit dem gegenwärtig zu sein, was uns das Leben von sich aus bringt. Wenn Sie es also schwierig finden, in der Angst achtsam und präsent zu sein, dann sollten Sie vielleicht eine Weile zur Meditation der liebevollen Güte überwechseln, um etwas mehr Weite und Ruhe zu finden. Gehen Sie dann zurück, um die Angst zu untersuchen.

Eine weitere Übung, wie wir der Angst mit Achtsamkeit begegnen können, besteht darin, sie zu benennen; das heißt, sie zu erkennen, wann immer sie auftaucht, und ihr dann einen Namen zu geben. Die Angst zu benennen, ist ein Weg, sich nicht vollständig von ihr vereinnahmen zu lassen.

Wir können die Angst auch in unserem Körper erden. Angst (oder eine beliebige andere Emotion) in unserem Körper zu erleben, macht es leichter für uns, für sie präsent zu sein und uns nicht von ihr überwältigen zu lassen. Wir erlauben es dem Körper, zu dem Gefäß zu werden, der er ohnehin ist, auch wenn wir dazu neigen, so sehr in unserem Kopf zu sein, dass wir das vergessen. Der Körper ist das Gefäß für die Entfaltung unseres Lebens. Wenn wir die Emotion innerhalb dieses wunderbaren, reichhaltigen, organischen Gefäßes erleben, dann wird es uns leichter fallen, zu erkennen, was gerade vor sich geht, da uns bewußt wird, dass Angst einfach nur eine Emotion innerhalb eines größeren Ganzen ist.

Gil Fronsdal

Vertrauen

Wenn wir uns einer spirituellen Praxis widmen, dann können wir uns darauf gefaßt machen, mit Angst konfrontiert zu werden – nicht nur mit den Ängsten, die von unserer eigenen Neurose und Besorgnis herrühren, sondern auch mit denen, die mit der spirituellen Praxis zusammenhängen. Die Praxis fordert jede Persönlichkeits- und Egostruktur heraus, die beweisen soll, dass wir „jemand" sind. Die Achtsamkeitspraxis stellt all das in Frage, weil nichts davon benötigt wird. Das sind nur die Falten und Kniffe.

In der Meditation wie in der Achtsamkeitspraxis lernen wir, Angst durch Vertrauen zu ersetzen, nicht in Form eines Ideals oder einer Abstraktion, sondern als ein Vertrauen, das dadurch entsteht, dass man die Angst gut kennt. Viele Menschen haben Angst vor der Angst und bringen ihr einen derartigen Widerwillen entgegen, dass sie es nicht wagen, sich vollkommen in die Angst hineinzubegeben. Aber wenn. wir einfach zulassen, unsere Angst vollständig zu erfahren, dann lernen wir schließlich, dass wir das tun können, ohne uns von ihr überwältigen zu lassen. Es entwickelt sich Vertrauen, und zwar nicht aus einer Bereitschaft zu vertrauen, sondern weil wir für uns selbst die Entdeckung machen, dass wir in der Erfahrung selbst präsent sein können.

Unsere Gesellschaft, unsere Lebenserfahrungen und Logik haben bei vielen von uns die Überzeugung geschaffen, dass wir unserem natürlichen Seinszustand nicht vertrauen können. Wir wenden uns von uns selbst und unseren Erfahrungen ab. In dieser Praxis lernen wir jedoch, unsere Gefühle nicht zu zerstören oder zu kontrollieren, sondern sie zu entdecken und in ihnen präsent zu sein. Wir beginnen zu sehen, wie sie funktionieren, wenn wir uns vollständig in sie hineinbegeben und ihnen Raum geben. Wir beginnen zu sehen, wie wir unser emotionales Leben und unsere Reaktionen selbst erschaffen.

Wir lernen, ein immer tieferes Vertrauen zu entwickeln. Indem wir die verschiedenen Schichten von der bedrohlichen Kreatur abschälen, dehnen wir unser Vertrauen aus und tauchen in immer tiefere Bereiche unseres wirklichen Wesens ein. Der Prozess des Erwachens und der Erleuchtung kann als ein Prozess verstanden werden, bei dem die Kreise des Vertrauens immer weiter werden. Die Erleuchtung selbst bedeutet, dass das Vertrauen sich so weit erstreckt, dass es grenzenlos geworden ist.

Angst

Wenn genügend Vertrauen vorhanden ist, dann braucht das Bewußtsein nichts anderes mehr. Es kann grenzenlos und offen sein. Vielleicht finden wir diese Erfahrung zu Anfang, oder wenn die Ahnung in uns aufsteigt, dass es möglich ist, beängstigend. Aber diese Angst könnte auch zu einer Tür werden, mit deren Hilfe wir uns vollständiger für eine grenzenlose Bewußtheit öffnen können. Häufig drückt sich die mangelnde Bereitschaft, sich mit der Nicht-Existenz eines unabhängigen „Ich" auseinanderzusetzen, in Angst aus. Wie oft versuchen wir, dem Alleinsein auszuweichen? Ich glaube, dass wir letzten Endes auf eine radikale Weise lernen müssen, vollkommen alleine zu sein. Denn im Grunde genommen sind wir so vollkommen allein, dass wir nicht einmal uns selbst Gesellschaft leisten können.

Ein Weg, um Angst zu verringern – so heißt es –, besteht darin, die Flagge des Eigendünkels, also der Neigung, sich durch den Vergleich mit anderen eine Identität zu erschaffen, abzusenken. Je mehr Arroganz und Eigendünkel wir an den Tag legen, und je sturer wir auf dem beharren, was wir unserer Meinung nach sind, um so größer wird die Angst sein und um so mehr Gelegenheiten werden wir erschaffen, um uns bedroht zu fühlen. Folglich bedeutet, den Eigendünkel loszulassen, auch mögliche Ängste loszulassen.

Menschen, die lernen, dem Bewußtsein zu vertrauen, lernen, dem Leben zu vertrauen. Sie vertrauen auf ihr Lebendigsein, ohne Hilfsmittel, Krücken, Ansichten oder Meinungen. Diese Menschen sind in der buddhistischen Tradition als diejenigen bekannt, die Ängste in anderen zerstreuen. Sie geben anderen das Geschenk der Furchtlosigkeit. Furchtlosigkeit bedeutet nicht notwendigerweise die Abwesenheit von Angst. Vielmehr ist sie eine positive Eigenschaft, die neben der Angst existieren und einem dabei helfen kann, die Begrenzungen zu überwinden, die aus der Angst heraus entstehen. Eine solche Furchtlosigkeit kann ein überaus kostbares Geschenk an die Menschen in unserer Umgebung sein. Indem wir die Fähigkeit entwickeln, furchtlos zu sein, tun wir das nicht einfach nur für uns selbst, sondern auch für andere.

Ich möchte mit folgender Geschichte enden:

Ich bin selbst ein Mönch, und die eine Frage, die ich wirklich stellen wollte, war: „Was ist ein Mönch?" Nun, schließlich tat ich es, aber statt eine Antwort zu bekommen, wurde mir eine höchst seltsame Frage gestellt. „Meinst du bei Tag oder bei Nacht?" Nun, was konnte das bedeuten?

Als ich nicht antwortete, nahm er das Ganze noch einmal auf. „Ein Mönch ist, wie jeder andere Mensch auch, ein Wesen, das sich entweder verdichtet oder ausdehnt. Während des Tages ist er kontrahiert, er befindet sich hinter seinen Klostermauern, in eine Robe gekleidet – wie all die anderen tut er die Dinge, die man üblicherweise von einem Mönch erwartet. Bei Nacht dehnt er sich aus. Die Wände können ihn nicht halten. Er bewegt sich durch die Welt und berührt die Sterne."

Ah, dachte ich, Poesie. Um ihn wieder auf die Erde zu bringen, begann ich zu fragen: „Nun, während des Tages, in seinem realen Körper…"

„Warte," sagte er. „Das ist der Unterschied zwischen uns und euch. Ihr geht immer davon aus, dass der verdichtete Zustand der reale Körper sei. In einem gewissen Sinne ist er auch real. Aber wir hier neigen dazu, am anderen Ende, bei dem erweiterten Zustand, anzusetzen. Wir nennen den Zustand während des Tages den „Körper der Angst." Ihr beurteilt einen Mönch meist nach dem Anstand den er am Tage wahrt. Wir neigen dazu, einen Mönch an der Anzahl der Personen zu messen, die er bei Nacht berührt, sowie an der Anzahl der Sterne.

Theophanus der Mönch
Tales of a Magic Monastery

ROBERT HALL

Ich habe im Laufe meines Lebens eine ganze Reihe von Aufgabenbereichen ausgefüllt. Nach dem Medizinstudium begann ich eine Ausbildung als Chirurg, arbeitete dann jedoch als Psychiater und Chef der Neuropsychiatrie in einem großen Militärkrankenhaus. Ich lernte Fritz Perls und Ida Rolf kennen, lebte und studierte mit ihnen im Esalen-Institut und begann so eine lange berufliche Karriere als Körper-/Geisttherapeut. Schließlich war ich Mitbegründer der Lomi-Schule und unterrichte zur Zeit körperorientierte Lomi-Erziehung in Ausbildungsprogrammen in den USA und Europa. Außerdem lehre ich an der Lomi-Gemeinschaftsklinik in Santa Rosa, die ich mitbegründet habe. Sie dient als Ausbildungsinstitut für körperorientierte Psychotherapeuten und darüber hinaus als Beratungsstelle für die Öffentlichkeit.

Ich praktiziere seit 1969 Meditation, als mich ein Meditationsmeister in Indien in den Surat-Shabd-Yoga einführte. Mit Vipassana beschäftige ich mich seit 1974, und nachdem ich viele Jahre Schüler von Jack Kornfield und Joseph Goldstein war, bin ich gegenwärtig Mitglied des Lehrerbeirats.

Zu meinen anderen Aufgaben gehören diejenigen eines Vaters von drei Kindern und eines Großvaters von sechs Enkeln, diejenige eines Begleiters für meinen langjährigen Partner, einen Homosexuellen, sowie diejenige eines mit seiner Kunst ringenden Dichters, der einige Veröffentlichungen zu verbuchen hat. Vor kurzem erschien mein erstes Album mit dem Titel What a Mystery (CDs und Kassetten), und zur Zeit arbeite ich an meinem zweiten Album mit gesprochenen Gedichten, die mit Originalmusik unterlegt sind.

Die Sucht nach dem Selbst

Wir fühlen uns von allem anderen getrennt, und das ist reichlich merkwürdig. Wir verwenden unglaublich viel Zeit und Mühe darauf, das Gefühl von uns selbst als eines eigenständigen, von allen anderen getrennt existierenden Wesen aufrechtzuerhalten. Irgendwie haben wir unser Gefühl der Einheit mit allem Leben, unsere Verbindung zu allen anderen Formen verloren.

In Wirklichkeit gibt es jedoch nichts, nicht ein einziges Ding, das nicht mit allem anderen verbunden wäre. Es gibt eine ständig von neuem entstehende Lebenskraft, die durch uns hindurchfließt, und die wir auch sind. Wir alle nehmen an diesem Strom des Lebens in derselben Weise teil. Und dennoch kämpfen wir sehr damit, die Illusion eines für sich allein existierenden „Ich" oder Selbst zu erschaffen und aufrechtzuerhalten.

Hinter den Gedanken

Heute könntest du herumgehen
hinter deine Gedanken
in jenen leeren leuchtenden Himmel hinein,
auch wenn sich deine Füße stabil anfühlen.

Aber es gibt noch mehr:
Wenn du hinter deine Gedanken schaust,
dann siehst du, dass deine Erfahrung

nie dir gehört hat,
nicht einmal der Schmerz,
weder das Geräusch deines eigenen Atems,
noch die Gedanken selbst,
alle mit Gefühlen verkleidet,
weder der Wunsch, etwas zu verändern,
noch das kleinste Jucken.

Dann mußt du nicht mehr daran arbeiten –
deine Entschuldigung ist, dass du die Freiheit berührt hast.
Alle Engel Gottes sagen:
„Gib dich hin – laß alles los.
Du wirst nichts Wertvolles verlieren,
nur ein Leben, das ansonsten
von Tag zu Tag dahintreiben würde,
ohne einen Stein, der es festhält."

Du denkst, du denkst –
aber das ist nicht, was geschieht.
Es ist so schwer, die Wahrheit zu kennen.
Du mußt sehr still sitzen,
sorgfältig wahrnehmen,
wenn das Blatt sich bewegt,
und wenn ein Gedanke vorüberschwebt,
und wenn du denkst,
du hältst es nicht eine Minute länger aus,
dann vielleicht – dazu sind keine Regeln bekannt –
dann vielleicht
wirst du auf deiner Zunge
eine hauchdünne Oblate
des Verstehens empfangen.

Dann wirst du hierher zurückkehren wollen
wieder und immer wieder,
denn es ist wahr,
dass wir schließlich alle
Nahrung erhalten und gesättigt werden,
und dann trägt uns das Mysterium fort.

Getrenntheit

Sich in die Getrenntheit zusammenzuziehen, ist ein sich ständig vollziehender, spürbarer Prozess. Selbst in diesem Moment spüren wir es. Es scheint unmöglich, diese Illusion in den Griff zu bekommen. Was auch geschieht, wir machen es ganz automatisch. Ein absolutes Rätsel. Warum machen wir das?

Die Illusion liegt darin zu glauben, dass es uns zu wirklichen Menschen macht, wenn wir erfolgreiche Einzelwesen werden. Nichts könnte weiter von der Wahrheit entfernt sein! Von unserem ersten Atemzug an werden wir auf Trennung programmiert. Wir bringen diese Lektion einander bei. Wir geben in jedem Wort und jeder Geste ein Erbe von Getrenntheit weiter.

Wir nehmen ohne Frage an, dass wir auf eine irgendwie grundlegende Weise voneinander abgeschnitten sind; und mit Sicherheit sind wir von dem Gefühl unendlicher Zugehörigkeit getrennt, das wir – je nach Vorliebe – Gott oder Dharma oder Sosein nennen könnten. Und dennoch gibt es in jedem von uns eine ganz tiefe Sehnsucht nach Zugehörigkeit, danach zu wissen, wer wir sind, indem wir zu einem Teil von etwas Größerem als diesem kleinen Ich oder Selbst werden, das wir mit so viel Mühe erschaffen haben.

Was für seltsame Wesen wir doch sind! Wir schneiden uns selbst von dem größeren Ganzen ab, und im gleichen Augenblick sehnen wir uns innigst danach, uns mit jenem größeren Sein zu verbinden. Soll das ein Witz sein? Oder liegt es in einem großen übergeordneten Plan, dass wir danach streben müssen, die Illusion eines von allem anderen getrennten Selbst aufzulösen, während wir gleichzeitig unser Glück opfern, um es erschaffen zu können? Es kann kein dauerhaftes Glück in unserem Leben geben, solange all unsere Erfahrungen durch Filter dieses künstlich geschaffenen und aufrechterhaltenen „Ich"- oder Selbstgefühls passieren müssen.

Irgendwann in unserem Leben erwachen wir zu der Feststellung, dass das, was wir als notwendig angesehen haben (nämlich eine Existenz als Person zu begründen, die bestimmte Eigenschaften und Denkgewohnheiten hat), vielleicht die eigentliche Quelle des Unbehagens in unserer Existenz als menschliches Körper-Geist-Wesen ist. Die Arbeit, die der junge Mensch leistet, um ein würdiges Mitglied der Menschheitsfamilie zu werden – indem er durch Arbeit, Spiel und Liebe Selbstachtung aufbaut –, wird genau zu der Struktur, die wir transzendieren müssen. Das ist die Aufgabe des älteren Menschen, desjenigen, den C. G. Jung als an der Schwelle der zweiten Lebenshälfte stehend bezeichnet.

Die Entwicklung des Selbst

Wie entwickelt sich dieses Gefühl eines individuellen „Ich" oder Selbst? Es scheint so, als ob der erste Schritt dazu in der Fähigkeit des Geistes liegt, die Erfahrungen von „ich" und „die anderen" voneinander zu trennen.

Das Baby an der Brust. Dem Kind wird zunehmend bewußt, dass diese massive Bewegung von Wärme und Nahrung, die sein Leben beherrscht, kein Teil von ihm selbst ist, sondern dass sie eine getrennte Existenz hat, die sich seiner Kontrolle entzieht. Diese Quelle der Nahrung und der Fürsorge wird von dem Kind als das überaus geheimnisvolle „andere" wahrgenommen. Indem uns unsere Sinne Informationen über den „anderen" liefern, beginnt für uns ein lebenslanger Prozess, dieses „andere" und das „Ich" miteinander zu versöhnen, sowie dieses „Ich" vor Übergriffen von außen zu schützen.

Sobald wir als unterschieden von allem anderen Leben existieren, brauchen wir Schutz, um diese Getrenntheit aufrechtzuerhalten; und mit diesem Bedürfnis nach Schutz beginnt die Geschichte vom ständigen Kampf des „Ich", sich selbst am Leben zu erhalten. Das „Ich" hat eine ungeheuer große Aufgabe zu erfüllen, denn es ist schmerzhaft und erschöpfend, den Zustand der Kontraktion aufrechtzuerhalten,. Der Mythos von Sisyphos verdeutlicht jene permanente Arbeit, den Felsbrocken des isolierten Selbst immer wieder den Berg hinaufrollen zu müssen.

Unsere ersten Betreuer tragen die große Verantwortung, den zarten und zerbrechlichen Sproß des geistigen Lebens, den wir das Ich oder Selbst nennen, zu schützen. Wir hoffen, dass sich dieses kleine Selbst ungehindert entwickeln kann, ohne von einer feindseligen, verängstigten Mutter oder einem verrückten, gewalttätigen oder gleichgültigen Vater angegriffen zu werden.

Wenn dieser Selbst-Energie Angst eingeflößt, oder ihr durch falsche Behandlung Schaden zugefügt wird, oder wenn ihr Wohlergehen durch Feindseligkeit und Gefahr bedroht ist, dann wird die Vorstellung vom eigenen Selbst von Angst, einem verzweifelten Bedürfnis nach Sicherheit und nach ständigem Schutz vor möglicher Gefahr gekennzeichnet sein. Ein dermaßen geschädigtes Kind wird zu einem geschädigten Erwachsenen, der nicht in der Lage ist, sich gut mit seinen Erfahrungen zu fühlen, egal, wie reich sein Leben in äußerer Hinsicht geworden sein mag.

Wenn das Kleinkind zu einem frühen Zeitpunkt schwierige Erfahrungen gemacht oder unter einem Mangel an Unterstützung gelitten hat, dann setzt sich für das restliche Leben ein Gefühl von großer Angst und Unzulänglichkeit für die Aufgabe des Erwachsenwerdens fort, auch wenn sich die Dinge schließlich verbessern mögen.

Wenn sich die Wunde öffnet

Wenn sich die Wunde öffnet,
unerwartet in einem dunklen Himmel,
wie der erste Schnitt,
der sich wieder geöffnet hat,
noch einmal mehr,
und all die Trauer,
der Fluss blutiger Erinnerungen
fließt heraus.

Da gibt es einen Aufschrei des Hasses,
ein Winseln der Erniedrigung,
eine schreckliche Einsamkeit,
ein Gefühl, nicht geliebt zu sein,
keine Hoffnung, geliebt zu werden,
für immer gefangen,
wie ein weiches Ding
im Rachen des Ungeheuers
jeden Tag von innen
lebendig verspeist.

Wenn sich die Wunde öffnet,
so wie es kommen muß,
dann fragt sich ein alter Mann,
ob es zu spät ist, die gute Mutter
zu finden,
diejenige, die weiß,
was kleine Mädchen und Jungen brauchen:
den Ort des Trostes,

den Ort, von dem
der Tröster
kommt,
und Erlösung verbreitet
und Heilung
und Ganzheit.

Vorlieben

Nachdem wir gelernt haben, das „Ich" von dem „anderen" voneinander zu unterscheiden, beginnen wir, Vorlieben zu haben. Jetzt entwickelt das individuelle Selbstgefühl eine auffallend lebhafte Einzigartigkeit. Wenn wir eine Erfahrung einer anderen und einen Geschmack einem anderen vorziehen, dann bauen wir eine eigenständige Persönlichkeit auf. Diese Persönlichkeit, die gespeicherte Erinnerung an all unsere Vorlieben, wird zu der fiktiven Einheit, die unsere wunderbare Einzigartigkeit beschreibt. Wir beginnen zu glauben, dass wir der- oder diejenige sind, der oder die Schokolade lieber mag als Erdbeeren. Wir sind zu einem Jemand geworden.

Der Geist absoluten Vertrauens

Der Große Weg ist nicht schwer
für die, die nicht an ihren Vorlieben hängen.
Laß Sehnsucht und Abneigung los,
und alles wird vollkommen klar sein.
Wenn du an einer haaresbreiten Unterscheidung hängst,
dann werden Himmel und Erde voneinander getrennt.
Wenn du die Wahrheit erkennen willst, dann sei nicht für
oder gegen sie
Wenn du das Tao nicht lebst,
dann verfällst du in Behauptungen oder Ablehnung.
Wenn du behauptest, dass die Welt real sei,
dann bist du blind für ihre tiefere Realität;
wenn du leugnest, dass die Welt real ist,
dann bist du blind für die Selbstlosigkeit aller Dinge.

Die Sucht nach dem Selbst

Für den Geist, der sich in Harmonie mit dem Tao befindet,
verschwindet alle Selbstsucht.
Ohne eine Spur von Selbstzweifel
kannst du dem Universum vollkommen vertrauen.
Ganz plötzlich bist du frei,
Es bleibt nichts übrig, an dem du festhalten kannst.
Alles ist leer und strahlend,
vollkommen in seinem eigenen Wesen.
In der Welt der Dinge, so wie sie sind,
gibt es kein Selbst und kein Nicht-Selbst.

Seng-Ts'an
übersetzt von Stephen Mitchell in *The Enlightened Heart*

Konzepte

Sobald wir die Fähigkeit für Vorlieben entwickelt haben, lernen wir als nächstes, Konzepte zu formulieren. Konzepte sind Abstraktionen der Realität sowie Gedanken über Erfahrungen oder Theorien, die auf diesen basieren. Ein Konzept kann man nicht unmittelbar erfahren, aber man kann etwas darüber wissen und kann die Gefühle und Stimmungen erfahren, die ein Konzept hervorbringt. Wir sehen Form und Farbe, wir hören die Vibration von Klängen, wir registrieren Sinneseindrücke auf unserer Haut, wir riechen Gerüche und schmecken unterschiedliche Geschmacksrichtungen, aber ein Konzept können wir nicht auf derselben Realitätsebene erfahren wie die materielle Welt.

Sogar die Grundlagen unserer sozialen und persönlichen Identität hängen davon ab, welche Konzepte man uns vermittelt hat, als wir Kinder waren. Wir sehen diese Konzepte als so selbstverständlich an, dass wir sie für die Realität halten und glauben, dass wir sie sind. Sogar der Stoff, aus dem die Träume sind, ist da realer.

Das Konzept der Zeit: Wir teilen unsere Existenz in willkürliche, kulturell bestimmte Muster ein, die wir Zeit nennen. So etwas wie eine natürliche Minute gibt es nicht. Die Jahreszeiten kommen und gehen, aber es gibt nichts, was die Stunde markieren würde, abgesehen von der willkürlichen Entscheidung des Menschen, dass es Sekunden gibt, und dass sechzig Sekunden eine Minute ausmachen.

Ich verbringe den größten Teil meiner wachen Zeit damit, mich in meinem Verhalten nach den Gesetzen der Uhr zu richten. Ich verdiene sogar meinen Lebensunterhalt damit, dass ich Termine verabrede, die zeitlichen Vereinbarungen entsprechen. Den ersten Termin um neun Uhr morgens, den letzten um fünf Uhr nachmittags, Abendessen um sieben Uhr abends, etc., etc. Rumi schlägt stattdessen vor:

Vergiß dein Leben. Sage: „Gott ist groß". Steh auf.
Du meinst zu wissen, wieviel Uhr es ist.
Es ist Zeit zum Beten.

Das Konzept des Ortes: Die Erde ist sicherlich nicht von Linien umgeben, die uns sagen, wo sich Deutschland befindet und wie weit sich der Staat New York in Beziehung zum Hudson erstreckt. Dennoch hängen wir von diesen willkürlichen räumlichen Einteilungen ab, um unser Leben zu ordnen und uns Identitäten zu schaffen. Ein großer Teil dessen, was wir glauben zu sein, hängt davon ab, wo wir leben.

Konzepte der persönlichen Identität: Es ist gewiß niemand als Musiker oder Buchhalter geboren worden. Von seiner Essenz her ist niemand reicher oder ärmer als ein anderer Mensch, aber dennoch gründen wir unsere Vorstellungen, wer wir sind – und folglich, wie wir das Leben sehen, wie wir uns verhalten, und was unsere Wertvorstellungen sind – auf Konzepte wie gesellschaftliche Rollen, Beruf und Klassenzugehörigkeit, die wir als wahr erachten.

Sogar das Geschlecht ist ein Konzept. Wer weiß schon, wie die Erfahrung von „Männlichkeit" aussieht? Gibt es einen Unterschied zwischen dem, was ein Mann spürt und was eine Frau spürt? Wenn Sie Ihre Augen schließen und Ihren Körper wahrnehmen, spüren Sie dann Ihr Geschlecht? Vielmehr nehmen Sie bestimmte Empfindungen wahr, die fließend sind und in Mustern aufsteigen und vergehen.

Wer weiß, ob der Schneider anders fühlt als der Chirurg, aber diese Rollen, diese Positionen im Leben führen zu großen Unterschieden hinsichtlich der Lebenseinstellung, des Wertverständnisses, der Zusammensetzung des Freundeskreises oder der Besonderheiten der Ehegemeinschaft.

Auch der Körper selbst ist ein Konzept, erleben wir doch nie eine Hand oder einen Fuß oder den Kopf als solchen.

Statt dessen erleben wir unterschiedliche Empfindungen: Mal ist es Druck, mal ist es Schwingung, mal ist es Hitze, Kälte, Schmerz, Enge, Erregung oder ein Summen.

Die Sucht nach dem Selbst

Wir stufen diese Erfahrungen automatisch als angenehm, unangenehm, neutral, wünschenswert, nicht wünschenswert, wert, dass man über sie spricht, mit der Notwendigkeit verbunden, darüber zu schweigen, und so weiter ein. Uns wird nicht bewußt, dass wir in jedem Moment willkürlich unsere eigene Persönlichkeit und die Person, die wir glauben zu sein, erschaffen. Wir werden sogar süchtig danach, uns selbst als das anzusehen, was wir aufgrund unseres Repertoirs an Erfahrungen aus der Vergangenheit glauben zu sein.

Mit anderen Worten, wir erschaffen uns ein Bild von uns selbst, das sich aus tatsächlichen Erfahrungen ableitet, und wir versehen dieses Bild, diese Ansammlung von Konzepten, mit einer Art Realität. Wir glauben, dass wir tatsächlich diesen Konzepten entsprechen. Wir machen uns selbst zu einem festgelegten Geschehen, zu einem Ding, zu etwas Solidem. Wir machen uns zu etwas, von dem wir hoffen, dass wir uns darauf verlassen können, bei dem wir darauf vertrauen können, dass es immer gleich bleibt; dass es da ist, wenn wir es brauchen, dass es uns vor Unsicherheit beschützt, und dass es ausschlaggebend für unsere Fähigkeit ist, uns selbst dahingehend zu täuschen, dass das, was wir für real halten, tatsächlich wahr ist. Kurz gesagt, wir werden aus Angst süchtig nach dem Konzept des Selbst, und wir weigern uns, die Möglichkeit zu akzeptieren, dass das Selbst eine Illusion sein könnte. Rumi sagt:

Gib dir selbst einen Kuss.
Wenn du in China lebst, dann schau nicht irgendwo anders hin.
Nicht nach Tibet oder der Mongolei.
Wenn du den Wunderschönen umarmen willst,

Dann halte dich selbst fest im Arm.

Wenn du den Geliebten küsst,
dann berühre deine eigenen Lippen mit deinen Fingern.
Die Schönheit eines jeden Mannes und einer jeden Frau
ist deine eigene Schönheit.

Die Wirrnis deiner Haare
macht das manchmal schwer verständlich.

Ein Maler kommt, um dich abzubilden,
und steht mit offenem Munde da.

Robert Hall

Deine Liebe offenbart deine Schönheit,
aber alle Schichten würden verschwinden,
würde auch nur einen Moment lang dein Zurückhalten
dem Sich-Ausgebenden gegenüber sitzen und fragen:
„Du, wer bist du?"
Damit
gibt dir Shams' lebensveränderndes Gesicht*
einen Wink.

Aus: *Like This***

Das Konzept des individuellen Selbst oder „Ich" ist die Wurzel, der alle anderen Konzepte in unserem Leben entspringen. Wenn Sie das menschliche Leben sehr sorgfältig erkunden, indem Sie der Erfahrung von Moment zu Moment sorgsame, anhaltende Aufmerksamkeit entgegenbringen (was definitiv ein wissenschaftlicher und direkter Weg ist, um das Leben zu studieren, nämlich durch Beobachtung aus erster Hand), dann werden Sie keinen Beweis für die Existenz eines eigenständigen, von allem anderen getrennt bestehenden Selbst finden. Es gibt lediglich einen fortlaufenden Prozess sich verändernder Phänomene, die aus dem Nichts auftauchen und wieder im Nichts verschwinden. Phänomene sind anscheinend Gedanken, Gefühle und Empfindungen verschiedenster Art. Wir erleben auch bestimmte Gefühlslagen und Stimmungen, wie zum Beispiel Empathie, Ehrfurcht, Verehrung, Mißtrauen und so weiter. Aber niemand hat jemals jemanden gefunden, der isoliert und abgetrennt vom Rest der Schöpfung existierte. Wir alle sind Teil eines großen Zusammenspiels von Bewegung, innerhalb dessen alles und jedes für sein Überleben von allem anderen abhängig ist.

Keine Basis

Folglich führt uns das zu einer Existenz, in der es keinerlei Sicherheit gibt. Es gibt nur eine fließende, sich ständig verändernde Energie. Daher gründet sich das menschliche Ego auf ein vollkommenes Missverständnis.

---

* Shams-i-Tabriz, die „Sonne von Täbris" war Rumis Lehrer
** Ins Deutsche übertragen nach der englischen Übersetzung von Coleman Barks

Die Sucht nach dem Selbst

Das Leben ist äußerst unsicher. Wir sind nicht, was wir zu sein glauben, und die Dinge sind nicht, wie sie scheinen. Wie erschreckend! Der Kaiser hat keine Kleider und der Himmel stürzt tatsächlich ein. Ist es da verwunderlich, dass wir uns eine falsche Realität zurechtbasteln und so leben, als ob sie wahr wäre?

Frühstück am frühen Morgen

Frühstück am frühen Morgen,
den Tod bei einer Schale süßem Reis betrachten.
Selbst nach so vielen Wintern
ist es schwer, die Nachricht aufzulöffeln,
und in sie hineinzubeißen, sie mit den Lippen zu umschlingen.

Wie kann es sein,
dass das, wovon wir ausgehen (niemand hat uns etwas anderes gesagt)
NICHT ist?
Gibt es wirklich keinen sicheren Ort,
keine atomwaffenfreie Zone
für diese Ansammlung
wechselnder Phänomene,
die, aus leerem kosmischem Schoß geboren,
dazu bestimmt sind, bald wieder zu verschwinden,
die nie Sicherheit gekannt haben,
und sich doch immer noch danach sehnen?

Ist es wirklich wahr? Ist es zu begreifen?
Was ist mit dem hohlen Gefühl
in meiner Magengrube
oder DER Magengrube oder irgendwo anders?

Wir wissen es nicht. Oder doch?
Frühstück am frühen Morgen –
durch den Tisch wegfallen
und durch den Stuhl,
und den Verdacht haben, dass es auch keinen Boden gibt.

Dieser menschliche Zustand (sich immer nach etwas zu sehnen, was nicht vorhanden ist) ist von Sorgen übervoll. Es sind immer Sorgen da, es ist immer Angst da. Alle haben Angst. Wir stehen auf keinem festen Fundament. Immer wieder verlieren wir den Boden unter den Füßen. Ein Erdbeben wäre das beste Beispiel, um unseren inneren Zustand zu beschreiben. Unsere Lebensaufgabe besteht darin, einen Weg zu finden, wie wir trotz dieser unmöglichen Bedingungen irgendwie leben können.

Wir müssen lernen, mit dieser ständigen Besorgnis umzugehen. Daher entwickeln wir eine Persönlichkeit und werden abhängig davon, jemand Besonderes zu sein; ein Mensch, der nicht sterben wird und der von Jahr zu Jahr derselbe bleibt. Eine Person, die in allen Phasen des Lebens derselbe alte Fred bleibt.

Um das jedoch zu erreichen, müssen wir irgendwie mit unseren Ängsten vor der Nicht-Existenz umgehen lernen. Und hier kommen die Süchte ins Spiel.

Süchte töten unser Bewußtsein von den Bedingungen ab, die uns erschrecken. Sie helfen uns, unsere Aufmerksamkeit von dem immer im Hintergrund lauernden Entsetzen vor der Unbeständigkeit und dem Tod abzulenken.

Wir glauben, dass wir unsere Süchte brauchen. Sie helfen uns, die Nacht zu überstehen. Die eine Sucht, die der Ursprung, sozusagen die Urgroßmutter aller Süchte ist, ist unsere Sucht nach der Vorstellung von einem eigenständigen Selbst oder „Ich". Wenn wir dieser Sucht verfallen, müssen wir ständig nach Wegen suchen, um die Wahrheit von uns fernzuhalten, denn diese Sucht verlangt ständig nach neuer Nahrung.

Sobald der Glaube an ein beständiges, unabhängiges Selbst einmal Risse bekommt und ins Schwanken gerät, beginnt die gesamte Persönlichkeit zu zerbröckeln. Unser Gefühl von der Person, die wir zu sein glaubten, wird zerstört. Wenn wir nicht irgendeine Art von grundlegender Arbeit geleistet haben, um mit einer derart erschütternden Realität umzugehen, dann können hierdurch leicht Wahnsinn, Psychosen, Selbstmord, Gewalt, Depression, Verzweiflung und alle möglichen anderen Schrecken ausgelöst werden.

Der Körper verfällt

Wie absolut schrecklich ist es
zu wissen, dass dieser Körper verfällt.
Es ist ein wirklicher Horror!
Zu sehen, dass die Haut, die einst selbstverständlich war,

jetzt dünn wird und sich nicht mehr selbst erhalten kann!
Was wird aus mir werden?
Es gibt keinen Weg, diese Grausamkeit zu stoppen.
Er ist geschwächt. Er verfällt. Er stirbt. Er verwest.
Es ist wahr.

Der Geist schlägt auf seine Wundenstiller ein:
„Ja, aber vielleicht soll es daran erinnern, loszulassen.
Der Verfall bedroht nichts Reales,
nur das zu häufig gebrauchte Bild von dir selbst.
Wer bist du überhaupt?
Nur eine Reihe von aufsteigenden Gedanken, Empfindungen,
und Tausende von leidenschaftlichen Sehnsüchten.
Das ist alles.
Also werde alt und stirb! Jeder tut das.
Du glaubst einfach nicht, dass dir das passieren wird!“
Schwacher Trost. Man sagt, dass im Loslassen
von all dem das wahre Glück läge.
Einfach lernen zu beobachten.
Ich hoffe es. Es scheint ohnehin
keine Wahl zu geben.
(Es muß eine Möglichkeit geben, beim Schreiben zu schreien.)

In Ordnung! Ich werde alt!
Verdammt! Wen interessiert das schon?
Ich werde einfach weiterhin
Leben aus dieser alten Form herauspressen
und sie dazu bringen, Glück zu suchen,
und alles zu fühlen und jeden zu lieben,
bis wirklich nichts mehr übrig ist-
Da! Ich hab's gesagt!
Aber ich muß es immer noch TUN!
Also würde ich besser einfach alt werden und viel lächeln.

Wenn uns also die Erkenntnis dämmert, dass die Dinge nicht so
sind, wie sie zu sein scheinen, dann beginnen wir, das gesamte
Geflecht unseres Lebens in Frage zu stellen, weil wir nicht länger
das falsche Spiel einer von allem getrennten Individualität aufrechterhalten können.

Robert Hall

Spirituelle Praxis

Dann wird uns allmählich bewußt, dass wir uns, um geistig gesund zu bleiben, auf unsere spirituelle Praxis verlassen müssen. Die spirituelle Praxis ist ein Gegenmittel gegen die Sucht. Spirituelle Praxis gründet sich auf ein Bewußtsein des Körpers, das die ewigen Ablenkungen und Vermeidungsstragien ersetzen kann, die durch die Sucht erzeugt werden. Sie hilft uns, die Realität zu akzeptieren. Sie hilft uns, damit aufzuhören, das Leben zurückzuweisen. Sie hilft uns zu lernen, uns selbst und andere zu lieben. Durch stetige spirituelle Praxis beginnen wir, uns für unser tägliches Leben zu interessieren und es wertzuschätzen. Wir können lernen, an unserem Leben teilzuhaben, indem wir uns bewußt sind, was hier von Moment zu Moment geschieht. Wie funktioniert das?

Die spirituelle Praxis ist eine Möglichkeit, um sich in die Gegenwart hinein zu entspannen. Unser unaufhörliches Denken zieht für gewöhnlich unsere Aufmerksamkeit in die Zukunft oder in die Vergangenheit. Nur wenn es Lücken im diskursiven Denken gibt, erlauben wir unserer Aufmerksamkeit in der Jetzt-Zeit zu ruhen. Zu allen anderen Zeiten projizieren wir unsere Aufmerksamkeit in Phantasien von der Zukunft oder Erinnerungen an die Vergangenheit hinein. Wenn das passiert, dann sind wir wie eine Welle im Ozean, der nicht bewußt ist, dass sie aus Wasser besteht, und die danach strebt, ein Vogel zu sein. Einen so großen Teil unserer wachen Zeit verbringen wir damit, nicht in der Gegenwart zu sein, dass wir unsere Existenz ganz und gar mit diesen Gedanken identifizieren. Nur selten nehmen wir unser Leben als verkörperte energetische Form wahr. Diese Art des Gewahrseins ist nur möglich, wenn wir uns für die Gegenwart öffnen. Kabir sagt:

Freund, hoffe auf den Gast, solange du lebst.
Springe in die Erfahrung hinein, solange du lebst!
Denke ... und denke ... solange du lebst.
Was du „Rettung" nennst, gehört zu der Zeit vor dem Tod.
Wenn du deine Fesseln nicht durchbrichst, solange du lebst,
glaubst du, dann werden es die Geister danach tun?
Kabir sagt dies: Wenn der Gast
gesucht wird,
dann ist es die Intensität der Sehnsucht nach dem Gast,
welche die ganze Arbeit tut.

Die Sucht nach dem Selbst

Sieh mich an, und du wirst
einen Sklaven dieser Intensität sehen.

Aus: *The Kabir Book*
nach der Fassung von Robert Bly

Bei der spirituellen Praxis geht es um diese Arbeit, bei der man sich ständig der Lebensprozesse bewußt ist, indem man dem Fluß und der Bewegung von Empfindungen und Phänomenen des körperlichen Lebens sorgfältige Aufmerksamkeit entgegenbringt, wenn sie auftauchen. Dieses Bewußtsein ist unbelastet von Meinungen oder Urteilen über die Erfahrungen selbst. Es ist eine Aufmerksamkeit, die direkt, klar, einfach und ohne irgendeinen Plan ist. Aufmerksamkeit um der Aufmerksamkeit willen. Sich die Zeit zu nehmen, mit dem zu sein, was ist. Den Augenblick nicht zu irgend etwas anderem machen zu wollen, als er ist.

Meditation ist ein Weg, um diese Art von Bewußtheit oder Gewahrsein zu üben. Sie beinhaltet, dass man sich bewußt Zeit außerhalb der alltäglichen Aktivitäten nimmt, um sich hinzusetzen, ruhig zu sein und seine unvoreingenommene Aufmerksamkeit dem zu widmen, was immer im Leben von Körper und Geist auftaucht. Dies regelmäßig einfach aus dem Grunde zu tun, um etwas über die eigene Existenz zu lernen, erfordert ein hohes Maß an persönlicher Disziplin und Engagement. Regelmäßige Praxis ist notwendig, denn sonst werden sich die entsprechenden Fähigkeiten nicht entwickeln. Wenn wir eine regelmäßige Praxis aufrecht-erhalten, dann wird das Resultat die Fähigkeit sein, unsere Aufmerksamkeit nach innen zu richten und uns bis ins kleinste Detail des Lebens der Gefühle, Gedanken, Emotionen, Wahrnehmungen, Vorstellungen und Freuden bewußt zu werden – solange, bis der Moment selbst stillsteht. Mit anderen Worten: Es ist möglich, etwas über sich selbst zu lernen und sich auf einer sehr tiefen Ebene kennenzulernen.

Wenn wir unsere eigene Existenz auf diese Weise erforschen, dann wird das wahre Wesen des Selbst offensichtlich. Was wir als unsere eigene Person definieren, das Ich, auf das sich jeder von uns bezieht, wenn wir auf unsere Brust deuten, ist in keiner Weise ein festgelegtes Geschehen mit eigener Existenz. Es gibt kein stabiles „Ich". Es gibt keine Person, die einen Körper bewohnt. Es gibt niemanden, der sagen kann: „Ich beginne hier und ich ende dort."

Wir sind lediglich ein Prozess, eine Welle, die aus dem Ozean der Zeit aufsteigt, eine Bewegung von Bioenergie in der Zeit, eine unaufhörliche Geistesströmung, die in diesem Augenblick körperliche Gestalt annimmt und im nächsten auf subtile Weise ihre Form verändert.

Vor Adam

Vor Adam gab es den Ort, von dem wir stammen,
unsere Heimat,
vor jeglicher Aufmerksamkeit, vor den Felsen und dem Moos.
Ein Ort ohne Worte, ja, eigentlich gar kein Ort.
War vor Adam die Sonne da?
Ein riesiges Auge, das nicht blinzelt,
das seinen heißen Blick auf das erste Molekül richtet,
aus dem geschaffen, was zur Verfügung steht,
vielleicht ist es Licht, vielleicht Klang, vielleicht der Wunsch an
sich.

So ist es. Es gibt nichts Festes und Dauerhaftes auf dieser Welt. Jegliche Materie besteht aus Mustern von auftauchenden Dingen, die im Raum als Formen erscheinen. Mit anderen Worten, wir wissen nicht, was irgend etwas wirklich ist. Nichts … nichts … nichts. Wir wissen nichts. Der Jemand, der wir süchtig sind zu sein, ist ein imaginärer Spielgefährte, den wir geschaffen haben, um an den Aktivitäten der Welt teilzunehmen. Er ist unser Versuch, Gott oder den Dharma oder das Sosein zu manifestieren.

Es ist sicherlich nichts verkehrt daran, ein Jemand zu sein. Ja, es ist sogar notwendig, wenn wir überhaupt am Leben teilhaben wollen. Ein Problem taucht erst dann auf, wenn wir beginnen zu erwachen und darauf beharren, uns an diesen Spielgefährten zu klammern, so als ob wir ihn überall mit hinnehmen könnten. Der Haken dabei ist, dass wir auf der spirituellen Reise dorthin gehen müssen, wohin uns niemand begleiten kann, ja nicht einmal unsere Vorstellungen vom Ich. Wir erwachen zu unserem wahren Wesen, indem wir alles andere hinter uns lassen. Alle Konzepte, denen wir Leben und Sinn eingehaucht haben, sind nutzlos, wenn wir in das Unbekannte vordringen. Wir können sie nicht mitnehmen. Alles muß so ablaufen, wie bei einem endgültigen Ausverkauf. Alles muß über Bord geworfen werden, auch, und vielleicht sogar vor allen anderen

Dingen, unsere Vorstellung davon, wer oder was wir sind. Die spirituelle Reise ist ein Schritt in das ständig Neue, ein unaufhörliches Sich-Öffnen für das Ungeformte.

In dem Augenblick, wo wir anfangen, Aussagen darüber zu machen (wie diese zum Beispiel), gleiten wir sofort in unser gewöhnliches Leben zurück, wo wir unsere Trennung vom Göttlichen erleben, ebenso wie unsere ewige Sehnsucht nach Freiheit und das Leiden des verlorenen Kindes, das noch nicht nach Hause zurückgekehrt ist.

In der Welt erkennen alle
Schönes als schön.
Schon gibt es Häßliches.
Alle erkennen, was taugt.
So gibt es Untaugliches.

Dass Fülle und Leere einander erschaffen,
schwer und leicht einander erzeugen,
lang und kurz einander bilden,
hoch und tief einander erfüllen,
Töne und Stimmen einander ergänzen,
vorher und nachher aufeinander folgen,
ist stetig.

Gerade daher
verweilt der Heilige beim Geschäft des Nicht-Handeln,
und betreibt die Lehre des Nicht-Reden.

Die zehntausend Dinge –
er bringt sie in Gang und fängt sie nicht an,
er führt sie aus und hängt nicht daran,
Er bringt sie zum Erfolg und hat seinen Platz
nicht bei ihnen.

Nun,
allein indem er seinen Platz nicht bei ihnen hat,
gerade daher verlassen sie ihn nicht.

Tao Te Ching, 46 [2]
(Hrsg. Von H.-G. Möller, Fischer TB, Fft. 1995, S. 149)

Robert Hall

Rückzug vom Selbst

Zu Beginn der spirituellen Praxis ist eine aufrichtige Erforschung unserer wahren Natur nicht ohne Gefahren. Die Wahrheit zu entdecken, kann die Gesundheit gefährden. Wir sind süchtig danach, uns ein bestimmtes Bild von uns selbst zu machen. Aber wenn wir in Berührung mit der Wahrheit kommen und als Folge davon dieses Bild zu verschwimmen und zu wackeln beginnt, dann könnte es sein, dass wir verstörende Entzugssymptome entwickeln. Wenn ein Süchtiger aufhört, sich die Substanz, nach der er süchtig ist, zuzuführen, dann werden Körper und Geist mit Protest gegen dermaßen radikale Veränderungen reagieren. Das gleiche gilt, wenn wir versuchen, uns von einer illusorischen Vorstellung davon, wer wir sind, zurückzuziehen.Hier einige Beispiele für Entzugserscheinungen, die Ihnen vertraut vorkommen könnten:

- Ihr Körper beginnt sich anzufühlen, als würde er nicht zu Ihnen gehören. Vielleicht fühlen Sie sich ein wenig krank, etwa in Form einer milden, andauernden Übelkeit.
- Sie nehmen eine ständige, untergründige Angst wahr.
- Sie versuchen, positiv zu denken, glückliche Gedanken zu haben, aber Sie verlieren immer wieder den Mut. Alles, was Sie unternehmen, um diese Gefühle zu ändern, gelingt nicht wirklich. Es gibt ein untergründiges Gefühl von großer Angst, das immer präsent ist.
- Vielleicht fühlen Sie einen ständigen beengenden Druck in Ihrem Kopf, Ihrer Brust oder Ihrem Unterleib, der an Schmerz grenzt
- Sie lächeln andere Menschen an und versuchen, freundlich zu sein, aber Sie wissen, dass nur Ihr Gesicht lächelt. Sie haben Angst, dass jedermann durch das Lächeln hindurch in Ihren Schmerz und Ihre Falschheit blicken könnte.
- Sie stellen fest, dass Sie an den Tod denken und sterben wollen, haben aber zu große Angst, um etwas dagegen zu tun.
- All Ihre Vergnügungen werden schal und hohl. Ihr Herz wird zu Stein, wenn Sie versuchen zu beten. Romantik hat einfach keinen Platz in Ihrem Leben. Vielleicht haben Sie zwanghaft Sex, während Sie sich eigentlich nach Liebe sehnen.
- Vielleicht sehnen Sie sich intensiv nach Trost und Verständnis und verbringen viel Zeit damit, darüber nachzudenken, wer in

der Lage sein könnte, Ihnen zu helfen. Sie fühlen sich isoliert, verloren und allein. Sie haben das Gefühl, von jeder menschlichen Wärme abgeschnitten zu sein.

- Sie möchten weinen, aber die Tränen wollen nicht fließen … oder Sie brechen im Supermarkt zusammen. Sie wollen schreien, aber Ihre Stimme ist belegt und Ihre Kehle blockiert.
- Sie schämen sich dafür, dass Sie sich so schwach und bedürftig fühlen, und so entschuldigen Sie sich schließlich dafür, dass sie so sind, wie Sie sind.
- Mitten in der Unterhaltung mit Freunden wünschen Sie sich, wo anders zu sein, obwohl Sie die Person mögen, mit der Sie gerade sprechen.
- Sie wissen, dass Sie in Wirklichkeit Ihr ganzes Leben lang andere getäuscht und zum Narren gehalten haben und dass Sie eigentlich wertlos sind.
- Vielleicht fangen Sie an, sich um Ihre Gesundheit Sorgen zu machen. Bei einer ungewohnten Schwellung oder einem Hautauschlag sind Sie sofort überzeugt, dass es sich um Anzeichen irgendeiner schrecklichen Krankheit handelt.
- Ihr Rücken tut weh, Ihre Augen schmerzen, Ihr Zorn bricht sich in Wellen Bahn und droht, in den ungeeignetsten Momenten zu explodieren.
- Sie sehnen sich nach Berührung, möchten aber nicht, dass Sie irgend jemand berührt.
- Sie wissen, dass all Ihr Leiden selbst verursacht ist, aber Sie können es nicht stoppen. Das zu wissen, macht es nur noch schlimmer.
- Sie hassen es, wenn Ihnen jemand Ratschläge gibt, denn, was Sie eigentlich wollen und brauchen, ist Verständnis.
- Um drei Uhr morgens empfinden Sie eine tiefe Übelkeit in Ihrer Magengrube; Sie liegen in Fötalposition im Bett und zittern unkontrolliert. Sie denken, dass sich das anfühlt wie Sterben, aber Sie hoffen, dass Sie jetzt nicht sterben werden, denn Sie wollen nicht alleine sterben.

Die alten Verhaltensweisen funktionieren nicht mehr. Man kann nirgendwo hinrennen, sich nirgendwo verstecken. Seltsamerweise sind all diese scheußlichen Entzugserscheinungen dennoch ein positives Zeichen. Das Heilmittel für den Schmerz liegt im Schmerz selbst. Die Sehnsucht ist im Grunde genommen das Gefühl des

Lebens selbst, das nach bewußter Verbindung mit allem, was ist, strebt. Es erfordert großen Mut, bereitwillig die Symptome von Trauer, Sehnsucht, Verzweiflung oder Angst auf sich zu nehmen und nicht vor ihnen wegzurennen. All diese Gefühle müssen im Körper als lebendige Erfahrung und nicht als Krankheit gespürt werden. Der Körper spürt sie unter Umständen als Schmerz; aber möglicherweise sind das die Geburtswehen eines größeren Lebens, das durch Sie geboren werden möchte.

Immer wieder einmal erinnern Sie sich daran, Ihre Aufmerksamkeit auf Ihre Atmung zu richten, oder das Lied eines Vogels weckt Ihre Aufmerksamkeit, oder Sie bemerken das Licht im Raum oder das Sonnenlicht auf dem Gras. Dann verändert sich etwas. Einen Moment lang erwachen Sie für die Gegenwart und freuen sich Ihres Lebens. Glück wird wieder einmal möglich. Schließlich bleibt nichts anderes mehr zu tun, als einfach zu atmen und den Atem tief im Innern zu spüren – wie er steigt und fällt, steigt und fällt. Vielleicht können Sie zwischen den Atemzügen spüren, wie lebendig sich zum Beispiel Ihre Beine anfühlen.

Die Wahrheit kann eine Befreiung sein, aber sie ist auch vernichtend, was wahrscheinlich genau der Grund dafür ist, dass sie befreit. Wenn man sie für bare Münze nimmt, dann ist die Wahrheit kompromißlos und wenig geeignet, Rücksicht auf irgend jemandes private Angelegenheiten zu nehmen. Die vergängliche Natur dieser Welt und die Unmöglichkeit eines dauerhaften, ewigen Glücks kann man nur gesenkten Hauptes anerkennen. Und danach? Vielleicht ein weiteres sich Verneigen.

Aber was ist mit der Liebe? Liebe in all ihren Formen scheint die einzige Befreiung von der Qual zu sein. Liebe. Geben wir die flüchtigen Dinge auf, aber nicht die Liebe! Nicht, weil sie uns befreien oder irgendwie besser machen würde, sondern einfach deshalb, weil Liebe die einzige Möglichkeit ist, das Leben erträglich zu machen.

Wer kann es sich leisten, sie zurückzuweisen? Es wäre besser, sie sich in jedem Moment zu wünschen. Liebe. Licht in eine dunkle Welt bringen. Das wird einfach ausreichen müssen, bis die Befreiung kommt. Und dann ist die Liebe vielleicht selbst die Befreiung. Das hoffe ich von ganzem Herzen.

Die Sucht nach dem Selbst

In der Stille des Herzens

Auf flammender Rute reitend,
die weder brennt noch Licht gibt,
weder auf- noch absteigt,
fiel ich in die unirdische Stille
des Herzens hinein,
wo sich nichts bewegt.
Von dort sind alle Wesen Variationen desselben,
und die Liebe des einen,
ist die Liebe aller.
Unwissenheit ist nicht erlaubt
(ja, eigentlich existiert sie nicht).

In der Stille des Herzens
werden wir alle erlöst,
und wir kennen die Wahrheit,
ohne zu fragen.
In der Stille des Herzens
sehen die Augen, ohne hinzuschauen.
Die Lippen sprechen, ohne sich zu bewegen,
und Freunde teilen miteinander, ohne wegzugehen.
Es gibt nichts, das sterben müßte
in der Stille des Herzens;
dort werde ich dir begegnen.

Anmerkung: Falls nicht anders vermerkt, stammen alle Gedichte von Robert Hall

Jack Kornfield

Als ich vierzehn Jahre alt war, gab mir meine Mutter ein Exemplar des Buches *Das Dritte Auge* mit den wilden, mystischen Erzählungen aus Tibet von T. Lobsang Rampa in die Hand. Ich war begeistert von diesem Buch, und Hermann Hesses

Siddharta, das wir auf der High School lasen, gefiel mir sogar noch besser. Ein in typischer Weise schmerzhaftes Familienleben und die Desillusionierung mit der intellektuellen und materialistischen Kultur, in der ich aufgewachsen war, brachten mich dazu, weiterführende Weisheit im Osten zu suchen.

In Dartmouth belegte ich als Hauptfach Asienstudien, und nach meinem Examen bat ich das Friedenskorps, mich in ein buddhistisches Land zu entsenden. Zu meinem Glück wurde ich in den Nordosten Thailands geschickt, wo sich viele bekannte Waldklöster befinden. Dort lernte ich meinen Lehrer Achaan Chah kennen. Ich studierte und praktizierte zunächst bei ihm und später bei dem Ehrwürdigen Mahasi Sayadaw. Diese beiden führenden Meister Thailands bzw. Burmas waren grundlegend unterschiedlicher Ansicht darüber, was Erleuchtung sei und wie man dorthin gelangen könne. Für Achaan Chah ist Erleuchtung immanent; sie wird immer im Jetzt gefunden, wenn wir wirklich loslassen. Sie ist eine zeitlose Wahrheit und Weisheit unseres Herzens, der natürliche Zustand, unsere uns innewohnende Buddha-Natur. Für Mahasi Sayadaw bedeutet Erleuchtung Transzendenz und das Aufhören weltlicher Erfahrungen, was bei tiefen Meditationsretreats entstehen kann und die die Macht hat, unseren Glauben an ein eigenständiges „Ich" oder Selbst sowie unsere weltlichen Anhaftungen zu entwirren.

Zuerst waren diese Unterschiede verwirrend, aber jetzt verstehe ich, dass beide richtig sind. In mehr als dreißig Jahren Studium und

Praxis habe ich versucht, diese und andere Lehren zu würdigen, indem ich sie vollständig praktiziert und an andere weitergegeben habe. Als Psychologe, Haushaltsvorstand, Ehemann und Vater interessiere ich mich besonders dafür, wie wir das große Erwachen und Mitgefühl des Buddha inmitten unseres westlichen Lebens lebendig werden lassen können.

Respekt für die Elternschaft
Respekt für Kinder

So wie es eine ökologische Krise gibt – wir leiden unter Giftmüll, dem Ozonloch, der Abholzung von Wäldern und der Ausrottung von Tier- und Pflanzenarten – und Obdachlosigkeit und Hunger ebenfalls eine Krise verursachen, obwohl jeder hungernde Mensch für weniger als 10 Prozent der Summe ernährt werden könnte, die weltweit für Waffen ausgegeben wird, so gibt es auch eine Krise in der Erziehung und hinsichtlich der Rolle, die Eltern dabei spielen. Das ist der versteckte Preis, den wir für die moderne Konsumgesellschaft bezahlen. Dieser Verlust der Verbundenheit mit der Natur, dieser Verlust der dörflichen Gemeinschaft, dieser Verlust der Werte des Herzens, der für jene anderen Krisen verantwortlich ist, dieser Verlust schafft auch die Krise in der Erziehung.

An manchen Tagen finde ich es schrecklich, in den Supermarkt zu gehen. Da sehe ich dann einen zweijährigen Jungen, der neben seinem Vater oder seiner Mutter hergeht und zufällig etwas umstößt. Sofort drehen sich die Eltern um, geben dem Kind eine Ohrfeige und schreien: "Untersteh' dich, das noch einmal zu machen!" Und das arme Kleinkind ist vollkommen erschüttert und versteht überhaupt nichts. „Was wollen die denn von mir?" fragt es sich. „Ich lerne doch gerade erst zu gehen. Es war ein Missgeschick." Genau in diesem Moment lernt das Kind, dass es böse ist, und es lernt auch, dass man, wenn einem etwas nicht paßt, jemand anderen schlägt. Oder manchmal gehe ich auf den Spielplatz und sehe Menschen Kinder auf eine Art behandeln, die mich erschaudern läßt. „Wenn du das noch einmal machst, dann werde ich…" schreien Vater oder Mutter und veranstalten eine Art Krieg mit den Kindern. Es ist nicht so, dass diese Eltern ihre Kinder nicht lieben würden, aber sie wissen sich nicht zu helfen. Häufig sind Mama und Papa müde. Sie haben drei Kinder und finanzielle Probleme, oder sie führen eine unglückliche Ehe oder sie haben nicht gut geschlafen. All diese Schwierigkeiten beeinflussen die Art und Weise, wie sie sich ihren Kindern gegenüber verhalten.

Selbst wenn Sie die eigentliche elterliche Erziehung nicht sehen, so können Sie doch ihre Auswirkungen auf die Kinder sehen. Ab und zu helfe ich in der Grundschulklasse meiner Tochter aus, wo nahezu die Hälfte der Kinder von alleinerziehenden Eltern betreut wird. Wenn ich im Klassenzimmer arbeite, dann sehe ich Kinder, die inmitten von Familienkrisen leben oder die hauptsächlich mit Fernsehen und „Junk Food" aufwachsen. Man kann ihren Schmerz, ihre Ängste, ihre Verwirrung und ihre Selbstzweifel spüren.

Das andere Extrem stellt eine Reihe von Kindern dar, die unter dem „zur-Eile-angetriebenen-Kind-Syndrom" leiden. Das sind die Kinder, deren Eltern schon vor dem Kindergarten Druck auf sie ausüben, damit sie erfolgreich werden, dass sie bereits mit acht Jahren einen Arzt aufsuchen müssen, weil sie unter Stress-Symptomen, Erschöpfung und der Angst leiden, es später einmal nicht auf eine Eliteuniversität zu schaffen. Für ehrgeizige Eltern werben Babyzeitschriften mit Leselernkarten für Säuglinge und Lehrmaterialien für Kinder im Mutterleib.

Aber man wage es ja nicht, Eltern im Supermarkt oder auf dem Spielplatz auf die Behandlung ihrer Kinder ansprechen, ja, nicht einmal mit den Eltern der Klassenkameraden der eigenen Kinder darüber zu reden. Ich habe festgestellt, dass es ein größeres Tabu in bezug darauf gibt, Kommentare dazu abzugeben, wie Eltern ihre Kinder behandeln, als sie über ihr Sexualleben oder ihr Einkommen zu befragen. Es ist so, als ob Kinder Besitztümer wären und viele Eltern glaubten: „Ich kann mit meinem Besitz tun, was immer ich für richtig halte." Und dennoch leiden die meisten Eltern gleichzeitig unter massiven Schuldgefühlen, Sorgen, Schmerzen und Ängsten: „Mache ich es richtig, mache ich es falsch?"

Als Eltern wiederholen wir normalerweise das, was uns selbst angetan wurde. Wir handeln so, wie wir von unseren eigenen Eltern und der uns umgebenden herkömmlichen Kultur geprägt wurden. Unsere Kindererziehung läuft vollautomatisch ab, sofern wir nicht bewußt einen anderen Weg wählen.

Kinder in der Gemeinschaft erziehen

Die postindustrielle Kultur unseres Landes hat uns vor die Aufgabe gestellt, unsere Kinder außerhalb einer Gemeinschaft von Nachbarn und Älteren zu erziehen. Es sind nicht mehr viele Großeltern verfügbar – entweder leben sie woanders oder sie arbeiten, wie auch die meisten Eltern, im Büro oder in der Fabrik. Es stehen auch nicht viele Onkel und Tanten zur Verfügung, die sich um die Kinder kümmern könnten, wenn die Eltern überlastet sind, oder die die Teenager ins Erwachsenenleben einführen (damit diese ihre Initiation nicht auf der Straße suchen müssen) und die ihnen helfen herauszufinden, was es heißt, ein erwachsener Mann oder eine erwachsene Frau zu sein und zu einem produktiven Mitglied der Gemeinschaft zu werden. Es gibt keine Gemeinschaft älterer Menschen mehr, von denen wir Geschichten hören und Praktiken erlernen könnten, um unsere Verbindung mit unserem menschlichen Erbe, unseren Instinkten und unserem Herzen aufrecht zu erhalten.

Anstatt Dorfälteste zu befragen, haben sich amerikanische Eltern den verschiedensten „Experten" und den von Ihnen ausgebrüteten Marotten und Theorien zugewandt. So hatte in den zwanziger Jahren eine einflußreiche Schule der Kinderpsychologie den Eltern tatsächlich weisgemacht, dass es schlecht sei, ihre Kinder zu berühren. Noch einige Jahrzehnte später lasen Eltern überall in den Vereinigten Staaten Bücher, in denen darauf bestanden wurde, dass man Säuglinge alle paar Stunden mit der Flasche (nicht mit der Brust) füttern sollte, und dass man sie nicht aufnehmen dürfe, wenn sie schrien, sondern sie sich einfach „ausschreien" lassen sollte.

In anderen Kulturen hingegen weiß man, dass Kinder, wenn sie schreien, dies aus einem bestimmten Grund tun. Man weiß, dass man sie dann aufnehmen und füttern, im Arm halten und trösten sollte. Man muß wirklich gegen sich selbst ankämpfen, um einen weinenden Säugling nicht auf den Arm zu nehmen. In einigen Kulturen haben Kinder ständigen Körperkontakt und sitzen immer bei irgend jemandem auf dem Schoß. Kinder werden geschätzt und geliebt, und sie werden in alle Familienaktivitäten einbezogen – in die Arbeit, in Zeremonien, in Feiern – es gibt immer einen Platz für sie.

Wenn Kinder auf diese Weise geschätzt werden, dann profitiert die gesamte Gesellschaft davon. Aus einer solchen Einstellung heraus lebt ein Stamm in Afrika, dessen Mitglieder den Geburtstag eines

Kindes von dem Tag an zählen, an dem das Kind als Gedanke im Geist der Mutter aufgetaucht ist. An jenem Tag geht eine Frau nach draußen; sie setzt sich unter einen Baum, lauscht in Stille und wartet, bis sie das Lied ihres Kindes hören kann. Wenn sie das Lied gehört hat, dann kehrt sie in ihr Dorf zurück und bringt es dem Mann bei, den sie als den Vater des Kindes ins Auge gefaßt hat, so dass sie dieses Lied singen können, wenn sie sich lieben, und ihr Kind einladen können mitzumachen. Die werdende Mutter singt dann dieses Lied dem Kind in ihrem Leib vor, und sie bringt es auch den Hebammen bei, die es singen, wenn das Kind geboren wird. Und alle Dorfbewohner lernen das Lied des Kindes, damit sie es, wann immer es weint oder sich verletzt, hochnehmen können, es in ihren Armen halten und ihm das Lied singen können. Das Lied wird auch gesungen, wenn der junge Mann oder die junge Frau durch einen Übergangsritus hindurchgehen, wenn er oder sie heiratet, und dann zum letzten Mal, wenn er oder sie stirbt.

Was für eine schöne Art und Weise, wie Menschen anderen Menschen zuhören und sie trösten können! Das ist der Geist bewußter Elternschaft, dem Lied des Kindes zu lauschen, das einem gegenübersteht, und ihm sein eigenes Lied vorzusingen. Wenn ein Kind weint, dann müssen wir fragen, warum dieses Kind das Lied des Weinens singt und welchen Schmerz oder welche Frustration es empfindet.

Kinder mit einem „inneren Loch"

Dennoch scheint uns unsere Kultur häufig zu vermitteln, dass wir unsere Instinkte ignorieren, unserer Intuition mißtrauen sollen. Die Folge davon ist, dass viele der in unserer Gesellschaft aufgewachsenen Kinder niemals eine Bindung zu einem Erwachsenen erlebt haben. Einer der schmerzlichsten Kommentare über das, was wir kollektiv mit unseren Kindern machen, stammt von John Gatto anläßlich seiner Ernennung zum Lehrer des Jahres für die Stadt New York. Bei der Verleihungszeremonie übte er, in Anwesenheit des Bürgermeisters, der Schulbehörde und Tausender von Eltern scharfe Kritik an seinen Zuhörern wegen des „Seelenmordes" an Millionen von schwarzen und Latino-Kindern. Er forderte sein Publikum heraus, sich die Auswirkungen der amerikanischen Kultur auf unsere Kinder anzuschauen:

Denken Sie an die Dinge, die uns als Nation umbringen: Drogen, hirnloses Konkurrenzdenken, Sex als Freizeitsport, die Pornographie der Gewalt, Glücksspiele, Alkohol und die schlimmste Pornographie von allen – ein Leben, das dem Kaufen von Dingen gewidmet ist, Anhäufung als Philosophie. All das sind die Süchte abhängiger Persönlichkeiten – und genau diese Dinge sind es, die unsere Art von Schulbildung in der nächsten Generation unvermeidlicherweise produzieren wird.

In den Medien sieht das amerikanische Durchschnittskind zahllose Morde, Gewaltakte und Werbespots: Es wird mit Gewalt und Materialismus konfrontiert. Wir füttern die nächste Generation mit genau demselben Leiden, das wir mit Hilfe unserer spirituellen Praxis zu überwinden suchen. Die Tatsache, dass wir die höchste Kindersterblichkeitsrate sämtlicher Industriestaaten und Millionen von „Schlüsselkindern" haben, zeigt, dass wir es aufgegeben haben, uns wirklich um unsere Kinder zu kümmern. Immer mehr Kinder wachsen in Kindertagesstätten und vor dem Fernseher auf. Wir werden schließlich eine neue Generation von Amerikanern haben, die dem Fernsehen oder (häufig brutalen) Videospielen stärker verbunden sind als anderen Menschen. Wir werden mehr Kriege von der Art des Golfkriegs haben und mehr Gewaltverbrechen als erfolgreiche Ehen. Da diese Kinder nicht genug Halt erfahren haben, als sie klein waren, da sie nicht genug geschätzt und geachtet wurden, da man ihnen nicht zugehört und keine Lieder vorgesungen hat, wachsen sie mit einem inneren Loch auf und haben kein wirkliches Empfinden dafür, was es bedeutet zu lieben. Sie verfügen über keine echte Fähigkeit, Nähe herzustellen und zuzulassen.

Als der Dalai Lama mit einer Gruppe westlicher Psychologen sprach, sagte er, er könne nicht verstehen, warum so viel über Selbsthaß und Gefühle von Wertlosigkeit gesprochen werde. Er war darüber so erstaunt, dass er im Raum herumging und jeden einzelnen fragte: „Empfinden Sie manchmal Selbsthaß und Wertlosigkeit?" „Ja." „Empfinden Sie das wirklich?" „Ja." Jeder einzelne im Raum nickte zustimmend. Er konnte es nicht glauben und er konnte nicht glauben, dass in unserer Kultur die Menschen hauptsächlich über ihre Schwierigkeiten mit ihren Eltern sprechen, anstatt ihre Eltern zu ehren.

Stellen Sie das den Geschichten über die gesunde Kindheit der Menschen zur Zeit des Buddha gegenüber. Der Buddha selbst wurde von der Schwester seiner Mutter aufgezogen, nachdem seine Mutter gestorben war, und man gab ihm all die Pflege, die Fürsorge, Aufmerksamkeit und den natürlichen Respekt, die jedes Kind benötigt. Später, als er dann sein Heim verließ, um als Yogi zu praktizieren, besaß er genügend innere Stärke und Integrität, um sich sechs Jahren intensiver asketischer Praxis zu unterwerfen – er folgte jeder asketischen Praxis in dem Bemühen, sich von seinen Begierden und Ängsten zu befreien, seinen Zorn zu überwinden und Herrschaft über seinen Körper und Geist zu gewinnen. Die Härten dieses Lebens brachten ihn fast um, aber es gelang ihm trotzdem nicht, im Kampf gegen sich selbst erfolgreich zu sein.

Vollkommen erschöpft setzte er sich nieder, und es kam ihm eine Vision aus seiner Kindheit, die direkt auf den Pfad seiner Erleuchtung hinwies. Er erinnerte sich daran, wie er als kleiner Junge einmal im Garten seines Vaters unter einem Rosenapfelbaum gesessen hatte. Er erinnerte sich, dass er dort gesessen und ein Gefühl von Stille und Ganzheit erlebt hatte, einen Zustand großer Konzentration und wunderbaren Wohlbefindens. Daraufhin wurde ihm bewußt, dass er in seiner Praxis die falsche Richtung eingeschlagen hatte, und dass die Grundlage für ein spirituelles Leben das Wohlbefinden war – nicht der Kampf gegen den eigenen Körper, das eigene Herz und den eigenen Geist. Aus dieser großen Einsicht heraus entdeckte er den Mittleren Weg, der weder in Selbstverleugnung noch in Nachgiebigkeit besteht. Dann begann er, wieder Nahrung aufzunehmen und sich um sich selbst zu kümmern. Seine Stärke kehrte zurück, seine Visionen kehrten zurück, seine liebevolle Güte kehrte zurück, und schließlich wurde er erleuchtet.

Der Buddha kannte diese Vision des Wohlbefindens aus seiner Kindheit und konnte in seiner Praxis darauf zurückgreifen. Die meisten von uns haben jedoch als Kinder keine solchen Erfahrungen gemacht. Und so verbringen wir Jahre unserer spirituellen Praxis damit, uns mit Trauer und Gefühlen der Wertlosigkeit, mit Urteilen, Selbsthaß, Mißbrauch, Sucht und Wut zu befassen. Für Meditierende in unserer Kultur ist das normal. Natürlich bringt uns die spirituelle Praxis dazu, uns mit der tiefen Trauer, dem Leiden und dem Schmerz der Welt zu konfrontieren, aber für uns Amerikaner besteht ein Großteil unseres Schmerzes in einem Loch in unserer Seele, einem leeren Raum in uns selbst, der sich nach Verbundenheit sehnt und danach, Nähe und Liebe zu erleben. Wir alle sind damit in dem Maße konfrontiert, wie wir in unserer Kindheit einen Mangel an Wohlbefinden gekannt haben. In der nächsten Generation wird dieses Leiden sogar noch stärker um sich greifen, sofern es uns nicht gelingt, heilsame Weisheit in die Kindererziehung hineinzubringen.

Elternschaft als Praxis

Eltern zu sein, ist ein Werk der Liebe. Es ist ein Pfad des Dienens und der Hingabe, und wie die Praxis eines Buddha oder eines Boddhisattva erfordert er Geduld, Verständnis und eine ungeheure Opferbereitschaft. Es ist auch ein Weg, um uns wieder mit dem Geheimnis des Lebens und mit uns selbst zu verbinden.

Kleine Kinder haben dieses Gefühl für das Geheimnisvolle. Mit sieben Jahren ist meine Tochter Caroline gerade in dem Alter, in dem das Gefühl für das Geheimnisvolle schwächer wird. Letztes Jahr Weihnachten verkündete sie: „Ich glaube nicht mehr an den Weihnachtsmann. Meine Freundinnen haben mich aufgeklärt. Außerdem sehe ich nicht, wie er in unseren Kamin passen könnte. Er ist zu groß."

In ihrem Alter fängt sie an, das Mysterium der Dinge gegen konkrete Erklärungen einzutauschen. Sie hat die meiste Zeit über in einer mythologischen, zeitlosen Welt gelebt, in der Rentiere fliegen und der Weihnachtsmann von irgendwoher auftaucht. Jetzt beginnt sie, das Maßband herbeizuholen und die Breite des Kamins zu messen.

Aber noch lange Zeit, nachdem sie sich als „zu alt" erklärt hat, um an den Weihnachtsmann zu glauben, wird es neue Mysterien geben. Jeder, der Kinder im Teenageralter hat, wird daran erinnert, dass niemand das Mysterium der Sexualität wirklich versteht. Teenager fragen einen nicht direkt danach, aber man kann fühlen, wie das Thema in der Luft liegt. Und während Teenager mit den Themen Liebe und Sexualität, Hormone und Scham klarzukommen versuchen, tun wir das ebenfalls. „Was hast du heute in der Schule gemacht?" fragt ein Vater seinen Sohn im Teenageralter. „Oh, wir haben Vorträge über Sex gehört," ist die Antwort. „Was hat man euch denn gesagt?" „Nun, zuerst hat uns ein Priester gesagt, warum wir keinen haben sollten. Dann hat uns ein Arzt gesagt, wie wir keinen haben sollten. Und schließlich hat uns der Rektor einen Vortrag darüber gehalten, wo wir keinen haben sollten."

Kinder geben uns die Gelegenheit aufzuwachen, damit wir uns selbst, unser Leben und das Mysterium um uns herum mit neuer

Bewußtheit betrachten. Nehmen wir einmal an, wir schauen uns die Kindererziehung im Geiste von Buddhas Unterweisungen über Achtsamkeit an. Wir sind angehalten, unsere Aufmerksamkeit der Ein- und Ausatmung zuzuwenden und bewußt zu sein, wenn wir aufstehen, uns vorbeugen, uns strecken oder uns vor- bzw. zurückbewegen. Man hält uns an, bewußt zu sein, wenn wir essen oder sitzen oder zur Toilette gehen; uns bewußt zu sein, wann der Geist eng, ängstlich oder in Aufruhr ist, und uns schließlich, während wir lernen loslassen, bewußt zu sein, wann der Geist ausgeglichen ist und Gleichmut, Verständnis und Frieden ausstrahlt. Um unser Gewahrsein weiterzuentwickeln, empfiehlt der Buddha, in Meditation zu sitzen und zu üben, indem wir die ganze Nacht lang aufrecht sitzen und die Krankheiten des Körpers oder des Alterns beobachten, indem wir eine liebevolle Empathie für das Leiden aller Wesen entwickeln und ihnen Weisheit und Mitgefühl entgegenbringen.

Nehmen wir einmal an, der Buddha würde Anweisungen geben, wie wir die Kindererziehung für unsere Praxis nutzen können. Die Lehre wäre ganz ähnlich: Seid in bezug auf den Körper deiner Kinder genauso achtsam wie in bezug auf deinen eigenen. Seid euch bewußt, wie sie gehen und essen und zur Toilette gehen. Und statt die ganze Nacht in Meditation zu sitzen, sitzt die ganze Nacht wach, wenn eure Kinder krank sind. Spürt, wann sie Angst haben und wann es an der Zeit ist, sie zu halten oder sie mit liebevoller Güte und Mitgefühl zu trösten. Erlernt Bewußtheit, Geduld und Hingabe. Seid euch eurer eigenen Reaktionen und eurer Gier bewußt. Lernt, immer wieder loszulassen, wenn sich eure Kinder verändern. Gebt großzügig an den Garten der nächsten Generation weiter, denn dieses Geben und diese Bewußtheit sind der Pfad des Erwachens.

Bewußte Elternschaft

Neben der Praxis der Achtsamkeit möchte ich Ihnen vier weitere Prinzipien der bewußten Elternschaft nennen: aufmerksames Zuhören, Achtung, Integrität und liebevolle Güte. Das Prinzip des aufmerksamen Zuhörens bedeutet, dem Tao der Jahreszeiten zuzuhören, unserer menschlichen Intuition, unseren Instinkten und unseren Kindern zu lauschen. Hier eine Geschichte über das Zuhören: Ein fünf Jahre alter Junge schaute sich während des Krieges am Persischen Golf zusammen mit seinem Vater die Nachrichten an. Der Junge stellte seinem Vater immer wieder Fragen: „Wie groß ist der

Krieg? Wann hat er angefangen? Was ist Krieg?" Der Vater versuchte zu erklären, warum Nationen in den Krieg zogen, warum einige Menschen meinten, dass Kriege notwendig seien und andere dachten, sie seien verkehrt. Aber der Junge stellte Abend für Abend immer wieder dieselben Fragen. Schließlich hörte der Vater, was der Sohn eigentlich fragen wollte. Er ließ den kleinen Jungen auf seinem Schoß sitzen und sagte: „Du mußt dir keine Sorgen machen. Wir sind hier sicher. Unser Haus wird nicht ausgebombt werden. Wir sind in Sicherheit und wir werden alles nur Menschenmögliche tun, um dafür zu sorgen, dass auch andere Familien sicher sind." Daraufhin war der kleine Junge zufrieden, denn genau das war die Zusicherung, um die sein Herz gebeten hatte.

Das ist das Prinzip des Zuhörens. Hören wir die Dinge, die unsere Kinder uns mitzuteilen versuchen? Es ist wie dem *Tao* zuzuhören. Wie lange sollten wir unsere Babys stillen, wie lange sollten wir unseren Teenagern erlauben, bei Verabredungen auszugehen – um diese Fragen zu beantworten, müssen wir den Rhythmen des Lebens lauschen und ihnen Aufmerksamkeit schenken. Genauso, wie wir lernen, uns unserer Ein- und Ausatmung bewußt zu werden, können wir lernen zu spüren, wie sehr unsere Kinder sich wünschen zu wachsen. Genauso, wie wir in der Meditation lernen, zu vertrauen und loszulassen, können wir lernen, Vertrauen in unsere Kinder zu entwickeln, so dass sie sich selbst vertrauen können.

Einige von uns sind verwirrt angesichts der Tatsache, dass Kinder sowohl Abhängigkeit als auch Unabhängigkeit benötigen, und statt ihnen zuzuhören, hetzen wir sie ungeduldig vorwärts. In einem Artikel über Abhängigkeit, der in Mothering, der Eltern-Zeitschrift, die ich am meisten respektiere, erschienen ist, schrieb Peggy O'Mara, die Herausgeberin:

Wir haben ein kulturelles Vorurteil gegen Abhängigkeit, gegen jegliche Emotion oder jegliches Verhalten, das Schwäche anzeigt. Das ist nirgendwo auf tragischere Weise offensichtlich als in der Art und Weise, wie wir unsere Kinder antreiben, über ihre Grenzen und Stundenpläne hinauszugehen. Wir zeigen, dass uns äußere Maßstäbe wichtiger sind als die innere Erfahrung, wenn wir unsere Kinder abstillen, anstatt darauf zu vertrauen, dass sie sich selbst abstillen werden; wenn wir darauf bestehen, dass unsere Kinder am Tisch sitzen und ihren Teller leer essen, anstatt darauf zu vertrauen, dass sie gut essen werden, wenn regelmäßig gesunde Nahrung bereitgestellt wird; und wenn wir sehr früh Toilettentraining mit ihnen anstellen, anstatt darauf zu vertrauen, dass sie lernen werden, die Toilette zu benutzen, wenn sie bereit dazu sind.

Es ist das Wesen des Kindes, abhängig zu sein, und es ist das Wesen der Abhängigkeit, dass man über sie hinauswächst. Abhängigkeit, Unsicherheit und Schwäche sind natürliche Zustände für ein Kind. Sie sind für uns alle manchmal natürliche Zustände, aber für Kinder, insbesondere für Kleinkinder, sind sie der vorherrschende Zustand, und sie werden über ihn hinauswachsen. Genauso, wie wir vom Krabbeln ins Laufen, vom Brabbeln ins Sprechen, von der Pubertät in die Sexualität hineinwachsen, so bewegen wir uns als Menschen von Schwäche zu Stärke, von Unsicherheit zu Meisterschaft. Wenn wir uns weigern, die Stufen vor der Meisterschaft anzuerkennen, dann lehren wir unsere Kinder, ihre Schwächen zu hassen und ihnen zu mißtrauen. Und wir schicken sie auf eine lebenslange Reise voller Konflikte – der Konflikte mit sich selbst, wobei äußere Maßstäbe verwendet werden, um eine innere Dualität zwischen dem zu schaffen, was ihre unmittelbare Erfahrung ist, und dem, wie sie sein sollte. Abhängigkeit zu mißbilligen, weil sie keine Unabhängigkeit ist, ist, wie den Winter zu mißbilligen, weil noch kein Frühling ist. Die Abhängigkeit erblüht in ihrer eigenen süßen Zeit zur Unabhängigkeit.

Wir müssen wieder lernen, mit Geduld und Achtsamkeit zuzuhören, denn das ist das Herzstück sowohl der Elternschaft als auch unserer spirituellen Praxis.

Ein zweites Prinzip für die Elternschaft ist Respekt. Alle Wesen auf der Erde – unsere Pflanzen, Kollegen, Geliebte, Kinder – gedeihen durch Respekt; sie blühen auf, wenn man ihnen Achtung entgegenbringt. Eine Geschichte: Eine Familie ließ sich zum Abendessen in einem Restaurant nieder. Die Kellnerin nahm die Bestellung bei den Erwachsenen auf und wendete sich dann dem siebenjährigen Jungen zu. „Was möchtest du haben?" fragte sie. Der Junge schaute sich schüchtern am Tisch um und sagte dann: „Ich hätte gerne einen Hot dog." „Nein", unterbrach die Mutter, „keinen Hot dog. Bringen Sie ihm Hackbraten mit Kartoffelbrei und Karotten." „Möchtest du Ketchup oder Senf auf deinem Hot dog?" „Ketchup," sagte er. „Kommt gleich," sagte sie, während sie sich auf den Weg in die

Küche machte. Es gab ein erstauntes Schweigen am Tisch. Schließlich schaute der Junge auf seine Familie und sagte: „Wißt ihr was? Sie denkt, es gibt mich wirklich."

Die Kraft dieser Art von Respekt in traditionellen Kulturen habe ich bei unserem Familienurlaub in Thailand und auf Bali erlebt. Meine Tochter Caroline lernte zwei Monate lang balinesischen Tanz bei einem wunderbaren Lehrer, und er schlug vor, eine Abschlussaufführung für sie in seiner Schule, die gleichzeitig sein Zuhause ist, zu veranstalten. Als wir ankamen, stellten sie eine Bühne auf, bereiteten die Musik vor und begannen dann, Caroline anzukleiden. Sie nahmen sich sehr viel Zeit, um eine Sechsjährige, deren Aufmerksamkeitsspanne etwa fünf Minuten beträgt, anzukleiden. Zuerst wickelten sie sie in einen Seidensarong und befestigten eine wunderschöne Kette um ihre Hüften. Dann wickelten sie bestickte Seide fünfzehnmal um ihre Brust. Sie legten ihr goldene Armbänder und Armreifen an. Sie arrangierten ihre Haare und steckten goldene Blumen hinein. Sie legten mehr Make-up auf, als eine Sechsjährige sich erträumen könnte. Ich saß da und wurde langsam ungeduldig, denn als stolzer Familienvater wollte ich Fotos machen. „Wann werden sie sie endlich angezogen haben und mit der Aufführung beginnen?" Dreißig Minuten, fünfundvierzig Minuten. Schließlich kam die Frau des Lehrers herbei. Sie nahm ihre eigene Goldkette ab und legte sie meiner Tochter um den Hals. Caroline war entzückt.

Als ich meine Ungeduld losließ, wurde mir bewußt, was da gerade Wundervolles vor sich ging. Auf Bali wird eine Tänzerin, egal, ob sie nun sechs oder sechsundzwanzig Jahre alt ist, gleichermaßen geehrt, und als Künstlerin, die nicht für das Publikum, sondern für die Götter tanzt, geachtet. Das Maß an Respekt, das Caroline als Künstlerin gegeben wurde, erlaubte es ihr, schön zu tanzen. Stellen Sie sich vor, wie Sie sich gefühlt hätten, wenn man Ihnen als Kind einen solchen Respekt hätte zukommen lassen. Wir müssen lernen, uns selbst und einander Respekt zu geben, und unsere Kinder zu schätzen, indem wir ihren Körper, ihre Gefühle und ihren Geist schätzen. Kinder mögen in dem begrenzt sein, was sie tun, aber ihr Geist ist es nicht.

Ein anderer Maßstab für Respekt besteht darin, die Grenzen und Begrenzungen festzusetzen, die unserem Kind angemessen sind. Als Eltern können wir auf eine respektvolle Weise Grenzen setzen, mit einem mitfühlenden „Nein" und einer Erklärung dafür, warum etwas nicht angemessen ist.

Manchmal, wenn wir als Kinder selbst keinen Respekt erfahren haben, kann es sein, dass wir ein derartiges Loch in unserem Geist haben, dass wir Therapie und spirituelle Praxis benötigen, um wieder heil und ganz zu werden. Es könnte sein, dass wir zuerst wieder Selbstrespekt erlernen müssen, bevor wir unsere Kinder mit Respekt behandeln oder ihnen Selbstachtung vermitteln können. Kinder sind sich bewußt, wie wir sie behandeln, aber sie sind sich auch bewußt, wie wir uns selbst und unseren Körper behandeln und wie wir unsere eigenen Gefühle achten. Ist es in Ordnung für uns zu weinen, einander zu berühren, traurig oder wütend zu sein?

Das bringt mich zu einem dritten Prinzip: Integrität. Kinder lernen über das Beispiel, das wir ihnen geben; darüber, wer wir sind und was wir tun. Sie beobachten uns und das, was wir durch die Art und Weise mitteilen, wie wir Auto fahren, über andere sprechen und Menschen auf der Straße behandeln. Noch eine Geschichte: Ein alter Seemann gab das Rauchen auf, als sein Lieblingspapagei einen chronischen Husten entwickelte. Er fürchtete, dass der Pfeifenrauch der Gesundheit seines Papageis schaden könnte. Er ließ den Vogel von einem Tierarzt untersuchen. Nach einer gründlichen Untersuchung schloß der Tierarzt, dass der Papagei keine Krankheit der Atemwege hatte. Er hatte lediglich den Husten seines Pfeife rauchenden Besitzers imitiert.

So lernen Kinder. Wir lehren sie durch unser Sein. Sind wir ruhig oder aufgewühlt, sind wir ungeduldig oder können wir verzeihen? Schüler fragten einmal den tibetischen Meister Kalu Rinpoche: „Zu welchem Zeitpunkt sollten wir unseren Kindern Meditation und spirituelle Praxis vermitteln?" Er sagte: „Woher wißt ihr, dass Ihr ihnen diese Dinge überhaupt vermitteln solltet? Macht euch nicht die Mühe. Was eure Kinder lernen müssen, ist das, was ihr darüber vermittelt, wer ihr seid. Wichtig ist nicht, dass ihr ihnen eine spirituelle Praxis mitgebt, sondern dass ihr eure eigene macht."

Aus einer ähnlichen Geisteshaltung heraus hat Dorothy Law Noble ein Gedicht geschrieben:

Kinder lernen durch Beispiele,
Kinder lernen, was sie leben.

Wenn Kinder mit Kritik leben,
lernen sie zu verurteilen.

Wenn Kinder mit Feindseligkeit leben,
lernen sie zu kämpfen.

Wenn Kinder mit Spott leben,
lernen sie, schüchtern zu sein.

Wenn Kinder mit Beschämung leben,
lernen sie, sich schuldig zu fühlen.

Wenn Kinder mit Toleranz leben,
lernen sie, geduldig zu sein.

Wenn Kinder mit Ermutigung leben,
lernen sie, Selbstvertrauen zu haben.

Wenn Kinder mit Lob leben,
lernen sie, Wertschätzung zu üben.

Wenn Kinder mit Fairness leben,
lernen sie, gerecht zu sein.

Wenn Kinder mit Akzeptanz und Freundschaft leben,
lernen sie, Liebe in dieser Welt zu finden.

Wenn wir unseren Kindern diese Art von Respekt und Integrität schenken wollen, dann müssen wir unser Tempo verlangsamen, uns Zeit für unsere Kinder nehmen und an ihrem schulischen Leben teilhaben. Wenn Sie kein eigenes Kind haben, dann freunden Sie sich mit dem Kind eines Nachbarn an oder helfen Sie den Kindern einer Flüchtlingsfamilie in Ihrer Gemeinde. Häufig meinen wir, dass wir zu beschäftigt seien oder dass wir länger arbeiten sollten, um mehr Geld zu verdienen – es herrscht ein großer sozialer Druck, zu arbeiten und etwas zu produzieren. Wir sollten darauf nicht hereinfallen! Nehmen wir uns die Zeit, um unsere Kinder zu erziehen, mit ihnen zu spielen und ihnen vorzulesen. Erlauben wir unseren Kindern, jedem von uns zu helfen, das Kind unserer Seele wiederzugewinnen.

Das letzte Prinzip der bewußten Kindererziehung ist die liebevolle Güte. Das zentrale Bild in Buddhas Lehre von der liebevollen Güte ist eine Mutter, die „ihr geliebtes Kind hält und beschützt." Entwickeln Sie liebevolle Güte für sich selbst, für Ihre Kinder und für alle Wesen auf der Welt.

Viele von uns versuchen, ihre Kinder mit Disziplin zu kontrollieren, indem sie sie beschämen, sie schlagen und ihnen Schuld zuweisen. Aber wenn wir uns zur Meditation hinsetzen, dann sehen wir, wieviel Schmerz solche Schuldzuweisungen in uns selbst verursachen. Wir finden sehr viel Verurteilung, Scham und Beschimpfung in uns selbst vor, wann immer wir versuchen, uns still hinzusetzen. Wie hart wir doch mit uns selbst umgehen! Wir wurden nicht mit dieser Härte geboren, sondern haben sie von unseren Eltern und der Schule gelernt. „Du kannst nicht gut malen", hat man so vielen von uns gesagt. Und so hörten wir auf, die wunderschönen Zeichnungen zu machen, zu denen jedes Kind fähig ist, und wir haben seit der dritten Klasse kein Bild mehr gemalt. Wie traurig ist es, wenn ein Kind, anstatt liebevolle Güte zu empfangen, herabgesetzt und beschämt wird.

Wir leben in einer Gesellschaft, die auf vielfache Weise vergessen hat, wie wir unsere Kinder lieben und unterstützen können, und die die grundlegenden Werte der Elternschaft verloren hat. Wie uns einige Kulturen der Dritten Welt vor Augen führen, brauchen wir nicht noch mehr Kindertagesstätten und noch mehr Geld, sondern wir müssen den Respekt, die Fürsorge und die Liebe für unsere Aufgabe als Eltern wiedergewinnen.

Elterliche Liebe versetzt uns immer wieder in Erstaunen. Wir alle haben Geschichten von Müttern und Vätern gehört, die Übermenschliches taten, um ihre Kinder zu retten. In der Zeitung habe ich von einer doppelseitig gelähmten Mutter gelesen, deren Tochter in einen Swimmingpool gefallen war. Die Mutter rollte ihren Rollstuhl in den Pool, packte irgendwie ihr Kind, zog es an die Seite des Pools und harrte dann Stunden dort aus, bis jemand kam, um beide herauszuholen.

Kinder können diese Art von Liebe in uns zum Vorschein bringen. Sie lehren uns, dass das, worauf es im Leben wirklich ankommt, die Liebe selbst ist. Wie Mutter Theresa sagte: „Wir können keine großen Dinge in diesem Leben tun, wir können lediglich kleine Dinge mit großer Liebe tun." Indem wir die Elternrolle für unsere eigenen Kinder und die Kinder um uns herum übernehmen, indem wir andere Eltern und unsere Schulen unterstützen, können wir diese Liebe zurückgewinnen oder wiederherstellen. Der Buddha hat uns gelehrt, dass die einzige Art und Weise, wie wir uns bei unseren

Respekt für die Elternschaft

Eltern und all den Generationen vor uns für das Gute, das sie für uns getan haben, revanchieren können, darin besteht, unseren Eltern, unseren Kindern und allem Leben den Dharma – was gleichbedeutend ist mit Respekt, Integrität, Bewußtheit, Wahrheit und liebevoller Güte – entgegenzubringen.

Wenn wir eine humane Gesellschaft sein wollen, dann müssen wir die Kinder nähren, die hungrig sind, den Kindern Kleidung geben, die frieren, und uns um all unsere Kinder mit Respekt, liebevoller Güte und Integrität kümmern. Wir müssen uns um jedes Kind so kümmern, als ob er oder sie ein Buddha wäre. Ich glaube, es war Ralph Waldo Emerson, der geschrieben hat:

> Die Welt ein bißchen besser gemacht zu haben,
> sei es durch ein gesundes Kind,
> ein Gartenstück,
> eine wieder gutgemachte soziale Notlage,
> zu wissen, dass wenigstens ein Leben leichter geatmet hat,
> weil du gelebt hast,
> das bedeutet, erfolgreich gewesen zu sein.

Anmerkung: Eine leicht geänderte Fassung dieses Beitrags ist in *Inquiring Mind*, Bd. 8, Nr. 2, Frühjahr 1992, erschienen.

MARY ORR

Die Ausübung einer spirituellen Praxis ist der Mittelpunkt meines Lebens gewesen, so lange ich zurückdenken kann. Ich wuchs als Katholikin auf, trat dann der Episkopalkirche bei und beschäftigte mich schließlich in Gruppen intensiv mit westlichen spirituellen Traditionen und Jungscher Psychologie. Im Jahre 1983 begann ich nach einem Besuch im Tassajara Zen-Zentrum mit der Sitzmeditation, und ein Jahr später begegnete ich Jack Kornfield, der mein erster Vipassana-Lehrer wurde. Ich habe dann einige Jahre lang mit Jack gearbeitet, und er hat mich als Lehrerin ausgebildet. Seit fünf Jahren unterrichte ich jetzt auf Retreats. Besonders habe ich mich davon angezogen gefühlt , in Gegenden zu lehren, wo nur wenige Dharmalehrer hinkamen. Ich bin weiterhin dabei, meine Vipassana-Praxis zu vertiefen und mein Leben so zu gestalten, dass mehr Zeit für eine sorgfältige und weise Lebensführung ebenso wie für die Meditationspraxis bleibt. Ich sehe auch Seine Heiligkeit den Vierzehnten Dalai Lama als einen meiner Hauptlehrer an und habe seine Unterweisungen besucht, wann immer mir das möglich war. Die Praxis hat mir in meinem Leben so viel Freude gebracht, dass ich mir nichts Besseres vorstellen kann, als andere darin zu unterstützen, ihr eigenes spirituelles Leben zu finden und zu vertiefen.

Vergebung

Heute abend möchte ich über Vergebung sprechen. Ich werde mit einem Gedicht von Rumi beginnen. Er sagt:

> Da draußen, jenseits der Vorstellung, Dinge richtig oder falsch zu machen,
> Liegt ein Feld. Dort werde ich dich treffen.
>
> Wenn die Seele in jenem Grase ruht,
> dann ist die Welt zu voll, um darüber zu reden.
>
> Vorstellungen, Sprache, ja selbst der Begriff „einander"
> sind sinnlos.
>
> Rumi: Offenes Geheimnis*

Und noch ein weiteres Zitat. Es stammt von Patrick Miller, der vor einiger Zeit ein Buch über Vergebung geschrieben hat. Er war sehr krank und litt unter einem chronischen Müdigkeitssyndrom. Er schrieb:

> Bevor ich krank wurde, dachte ich immer, dass anderen zu vergeben etwas sei, das man von Zeit zu Zeit ausübt, um jemanden die Gelegenheit zu geben, sich aus der Schlinge seiner Dummheit und Gemeinheit zu ziehen, und sich selbst ein flüchtiges Gefühl

* Ins Deutsche übertragen nach der englischen Übersetzung von Coleman Barks

153

von Wärme gegenüber der Menschheit insgesamt zu verschaffen. Inzwischen sehe ich es jedoch als eine kompromißlose Art zu leben an, die in offenem Widerspruch zu den am weitesten verbreiteten Überzeugungen und Glaubenssätzen dieser wirren, unruhigen Welt steht. Ich bin außerdem zu der Einsicht gelangt, dass der Mangel an der Bereitschaft zu vergeben Leute zu schlechten Menschen macht und jede Art von Verbrechen – vom persönlichen Vergehen bis hin zur globalen Kriminalität - hervorbringt und massenhaft verbreitet.

Patrick Miller, *A Little Book of Forgiveness*

Wir werden uns nun ansehen, was diese beiden Texte, das Gedicht und das Zitat, gemeinsam haben. Wie sieht die Beziehung aus zwischen der Vergebung und dem Zustand, in dem das Wort „einander" keinen Sinn ergibt?

Vergebung in Aktion

Wenn wir über Vergebung sprechen, dann tauchen viele Fragen auf. Wie vergebe ich? Was passiert mit meiner Wut? Kann ich wollen, dass sich jemand verändert und ihm oder ihr trotzdem vergeben? Ist das möglich? Oder übe ich Vergebung, um dadurch bestimmte Dinge zu verändern? Ist das Manipulation? Muß ich mich nicht auch selbst schützen? Wenn ich jemandem vergebe, bedeutet das dann, dass ich nicht mehr die Möglichkeit habe, mich zu schützen? Oder vielleicht kann ich zwar anderen, aber mir selbst nicht verzeihen und bin weiterhin wütend und verbittert angesichts der Dinge, die ich mir selbst angetan habe.

Viele von uns sind mit dem Satz „vergeben und vergessen" aufgewachsen. Man hat uns gesagt, wir sollten vergeben und dann den ganzen Vorfall vergessen. Aber heutzutage ist diese Auffassung nicht mehr sehr beliebt. Zum einen wissen wir, dass wir in einer Kultur leben, in der Verleugnung großgeschrieben wird, und zum anderen wissen wir auch, dass Verleugnung nicht funktioniert. Also würde „vergeben und vergessen" bedeuten, dass wir uns mit voller Wucht in die Verleugnung stürzen und so tun müßten, als ob nichts passiert wäre.

Vergebung

Im letzten Frühjahr bin ich nach Indien gereist, um einem Treffen westlicher Dharmalehrer mit dem Dalai Lama beizuwohnen. In seiner Gegenwart hatte ich das Gefühl, Vergebung in Aktion zu erleben. Jedesmal, wenn er über die kommunistischen Chinesen sprach, benutzte er Ausdrücke wie „meine Freunde, der Feind." Er sprach darüber, wie viel er von ihnen gelernt habe und wie dankbar er ihnen für die Lehren sei, die sie ihm sogar durch ihre unsäglichen Handlungen vermittelt hätten. In den Unterredungen zwischen ihm und uns als Gruppe von Lehrern sprachen wir auch über die ethischen Probleme, die sich im Zusammenhang mit Lehrern ergaben, welche ihre Macht, insbesondere in sexueller Hinsicht, mißbraucht hatten. Der Dalai Lama meinte, es sei ihm zugetragen worden, dass einige Lehrer, die er persönlich kannte, die Grenzen des Anstands überschritten hätten. Während er sprach, wurde deutlich, dass es sich dabei um Freunde handelte, um Menschen, die er liebte. Aber es war ebenfalls klar, dass er das deutliche Gefühl hatte, ihnen gegenüber sehr bestimmt auftreten zu müssen. Während ich ihn dabei beobachtete, wie er die Spannung zwischen Liebe und Entschlossenheit hielt, erkannte ich die tiefe Bedeutung für das Verständnis des Wesens von Vergebung, die darin lag.

Eines Tages erzählte uns seine Heiligkeit eine Geschichte über sein eigenes Leben. Er sprach darüber, wie wunderbar sein Leben gewesen sei, unmittelbar nachdem er Tibet im Jahre 1959 verlassen hatte, denn niemand wußte damals viel über ihn. Er war einfach nur dieser junge Dalai Lama und lebte jetzt als Flüchtling in Indien. Er hatte Zeit, zu praktizieren, Retreats zu machen und Unterweisungen von älteren Lamas entgegenzunehmen, und er war glücklich, sehr glücklich. Aber dann änderte sich die Situation natürlich, und er wurde bekannter. Es wurde offensichtlich, wie wichtig es für seine Leute war, dass er der Lehrer und Führer wurde, zu dem er dann später auch geworden ist. Er sagte: „Und so tat ich das. Ich sah, dass das wirklich wichtiger war." Beim Zuhören hatte ich das Gefühl, dass er seinen Leuten für dieses Bedürfnis vergab. Er war in der Lage, das größere Bild zu sehen – das Bedürfnis nach einer Führungspersönlichkeit –, und innerhalb jenes größeren Bildes ließ er seinen Wunsch los, ein einfacher Mönch zu sein.

Und wir, wie können wir in unserem eigenen Leben zu einem solchen Platz von Vergebung gelangen? Wie können wir das größere Bild sehen?

Mary Orr

Sich vollständig erinnern und vergeben

Erstens, wie können wir mehr über Vergebung lernen? Es ist ziemlich leicht, an alten Verletzungen festzuhalten und sie dafür zu benutzen, sich selbst zu definieren. „Ich bin so, weil meine Mutter dieses, meine Schwester jenes oder mein Vater ein drittes getan hat, und daher bin ich ein verletztes Wesen, und so bewege ich mich in dieser Welt." Damit will ich mich nicht respektlos gegenüber ernsten Verletzungen verhalten, denn sie bedürfen unserer Aufmerksamkeit und Liebe. Ich spreche vielmehr von den Fällen, wo wir uns an ihnen festhalten als etwas, das uns unwiderruflich formt. Oder manchmal klammern wir uns an sie, um uns selbst zu verteidigen. Ich erinnere mich ohne viel Begeisterung an eine Nacht, in der mein Mann und ich uns stritten, und ich mich nicht verstanden und sehr frustriert fühlte. Schließlich brüllte ich ihn an und schrie: „Deine Mutter hat dich gehalten und herumgetragen und viel mit dir herumgeschmust, während mich meine Mutter in meinem Bett alleingelassen hat, und deshalb ..." Heute kann ich nicht einmal mehr sagen, was das „deshalb" war, aber ich kann Ihnen sagen, dass ich die Wunde als Waffe eingesetzt habe.

Wir halten also an unseren Geschichten und unserer Wut fest. Und wenn wir das tun, dann scheint das zu bewirken, dass wir sie nicht so stark fühlen müssen. Wenn wir die Wunde wie einen schweren Knüppel einsetzen, dann

vermeiden wir, sie als einen wunden, empfindlichen Punkt zu fühlen; wir sind weniger exponiert. Aber noch schlimmer ist, dass wir uns jedesmal, wenn wir die Geschichte erzählen, erneut mit Haßgefühlen füllen. Auf diese Weise reissen wir die Wunde immer wieder auf und sorgen dafür, dass sie nicht heilt. Das tun wir nicht nur mit den Verletzungen, die uns andere zugefügt haben, sondern auch mit den Dingen, die wir an uns selbst nicht leiden mögen. Wir erzählen uns immer wieder dieselben Geschichten, wie unvollkommen wir doch sind.

Eine andere, sehr interessante Situation, bei der Vergebung eine heikle Angelegenheit ist, ergibt sich in der Nähe von Menschen, die andere mehr hassen, als wir es tun – den Eiferern und Menschen, die nicht verzeihen können, sowie denjenigen, die starrsinnig und rigide sind. Ihnen zu vergeben, fällt uns schwerer, als irgend jemand sonst.

Wenn wir glauben, dass Vergebung eigentlich Verleugnung bedeutet, und meinen, sie bestünde darin zu vergessen, was passiert ist, und so zu tun, als ob nichts geschehen sei, dann vergeben wir nicht wirklich. Wenn das unsere Vorstellung von Vergebung ist, dann können wir uns die Mühe genauso gut sparen. Patrick Miller schlägt vor, dass wir den Satz „erinnere dich vollständig und vergib" verwenden sollen. Jack Kornfield sagt: „Vergebung bedeutet, niemanden aus unserem Herzen ausschließen zu müssen." Das bedeutet keineswegs, dass wir unser Leben von den betreffenden Menschen beherrschen lassen müssen, sondern dass wir sie nicht von unserer Liebe und Fürsorge ausschließen.

Also ist es einerseits erforderlich, dass wir uns sehr klar und genau anschauen, was passiert ist, und zwar so tief und wahrhaftig wie wir nur können, und dass wir es andererseits unter erweitertem Blickwinkel betrachten. So sehen wir, was wirklich geschehen ist, egal ob sich der Vorfall nun vor langer Zeit oder erst kürzlich ereignet hat. Während wir das sehen, ist unsere Perspektive weit genug, dass wir genau wissen, was zu tun ist.

Manchmal ist es notwendig zu handeln. Manchmal müssen wir uns selbst schützen; manchmal müssen wir uns einer bestimmten Situation entziehen und sagen: „Ich kann nicht im selben Haus oder in derselben Stadt leben wie du. Ich muß mich auf diese Weise abgrenzen." Oder wir müssen dem anderen Menschen mit einer bestimmten Heftigkeit begegnen. Ich benutze den Begriff „Heftigkeit", um eine Unterscheidung zu der weiter verbreiteten Auffassung von Wut zu treffen, und auch zu einer alten, tiefen Wut voller Bitterkeit, die wie eine infizierte Wunde wirkt. Wie eine wilde Bärenmutter können wir darauf bestehen: „Du darfst das nicht mehr tun! Ich werde es nicht erlauben und da gibt es kein Pardon!" Ich glaube also, dass Vergebung auch derartige Reaktionen beinhalten kann, denn meiner Meinung nach ist es wichtig, Vergebung nicht mit dem Verlust klarer Grenzen zu verwechseln. Wir glauben manchmal, dass klare Grenzen zu setzen bedeute, dass wir unser Herz verschließen und nicht vergeben, aber das entspricht nicht den Tatsachen.

Eine größere Perspektive

Diese größere Perspektive erlaubt es uns, darüber hinaus noch mehr zu sehen. Wir sehen nicht einfach nur das Vorgefallene und wissen, was wir zu tun haben, sondern wir sind aus dieser weiteren Sicht heraus zudem in der Lage, auch die Situation der anderen und ihre Verwundungen zu sehen. Ich vermute, dass nahezu alle schwierigen Situationen deshalb entstehen, weil Menschen aus einer Verteidigungshaltung heraus agieren Sie glauben, sich verteidigen zu müssen, auch wenn sie sich darin vielleicht irren. Ich glaube ferner, dass ein großer Teil des defensiven Verhaltens unter Erwachsenen darauf zurückzuführen ist, dass die Menschen in einer schlimmen, von Gewalt geprägten Umgebung aufgewachsen sind, die ihr Bild von der Welt geprägt hat. Sie kennen keine andere Art zu sein. Wir stellen dies immer wieder im Fall von Kindesmissbrauch fest: Beinahe jeder Mensch, der andere missbraucht, ist früher selbst missbraucht worden. Aber was sie auch tun, die meisten Menschen handeln nach bestem Vermögen, und seien sie noch so schrecklich verblendet und verwirrt.

In der buddhistischen Welt gibt es Geschichten über Bodhisattvas – großen, überaus kraftvollen und freundlichen Wesen, die geloben, Leben für Leben zurückzukommen, um allen fühlenden Wesen zu helfen, erleuchtet zu werden. Das ist eine langfristige Verpflichtung, die Ewigkeiten währt. Jemand hat darauf hingewiesen, dass diese Verpflichtung verbindlicher sei als diejenige, die man mit einer Ehe eingeht, bei der man, wenn der andere Mensch stirbt oder sich von einem scheiden läßt, seine Freiheit zurückgewinnt. Die buddhistischen Schriften beschreiben einige Bodhisattvas, die so gewaltig sind, dass sie ganze Universen in ihrem Körper und eine Galaxie in ihrer hohlen Hand halten können. Das ist ein Bild dafür, welch ungeheure Weite möglich ist; wenn man selbst so groß ist, dann sind die Dinge nicht mehr einfach linear, und man sieht sie aus einer völlig anderen Perspektive.

Wenn wir unsere Existenz mit solchen Augen betrachten, dann nehmen wir wahr, dass die Ereignisse nicht in gerader Linie aufeinander folgen, sondern wir beginnen zu verstehen, dass sie Teil eines riesigen Netzes von Ereignissen sind, die auf unglaubliche Weise miteinander verknüpft sind – was es schwer macht zu bestimmen, was ein bestimmtes Geschehen verursacht hat. Selbst wenn wir nicht daran glauben, dass jeder von uns viele Leben hat – und viele Menschen tun das nicht –, so sind wir uns dennoch einer ganzen Reihe von kulturellen, historischen und geographischen Einflüssen bewußt, die auf das jeweilige Ereignis einwirken. Wir beginnen zu ahnen, wie stark wir mit allem anderen verbunden sind, ohne das wir es jedoch direkt sehen könnten. Wenn wir uns der Idee der Vergebung unter diesem Blickwinkel nähern, mit dieser unendlich weiten Perspektive, die das Geflecht der gegenseitigen Verbundenheit sieht, dann beginnen wir, auf ganz neue Art zu sehen. Uns wird klar, dass Vergebung viel mehr damit zu tun hat, auf diese Weise zu sehen, als damit, irgendwo hinzugelangen oder irgend etwas zu tun. Vergebung sieht das Geflecht der gegenseitigen Verbundenheit.

Innerhalb der christlichen Tradition sagt Jesus in den Evangelien nicht: „Ich vergebe euch", sondern „euch ist vergeben." Ich glaube, auch er hat diese weitere Perspektive eingenommen. Es gibt nichts, was wir erreichen oder erschaffen müßten; wir müssen lediglich sehen, dass es bereits vorhanden ist. Mit anderen Worten, es ist immer verfügbar. Aber ich glaube, es ist nicht so leicht, zu dieser größeren und weiteren Sichtweise zu gelangen und uns selbst oder anderen Wesen zu vergeben. Manchmal braucht es unendlich viele Jahre, um sich durch all die Verleugnung und Ablehnung hindurchzuarbeiten und alle – oder zumindest viele – der verdrängten Gefühle zu fühlen, und dann zu dieser größeren und weiteren Sicht der Dinge zu gelangen.

Unsere eigenen schwierigen Energien sehen

Wie gelangen wir also zu dieser weiteren Sichtweise? Viele von uns haben Schwierigkeiten mit sich selbst, und wir mögen es überhaupt nicht, uns mit den unangenehmen Aspekten unseres Wesens zu befassen. Vor etwa zwanzig Jahren war ich ziemlich krank. Die Diagnose lautete ‚systemischer Lupus'. Ich tat alles, was in einer solchen Situation üblich war. Damals lebte ich recht konventionell, also verbrachte ich viel Energie damit, zu westlichen Ärzten zu gehen, um eine Diagnose zu bekommen und herauszufinden, was ich tun könnte. Es war ein einfacher Fall, und man konnte nicht sehr viel tun. Schließlich sagte ein Nachbar: „Ich habe da einen Cousin, der interessante Dinge mit Ernährung und Reinkarnationstherapie macht. Vielleicht solltest du ihn einmal aufsuchen. „Nun", dachte ich, „an vergangene Leben glaube ich wirklich nicht – aber vielleicht hilft ja die Ernährung." Außerdem war ich es leid, krank zu sein, also ging ich hin.

Die Ernährungsweise, die er mir empfahl, war eine recht gesunde, normale Ernährung. Aber ich ließ auch eine Rückführung in vergangene Leben machen. Das Bild, das dabei auftauchte, stammte ganz und gar aus dem Bereich meines Schattens. Es war etwas, von dem ich mir beim besten Willen nicht vorstellen konnte, dass ich so etwas jemals tun würde. Es ging darum, dass ich etwa im zwölften Jahrhundert als Frau gelebt und einen Mann an die Obrigkeit verraten hatte, woraufhin er zum Tode verurteilt und hingerichtet wurde.

Ich hatte ihn sterben gesehen und ich hatte es genossen. Auch wenn ich mir so etwas nicht vorstellen konnte, half mir meine Jungsche Ausbildung zu begreifen, dass ich mir das ansehen und als einen Teil meines eigenen Wesens begreifen mußte. Es konnte sein, dass diese Energien tatsächlich immer noch vorhanden waren, selbst wenn ich sie bestimmt nicht als meine eigenen anerkennen wollte. Interessanterweise begann ich mich besser zu fühlen, während ich diese Arbeit tat, und wenn es auch eine Weile dauerte, so bildete sich meine Krankheit doch recht bald vollständig zurück.

Wir alle wissen, was passieren kann, wenn wir uns sehr schwierige Energien in uns selbst ansehen, Energien, zu denen wir uns nicht bekennen wollen. Wir brauchen diese Energien jedoch, wenn wir die schwere Arbeit der Vergebung leisten wollen. Wir müssen uns diesen dunklen Anteilen der Persönlichkeit mit demselben Interesse und derselben Neugier zuwenden, die wir während der Meditation dem Atem oder Knieschmerzen entgegenbringen. Wir müssen ihnen begegnen und herausfinden, was sie sind, wie sie entstanden sind, und was wir von ihnen lernen können. Denn wenn wir Menschen begegnen, deren Verhalten wir nicht mögen oder nicht billigen, dann lautet eine der nützlichsten Fragen: „Welche Anteile dieser Energie kenne ich bei mir selber?" Wenn ich aus eigener Erfahrung eine gewalttätige Energie kenne, dann ist die Wahrscheinlichkeit geringer, dass ich sie in einem unbewußten Moment ausagiere oder auf dieselbe Energie bei anderen überkritisch reagiere.

Wenn wir schwierige Energien bei uns selbst erforschen, dann können wir auch nachvollziehen, was in Menschen vor sich geht, die schlimme Dinge tun. Wir kennen einen kleinen Teil jener Verletztheit bei uns selbst. Das kann besonders dann interessant werden, wenn wir uns Menschen mit militanten Zügen anschauen, Menschen, die wir als Eiferer, Rassisten oder als extrem habgierig bezeichnen würden; Menschen, die in der Politik nur ihren eigenen Vorteil suchen, oder solche, die keinerlei Umweltbewußtsein haben – oder was immer wir sonst noch überhaupt nicht leiden können. Können wir uns einen solchen Menschen ansehen und dabei prüfen, welche seiner Energien wir bei uns selbst vorfinden? Denn wenn wir hierzu nicht in der Lage sind und statt dessen eine Polarität zwischen „uns" und den „anderen" herstellen, so bin ich überzeugt, dass sich niemals etwas ändern wird. Es wird keine Vergebung und keine Veränderung geben, und es werden weiterhin Feindseligkeiten jeglicher Art ausgetragen werden.

Die Frage lautet also immer: „Welchen Teil davon trage ich selbst in mir?" Aus welcher Angst heraus geschieht das? Welche Wut ist die Quelle dieser Handlungen? Es gibt eine Vielzahl von Übungen, die uns bei dieser Aufgabe helfen können, wie zum Beispiel die Praxis der liebevollen Güte, der Vergebung und des Mitgefühls. Dadurch lernt der Geist, wie von selbst in eine bestimmte Richtung zu fließen. Vor kurzem machten einige von uns eine Übung, die wir die „Zeitungspraxis" nannten. Wir suchten uns eine Geschichte aus der Zeitung heraus, bei der über Menschen berichtet wurde, die zu Opfern geworden waren. Die Übung bestand darin, ihre Schwierigkeiten und Schmerzen einzuatmen und Freundlichkeit auszuatmen. Zunächst führten wir diese Praxis nur für die Opfer durch. Aber dann machten wir sie auch für die anderen Leute in der Geschichte, insbesondere für die „bösen Typen." Wir versuchten zu verstehen, wie es war, in jenem Körper und an der Stelle der Person zu sein, die diese Dinge tat.

Achtsamkeit und Vergebung

Die Achtsamkeit selbst ist eine außerordentlich hilfreiche Praxis für die Vergebung. Sie bringt uns zu einem viel tieferen Verständnis von der Natur unseres Wesens. Wenn wir anfangen zu begreifen, dass es kein festgefügtes, beständiges, von allem anderen getrennt existierendes Selbst gibt, dann ist das ein außerordentlich kraftvolles Mittel, um uns zu einer weiten und unbegrenzten Sichtweise zu führen. Wenn wir sehen, dass wir nicht wirklich getrennt von den anderen sind, und dass jedes Ereignis nichts weiter als ein kleiner Knoten in einem unglaublich komplexen Geflecht von Ursachen und Wirkungen ist, dann wird jede Handlung überall zu der unsrigen. Es gibt kein „Du", das gegen ein „Ich" anträte. Mit einer solchen Sichtweise wäre das völlig unmöglich. Und deshalb kann „ich" nicht „dir" vergeben. Es geht nicht darum, einem anderen zu vergeben, sondern darum, Vergebung innerhalb des Systems zu schaffen. Und wenn es keine Trennung gibt, dann gibt es auch keinen wirklichen Feind. Ich bin mir ziemlich sicher, dass der Dalai Lama genau das meint, wenn er von „meinen Freunden, der Feind" spricht. Wir gelangen also zu einem Punkt, wo wir das gesamte System in unserem Herzen halten können, denn das ist unser wirkliches Wesen, das ist, wer oder was wir sind.
Ich glaube, dass Vergebung letztlich ein Teil des Wesens von Achtsamkeit ist. Wenn wir wirklich aufmerksam und wirklich wach und

in unserer eigenen Buddhanatur sind, dann betrachten und verstehen wir die Dinge aus einer weiteren Perspektive. Dann sind die Dinge einfach nur, was oder wie sie sind. Dankbarkeit entsteht, und die schwierige Situation kann sogar als Lehrer begriffen werden.

Patrick Miller sagt am Ende seines Buches: „Wenn Vergebung deine Energie befreit, dann fühlst du dich vielleicht bewegt zu singen, zu tanzen, zu schreiben, Kunst zu schaffen oder auf andere Weise zu feiern. Laß deine täglichen Aufgaben dem nicht im Wege stehen." Dante, der über dasselbe Thema schreibt, sagt:

Die Liebe Gottes, unaussprechlich und vollkommen
fließt in eine reine Seele hinein, wie Licht
in einen durchsichtigen Gegenstand strömt.

Je mehr Liebe sie vorfindet, um so mehr gibt sie
von sich selbst; so dass die Freude des Himmels um so
vollständiger wird, je klarer und offener wir werden,

Und je mehr Seelen gemeinsam klingen,
um so größer die Intensität ihrer Liebe,
und wie bei einem Spiegel reflektiert jede Seele die andere.

aus *The Enlightened Heart* *

---

* nach der englischen Übersetzung von Stephen Mitchell ins Deutsche übertragen

SHARDA ROGELL

Meine spirituelle Reise begann im Jahre 1976, als ich anfing, mich mit Transzendentaler Meditation zu beschäftigen. Im Jahre 1979 zog ich, nachdem ich viele Jahre lang als Graphikerin gearbeitet hatte, nach San Francisco um, um eine berufliche Laufbahn in ganzheitlichem Heilen zu beginnen. Zu jener Zeit wurde ich in die Einsichtsmeditation eingeführt. Ich besuchte einen Retreat nach dem anderen, und Joseph Goldstein und Jack Kornfield wurden zu meinen wichtigsten Lehrern. 1985 lud mich Jack zu seiner ersten Lehrerausbildung ein. Im Jahre 1987 begann ich zusammen mit Christopher Titmuss und anderen jedes Jahr in Bodh Gaya in Indien zu lehren. Mein erster Besuch dort hatte so tiefgreifende Auswirkungen auf mich, dass ich mein Leben in San Francisco aufgab und in eine spirituelle Gemeinschaft in Totnes in Devon, Großbritannien, zog. Nach zwei Jahren begann ich ein heimatloses Leben, das von Lehrtätigkeit und Reisen durch die ganze Welt geprägt war.

Im Jahre 1990 erlebte ich eine tiefgreifende Öffnung, als ich H.W.L. Poonja in Lucknow in Indien begegnete. Ihm zu begegnen, transformierte mein Verstehen außerordentlich. In letzter Zeit haben mir die Lehren des Dzogchen geholfen, die Advaita-Lehren Poonjajis mit den Lehren Buddhas zu verbinden. Ich bin meiner Dharma-Familie auf der ganzen Welt dankbar, ebenso wie meinem Partner Mark Coleman und meinem Lehrer und Freund Christopher Titmuss für seine Weisheit und anhaltende Unterstützung.

Muster des Liebens verstärken

In einem Retreat-Zentrum, das ich gut kenne, hängt ein Gemälde über der obersten Treppenstufe, auf dem der Spruch steht: „Erwarte nichts, dann steht dir alles offen." Wenn ich mich selbst dabei ertappe, dass ich darüber nachdenke, was in der Zukunft passieren wird, oder mir vorstelle, wie es mir wohl ergehen wird, ist es wunderbar, daran erinnert zu werden, meine Erwartungen zurückzunehmen. Man vergißt das nur allzu leicht. Wenn wir unsere Persönlichkeiten, unsere Vorstellungen davon, wer wir sind, anschauen und sehen, wie wir uns in die Welt einbringen, dann stellen wir fest, dass wir alle möglichen fixen Vorstellungen und Ideen in uns tragen. Und wenn wir das sehen, dann können wir sagen: „Okay, leg sie ab. Ich muß diese Vorstellung, die ich von mir habe, nicht weiter mit mir herumschleppen."

Zu jemandem werden

Als ich etwa 13 Jahre alt war, begann ich, mir alle möglichen Vorstellungen davon zu machen, wer ich in der Zukunft sein würde. Als erstes begann ich, Bücher zu konsultieren, die mir dabei helfen sollten. In den nächsten zehn Jahren verschlang ich dann alle erreichbaren Zeitschriften und Bücher, darüber wie man beliebt wird, Freunde gewinnt, einen Liebhaber bekommt und eine erfolgreiche berufliche Karriere auf die Beine stellen kann. Ich wollte wissen, wie ich jemand sein und zudem ein möglichst guter Mensch werden könnte. Zu jener Zeit war mir kaum bewußt, dass alles, was ich da tat, darin bestand, das Wertesystem des jeweiligen Autors oder der Autorin zu übernehmen. Ich erinnere mich, wie ich die Zeitschrift Seventeen las und mir all die schönen Mädchen mit ihrer teuren Kleidung und ihren gestylten Haaren ansah und meinte, ich müsse wie sie aussehen. Natürlich sah ich nicht, wieviel Zeit, Mühe und Geld darauf verwendet worden war, um ihr Aussehen so zu verändern, dass sie möglichst fotogen waren.

Mit 29 war mein Leben dann ein vollkommenes Chaos. Ich stand kurz vor einem Nervenzusammenbruch. Es war ziemlich klar, dass all diese Vorstellungen, die ich mir unter Zuhilfenahme der Wertvorstellungen anderer Menschen zurechtgelegt hatte, nicht funktioniert hatten. Ich mußte einen anderen Weg zu Frieden und Glück finden. Jemand schlug vor, ich solle es mit Meditation versuchen und und so machte ich die ersten Schritte auf meiner spirituellen Reise.

Mit voll entwickeltem Ego und einem „Ich"-Gefühl, wie es stärker nicht sein konnte, machte ich mir eine ganze Reihe neuer Ziele zu eigen. Ich würde strahlend werden. Ich könnte vielleicht sogar schön werden. Ich würde ruhig und anmutig sein, mich von Konflikten nicht erschüttern lassen und Liebe ausstrahlen, wo immer ich hinging. Eine Fotografie der großen indischen Heiligen Anandamayama im Alter von sechzehn Jahren verdeutlicht, in welche Richtung ich mich zu entwickeln hoffte. Sie sitzt mit gekreuzten Beinen auf dem Boden, ist in einen weißen Sari gekleidet, und ihre langen schwarzen Haare gehen ihr bis zur Taille. Sie lächelt gelassen und ist vollkommen vom Strahlen des Göttlichen durchdrungen. Auch heute noch fällt es mir schwer, mir ihr Foto anzusehen, ohne mich zu dem Denken verführen zu lassen, dass ich eines Tages so sein werde wie sie.

In meiner Meditationspraxis wurde mir jedoch schon sehr bald klar, dass mir das nicht widerfahren würde. Tatsächlich erging es mir wie vielen anderen, die eine ganze Weile praktiziert haben, nämlich so, dass die ersten Jahre sehr chaotisch waren. Die Meditationspraxis kann uns mit vielen unerwarteten Aspekten unserer selbst konfrontieren.

Man selbst sein

Schließlich begann ich zu begreifen, dass es bei den Lehren nicht darum geht, jemand zu werden. Es geht nicht darum, eine bessere Persönlichkeit zu entwickeln, ein guter oder besserer Mensch zu werden, oder worin immer das Bild oder Ideal besteht. Zwanzig Jahre später sehe ich, dass die Persönlichkeit nicht so besonders wichtig ist. Sie ist nicht das, worauf die Lehren uns hinweisen. Es geht bei ihnen nicht darum, zu überhaupt irgend jemandem zu werden.

Inzwischen bin ich an etwas vollkommen anderem interessiert, das nichts mit der Erscheinungsform der Dinge zu tun hat. Ich bin an einer tieferen Essenz interessiert, von der wir sagen können, dass sie über die Persönlichkeit hinausreicht. In der Sprache der Psychotherapie wird dieser Bereich als transpersonal bezeichnet, da er mehr als das Ich umfaßt.

Zwanzig Jahre, nachdem ich mit dieser Suche begonnen habe, ist der wesentliche Tenor meiner Persönlichkeit derselbe geblieben. Ich kann immer noch jenes wilde Kind fühlen und berühren, das ich einmal war. Ich lege nach wie vor hohe Maßstäbe an mich selbst an, aber im Laufe der Jahre habe ich durch die Praxis gelernt, mich mit mir selbst, so wie ich bin, wohler zu fühlen. Ich schaue weniger auf andere, um herauszufinden, wer ich sein sollte und es fällt mir leichter, mich in diesem Geist, diesem Körper und diesem Gefühl von Begrenzung einzurichten. Da wir einen Körper und einen Geist besitzen, wird immer ein Gefühl von Begrenzung vorhanden sein. Unser Körper und unser Geist bestehen aus denselben Elementen wie die Natur und werden deshalb durch die Naturgesetze eingeschränkt. Wenn wir uns mit unserem Körper und unserem Geist als das identifizieren, was wir sind, dann werden wir uns als begrenzt erfahren.

Alle Meditationsanweisungen laufen immer wieder darauf hinaus, dass wir die Dinge annehmen sollen, wie sie sind. Versuchen Sie nicht, die Show zu verändern, sie zu manipulieren oder zu lenken, sondern lassen Sie sich einfach auf die Dinge ein, so wie sie sind. Und im Laufe der Zeit wird durch diese Praxis die Fähigkeit entstehen, sich in den Dingen einzurichten, so wie sie sind, ebenso wie in uns selbst, so wie wir eben sind. Unsere Richtung kehrt sich um. Anstatt nach außen zu gehen und Ideen, Bilder und Wertvorstellungen zu sammeln und anzuhäufen, wenden wir uns nach innen. Wir beginnen, in uns selbst zu ruhen. Wir haben ein geringeres Bedürfnis, anders zu sein. Anstatt außerhalb von uns nach Antworten zu suchen und uns selbst danach zu beurteilen, ob andere Menschen uns anerkennen, oder was sie über uns denken oder sagen, wenden wir uns nach innen. Wir entdecken die Edelsteine, die bereits vorhanden sind, ohne dass wir etwas verändern müßten.

Dennoch ist diese Vorstellung, dass wir bereits da sind, wo wir zu sein haben, nicht leicht zu akzeptieren. Normalerweise springt der Geist auf und denkt: „Das ist nicht genug. Es kann nicht genug sein. Ich bin nicht gut genug." Aber dann wird die Frage wiederholt: „Kann der, der du bist, überhaupt genügen? Kann das, was du in deinem Geist, deinem Körper und deinem Herzen wahrnimmst, gut genug sein?" In gewissem Sinne ist darin unsere gesamte Praxis enthalten. Es muß genug sein, denn in jedem Moment, wo es das nicht ist, fallen wir zurück in unser idealisiertes Bild von dem, was wir tun oder erreichen müssen, um zu genügen. Immer wieder sind wir aufgefor-dert, zu dem „gut genug" des Moments zurückzukommen, dem „gut genug" von dem, der wir genau jetzt sind. Nichts weiter als das. Und wenn wir das immer wieder tun, dann stärken wir das heilsame Muster der Liebe anstatt die Gewohnheit der Angst weiter zu nähren. Diese gan-ze Bewegung -"weg von uns selbst" entsteht aus Angst – der Angst, dass wir nicht genug sind oder dass wir irgendwie anders sein sollten.

Das Muster des Liebens

Sowohl die Vipassana- als auch die Mettapraxis (metta ist der Pali-Begriff, der normalerweise mit „liebevolle Güte" oder „tiefe Freund-schaft" übersetzt wird) verstärken das Muster des Liebens. Wir füh-ren diese Übungen jedoch nicht durch, um ein besserer Mensch zu werden, um Anerkennung zu bekommen, erfolgreich zu sein oder mehr materielle Dinge zu erlangen. Vielmehr beginnt unsere Moti-vation sich zu verändern. Wir verstärken das Muster der Liebe, um die Angst in unserem Leben zu beenden. Indem wir das tun, wird sehr deutlich, wann wir Liebe oder Metta in unsere Erfahrungen hin-einbringen, und wann Angst und Abneigung. Wenn wir Metta in unsere Erfahrung hineinbringen, dann können wir uns selbst voll-ständig anschauen. Wenn wir Angst hineinbringen, dann fürchten wir uns vor dem, was wir sehen, und hören unter Umständen auf hinzuschauen. Es könnte sein, dass wir uns als Folge davon verste-cken, in die Verleugnung gehen oder Teile von uns selbst verdrängen. Wenn unsere Intention jedoch liebevoll ist, dann können wir begin-nen, uns Aspekte anzuschauen, die wir uns bisher vielleicht noch nicht angesehen haben. Wir können dann das Licht der Liebe auf alle Teile unserer selbst scheinen lassen.

Eine große japanische Dichterin namens Izumi Shikibu hat im zehnten Jahrhundert folgendes Erleuchtungsgedicht geschrieben:

Den Mond bei Morgengrauen
beobachtend,
allein, in der Mitte des Himmels,
erkannte ich mich selbst vollständig:
Kein Teil wird ausgelassen.

Wenn Liebe vollkommen strahlt, dann gibt es keine Angst.
Ich habe gerade einen dreimonatigen Kurs beendet, der jedes Jahr
in der *Insight Meditation Society* stattfindet. Während der ersten zwei
Monate übte ich die Brahma Viharas. Die Grundlage dieser Praxis ist
Metta. Wenn Sie die Metta-Praxis in ihrer intensivsten Form üben,
dann wiederholen Sie die Metta-Sätze von der Minute an, wo Sie
morgens die Augen öffnen, bis zu dem Augenblick, wo Sie abends
einschlafen. Die Sätze, die ich verwende, sind: Möge ich glücklich
sein (Geist); möge ich gesund sein (Körper); möge ich sicher und
beschützt sein (vor Gefahren); möge ich Leichtigkeit und Wohlbefinden fühlen. Ich begann damit, Metta auf mich selbst zu richten
und weitete es dann allmählich aus, um andere Menschen mit ein-
zuschließen.

Während ich Metta praktizierte und den Wunsch zum Ausdruck
brachte, glücklich und sicher zu sein und Freude zu erleben, wurde
ich mir manchmal der Abwesenheit dieser Gefühle bewußt. Zu
anderen Zeiten erlebte ich einen starken Widerstand gegenüber der
Praxis. In diesen Momenten, wo ich es schwer mit mir selber hatte,
dachte ich dann meistens: „Bin ich damit denn noch nicht bald fer-
tig?" und ich empfand starken Widerwillen. Als Reaktion darauf,
dass ich mich selbst als inakzeptabel ansah, spannte sich mein Körper an und wurde hart, insbesondere im Bereich des Herzens. Wenn
das geschah, mußte ich mich selbst fragen: „Inwieweit bin ich überhaupt fähig, liebevoll zu sein? Wie halte ich es mit der Wahrheit in
bezug auf mich selbst? Ersticke ich sie unter Scham und Werturtei-
len? Oder kann ich mich mit offenem Herz und offenem Geist
ansehen?"

Es war sehr interessant, die Auswirkungen der Metta-Praxis zu
beobachten. Die Praxis hatte eine Spiegelwirkung in dem Sinne, dass
sie die Realität meiner Erfahrung im selben Moment unmittelbar
widerspiegelte. Natürlich zeigen sich dabei häufig die Dinge, die wir
in uns selbst nicht sehen wollen. Wir haben immer die Hoffnung,
dass wir eigentlich ganz anders sind, liebevoller und sanfter. „Unwissenheit ist Glückseligkeit", besagt das alte Sprichwort. In dieser Pra-

xis gibt es jedoch wenig Raum für Selbsttäuschung. Immer wieder mit uns selbst konfrontiert, werden wir mit Schmerzen unserer Anhaftung gewahr. Wir haben so viele Vorstellungen davon, wie wir sein wollen, was wir fühlen und erleben wollen. Aber wenn wir uns die Zeit zum Hinsehen nehmen, dann sehen wir überdeutlich all unsere Hoffnungen und Träume, unsere Ängste und Erwartungen.

Zu diesen Zeiten nahm ich eine Kluft wahr – die Kluft zwischen meinen Intentionen und der Realität, wie sie von Moment zu Moment stattfindet. Ich sah den Wunsch, den ich für mich selbst und für andere hatte – sehr schön und sehr liebevoll zu sein, und ich sah die Realität, die sich mir präsentierte – Angst, Abneigung, ein Gefühl von Begrenzung. Das waren genau die Empfindungen, die ich mir mit Hilfe von Metta vergegenwärtigen mußte. Konnte ich die Angst und den Widerstand zulassen und mir trotzdem Metta schicken, ohne den Versuch zu unternehmen, etwas zu verändern?

Das weist auf eine essentielle Lehre innerhalb der Praxis hin. Metta ist kraftvoll, da es uns die Möglichkeit gibt, uns selbst und andere zu umarmen, so wie wir sind. Das ist die einzige Möglichkeit, um die Kluft zwischen dem Wunsch, den wir für uns selbst und andere haben, und dem, was wir als die Realität des Augenblicks erleben, zu überbrücken. Metta hat die Fähigkeit, all das einzubeziehen und alles mit Liebe zu umarmen. Unsere Persönlichkeit verändert sich ständig, von morgens bis abends, und wenn wir ablehnen, was wir an uns selbst nicht mögen, dann verstärken wir die Muster der Angst. Und indem wir die Angst verstärken, verstärken wir die „Ich"-Illusion. Das ist die große Herausforderung der Praxis. Können wir allem, was wir in uns sehen, eine liebevolle Haltung entgegenbringen? Sind wir fähig, die Dinge zuzulassen sowie offen, tolerant und empfänglich zu sein und uns nicht von der Wahrheit abschneiden oder vor ihr verschließen? Können wir die gesunden Muster der Liebe verstärken?

Uns selbst mit Liebe begegnen

Während meines Retreats tauchte immer wieder ein und dieselbe Frage auf: Wie begegne ich mir selbst mit Liebe? Was bedeutet das in praktischer Hinsicht? Während ich über diese Frage nachdachte, fand ich heraus, dass es vier Wege gab, wie ich mir selbst helfen konnte.

Der erste Weg besteht darin, dem mit Geduld zu begegnen, was ich bei mir selbst sehe. Wenn ich Geduld habe, dann vertraue ich

darauf, dass ein Prozess, auf den ich keinen Einfluß habe, sich entfalten und von selbst offenbaren wird. Vielleicht ist es nicht das, was
mir gefällt, ja, es könnte vollkommen irrational erscheinen, aber ich
begegne dem, was mir offenbart wird mit Geduld. Geduld bedeutet
Güte, Weichheit und Freundlichkeit. Wenn ich also fühle, wie
Abneigung, Angst oder Aufregung auftauchen, dann kann ich, statt
mich selbst dafür zu verurteilen, sagen: „Okay,. das also spielt sich
jetzt gerade ab. Kann ich dabei weich bleiben? Kann ich sanft bleiben?"
    Der zweite Weg besteht darin, mir selbst zu helfen, realistisch zu
bleiben. Ich habe zwar all diese großen Hoffnungen und Wünsche
für mich selbst, aber ist es realistisch zu erwarten, sie alle gleich jetzt
in die Tat umsetzen zu können? Die Maßstäbe, die wir uns setzen,
können Knüppel sein, mit denen wir uns selbst schlagen. Wir fragen
uns beschwörend: „Warum kann ich nicht liebevoller sein? Warum
kann ich mein Herz nicht wirklich öffnen? Warum verhalte ich mich
immer wieder wie eine Idiotin?" Wir geben der Freundlichkeit wenig
Raum, wenn wir uns selbst für unsere Fehler verurteilen, denn wenn
wir realistisch sind, dann können wir uns so annehmen, wie wir in
diesem Augenblick gerade sind.
    Das dritte, was ich für mich selbst tun kann, ist, mich diszipli-
niert zu verhalten. Wenn ich mir bestimmter Gewohnheiten bewußt
bin und keine Maßnahmen ergreife, um gesunde Veränderungen
herbeizuführen, dann verfalle ich in Passivität und Gleichgültigkeit.
Eine weise oder liebevolle Haltung kennt keine entmutigenden
Gedanken wie: „Ich werde mich niemals ändern. Was soll das schon
ausmachen?" Oder: „Ich kann ja doch nichts tun." Tatsächlich können wir Schritte tun, um uns selbst aus schwierigen Mustern heraus-
zuhelfen. Wir tun das – nicht aus Angst, Abneigung oder Haß
gegenüber uns selbst, sondern aus Fürsorglichkeit und Liebe für uns
selbst. Wir verdrängen nicht die Wahrheit, sondern bekennen uns zu
dem, wo wir im Augenblick stehen und bejahen gleichzeitig unser
Potential, mehr zu sein. Wir disziplinieren uns selbst, um nicht von
unseren gewohnheitsmäßigen Neigungen beherrscht zu werden.
Unsere gewohnheitsmäßigen Neigungen haben sich durch jahrelange Konditionierung zu mächtigen Kräften entwickelt. Sie zu überwinden, erfordert Entschlossenheit. Manchmal müssen wir sagen:
„Ich werde es meinem Geist nicht erlauben, zwanghaft diesem
Gedanken nachzuhängen" oder „ich werde mich wieder mit meinem
Atem verbinden" oder „ich werde meinen Körper wirklich spüren,
während er geht." Wir lernen, sanft und freundlich Abstand von

unseren negativen Gewohnheiten zu gewinnen, und nicht mit Hass und Widerwillen. Wir sind achtsam gegenüber dem verurteilenden Geist, den Gedanken, die uns sagen, dass wir schlecht, dass wir verkehrt oder wertlos seien und es nie zu irgend etwas bringen werden. Anstatt diesen Gedanken Glauben zu schenken, erkennen wir sie deutlich als Muster des verurteilenden Geistes. Die Metta-Praxis erlaubt es uns, diese Dinge einfach nur zu sehen, wie sie sind und ihnen gegenüber eine liebevolle Einstellung einzunehmen.

Der vierte Weg, mir selbst mit Liebe zu begegnen, besteht darin, in Kontakt mit meiner Verletzlichkeit zu bleiben. Nur allzu häufig, wenn wir uns zerbrechlich fühlen, suchen wir das vor uns selbst und anderen zu verbergen. Wir sagen uns: „Ich muß stark sein. Ich muß mich zusammenreißen. Ich muß die Kontrolle behalten." Aber wir alle haben auch Momente erlebt, wo sich unsere Verletzlichkeit zart und schön anfühlte. Das könnte ein Moment sein, wo wir irgendeine Wahrheit in bezug auf uns selbst erkennen und eine tiefe Traurigkeit empfinden – eine Traurigkeit, die sich noch süßer anfühlt, wenn wir in ihr ruhen können. Es könnte ein Moment sein, in dem wir uns angesichts eines bestimmten Vorhabens ängstlich fühlen; und dennoch bemerken wir - mitten in der Angst – eine Sanftheit und Bescheidenheit, die diese Angst besänftigt. Indem wir uns daran gewöhnen, das Gefühl der Verletzlichkeit zuzulassen, können wir diese Zerbrechlichkeit auch anderen Menschen zeigen. Wir wissen, dass etwas in uns angerührt wird, wenn ein anderer Mensch uns an seiner Verletzlichkeit teilhaben läßt. Das gestattet uns, dasselbe zu tun. Und indem wir das tun, machen wir uns selbst und einander ein liebevolles Geschenk.

In unserer Kultur wird Verletzlichkeit normalerweise als Schwäche betrachtet, und wenn wir uns selbst als schwach einstufen, dann sehen wir uns als minderwertig an. Aber wenn wir das Gefühl zulassen, so wie es ist, und nicht versuchen, es zu etwas anderem zu machen, dann können wir unsere eigene Zerbrechlichkeit ebenso zulassen, wie wir für diejenige von anderen sensibel werden. Wie anders würde unsere Welt aussehen wenn Menschen Verletzlichkeit als Stärke und nicht als Schwäche ansehen würden.

Wer sind wir, bevor Gedanken auftauchen?

Wir geben uns selbst nicht deshalb Liebe, um zu besseren Menschen zu werden, sondern um unser wirkliches Wesen zu entdecken. Indem wir Muster der Liebe verstärken, stellen wir fest, dass unser Wesen in Wahrheit Liebe und Mitgefühl ist. Aufgrund dieses Wissens werden wir nicht so stark von den negativen Kräften unseres Geistes kontrolliert. Wenn wir Ideen und Vorstellungen von dem, was wir zu sein glauben, fallen lassen, kehren wir ganz von selbst immer wieder zur Ruhe zurück. Aber wenn wir in diesem Zustand ruhen, wer sind wir dann? Wer sind wir, bevor Gedanken entstehen wie „ich bin deprimiert", „ich bin ein Mensch, dem Beziehungen nicht gelingen" oder „ich esse zuviel", „ich liebe nicht genug", „ich bin eine schlechte Mutter"? Wer bin ich vor dem Entstehen dieser Gedanken, bevor das ganze Gebäude errichtet wird? Wer bin ich, wenn ich diese Etiketten nicht Fuß fassen lasse?

Eine Freundin hat mir gesagt, dass sie sich eines Tages gefragt habe „Wie würde mein Job aussehen, wenn ich ohne meine Persönlichkeit ins Büro ginge? Was wäre, wenn ich dorthin ginge, ohne zu versuchen, nett zu sein, Menschen dazu zu bringen, mich zu mögen, Anerkennung zu wollen und mich gut damit fühlen zu müssen, wie andere Menschen auf mich reagieren?" In den ersten Tagen stellte sie fest, dass sie ziemlich gelangweilt war, aber danach erlebte sie Frieden. Sie war weniger beunruhigt und zerstreut.

Können wir die Maßstäbe, wie wir sein sollten, wegwerfen? Können wir aufhören, jemand sein zu wollen? Können wir aufrecht stehen, ohne uns auf ein fiktives Zentrum zu stützen? Wer sind wir dann? Können wir fest stehen, ohne zu wissen, wer wir wirklich sind, aber mit der Überzeugung, dass das, was bleibt, der Wahrheit näher kommt, als all unsere Ideen, Projektionen und Glaubenssätze?

Kommen und gehen,
kein Weg. Die Wasservögel
lassen keine Spur.

Der japanische Zenmeister Dogen im 13. Jahrhundert

Je beziehungsloser ich dastehe, um so mehr Ehrfurcht scheint diese Persönlichkeit zu verdienen. Was ist sie? Woher kommt sie? Was gibt ihr ihre Kraft? Es scheint, als ob jeder von uns seinen eigenen exquisiten Duft hat, genau wie jede Blume ihre eigene Farbe, ihren eigenen Duft und ihre eigene Form hat. Jeder Vogel hat sein eigenes Lied, seine eigene Art zu fliegen, seine eigenen Farben. Jeder Baum hat seine besondere Form, seine Struktur und seine Farbe. Wir können diese Vielfalt feiern. Wir können die Unterschiede genießen, die wir in der Welt vorfinden. Jeder Mensch manifestiert seine eigene Natur in vollkommener Weise, genau wie es jeder andere Teil der Natur tut.

Voriges Jahr habe ich eine Gallerie in London besucht, und ich erinnere mich daran, mit besonderer Aufmerksamkeit ein Gemälde von Van Gogh angeschaut zu haben. Es faszinierte mich zu sehen, dass Van Gogh auf vollkommene Weise Von Gogh war. Er versuchte nicht, auf eine bestimmte Weise zu malen, vielmehr schien seine Essenz auf der Leinwand geradezu zu explodieren.

Je mehr unser Ichgefühl sich auflöst, um so leichter ist es wertzuschätzen, was unsere Persönlichkeit zum Ausdruck bringt. Da sie nicht verschwindet, egal, wie erleuchtet wir sind, können wir sehen, dass alles so vollkommen ist, wie es zu sein hat. Wir sollten Persönlichkeiten feiern, sowohl unsere eigene wie die anderer Menschen. Dann wird das Leben reich und voller Freude sein. Menschen müssen sich nicht verändern.

Wenn wir tief nach innen gehen, in das vordringen, was jenseits unserer Persönlichkeit liegt, dann beginnen wir, etwas zu berühren, das viel größer und kraftvoller ist – eine tiefe Essenz, die unermeßlich weit und grenzenlos ist. Das ist unsere wahre Natur. Und die Persönlichkeit wird dabei ziemlich irrelevant, weil wir etwas anderes berührt haben, etwas, das ohnehin latent vorhanden war und immer durchscheint, auch wenn wir meinen, dass andere nur unsere Neurosen sehen. Wir glauben, dass andere sehen können, was sich in unserem Geist abspielt. Was wir jedoch sehen, wenn wir mit offenen Augen schauen, das ist eine wunderschöne Seele – und nicht einfach nur all die Neurosen, die Sorgen, Ängste und die Befangenheit. Und selbst wenn wir unseren Blick darauf richten, scheint es leichter zu sein zu vergeben. Manchmal kann das Licht in anderen offensichtlicher sein als in uns selbst, aber wir hoffen, dass das Licht in anderen zu sehen uns daran erinnert, dass es in uns ebenfalls vorhanden ist.

Es gibt eine Realität noch vor Himmel und Erde,
ja, sie hat keine Form, und schon gar keinen Namen;
mit dem Auge nimmt man sie nicht wahr, Ohren können ihre
Stimme
nicht hören;
sie Geist oder Buddha zu nennen, ist eine Vergewaltigung ihrer
Natur,
denn dann wird sie wie eine imaginäre Blume in der Luft;
sie ist weder Geist noch Buddha;
absolut still, und dennoch auf geheimnisvolle Weise
enthüllend,
läßt sie sich selbst nur von den Klarsichtigen entdecken.
Sie ist der Dharma, der wahrhaftig über Form und Ton hinausgeht;
sie ist das Tao, das mit Worten nichts zu tun hat.
In dem Wunsch, die Blinden zu locken,
hat der Buddha spielerisch Worte
seinem goldenen Mund entweichen lassen;
seitdem sind Himmel und Erde
mit sich windenden Dornsträuchern gefüllt.

Oh meine guten, werten Freunde, die Ihr hier versammelt seid,
wenn Ihr der donnernden Stimme des Dharma
lauschen wollt,
dann entledigt euch eurer Worte und leert eure Gedanken,
denn dann könnt Ihr vielleicht diese eine Essenz erkennen.

Dai O Kokushi

Die Lehren weisen auf diese „eine Essenz" hin und nicht darauf,
wie wir unsere Persönlichkeit verbessern können. Wir werden angelei-
tet, darüber hinauszugehen, das Ende des Werdens zu erkennen. Wir
hören auf, jemand sein zu wollen, also sind wir nicht länger daran
interessiert, wie jedermann zu werden. Wenn wir dieses Werden loslassen, dann entdecken wir, wer wir in Wirklichkeit sind. Wir sinken
tief in unser Herz hinein, in den Kern unseres Wesens, wo wir jenen
stillen Platz in uns selbst finden. Von da aus regelt sich alles selbst.

JOHN TRAVIS

Meine Lehre ist als offenherziger „Hosenboden"-Ansatz bezeichnet worden. Sie ist stärker durch die Zeit inspiriert worden, die ich mit *Zazen* verbracht habe, als durch irgendein formales Studium. Die Geschichten, die in meine Unterweisungen einfließen, spiegeln Dharma-Abenteuer wider, die sich über nahezu dreißig Jahre erstrecken. Acht Jahre davon habe ich in Asien bei bedeutenden Lehrern der tibetischen wie auch der Theravada-Tradition verbracht.

Die Lehrerausbildung in der *Theravada*-Tradition von Mahasi Sayadaw und Achaan Chah habe ich unter der Leitung von Jack Kornfield absolviert. Darüber hinaus veranlaßte mich ein schon lange bestehendes Interesse an Heilung dazu, eine Ausbildung in Hakomi, einer körperzentrierten Psychotherapiemethode, sowie in den Streßreduktionstechniken von Jon Kabat-Zinn zu absolvieren.

Eines meiner wichtigsten Anliegen bei der Arbeit des letzten Jahrzehnts ist der Aufbau von Meditationsgruppen in den Ausläufern der Sierra im nördlichen Kalifornien gewesen, was zu Gründung einer kleinen Retreatstätte geführt hat, die sich Mountain-Stream-Meditationszentrum nennt. Sie besteht in einem kleinen, schlichten Zentrum in den Bergen, das die Praxis unterstützen und Möglichkeiten bieten soll, gemeinsam mit Dharmalehrern, die als Gäste kommen, zu sitzen. Darüber hinaus soll es den Zusammenhalt von kleinen Gruppen fördern und das Engagement in der Gemeinschaft anregen.

Eine Praxis der Verkörperung

Bei der Vipassana-Praxis geht es um Verkörperung. Sie ist eine einfache und direkte, aber gleichzeitig subtile Praxis. Sie ist die Erfahrung, sich selbst über seinen Körper kennenzulernen. Der Geist ist schwer zu greifen und er bewegt sich schnell; der Körper dagegen ist ein langsamerer hormoneller und chemischer Prozess. Indem Sie Ihre Aufmerksamkeit auf die Wahrnehmung der Empfindungen in Ihrem Körper richten, befinden sie sich im gegenwärtigen Moment. Sie sind genau hier.

In dem folgenden Auszug aus der *Satipatthana-Sutta*, der bekannten Unterweisung über Meditation, spricht der Buddha über die Beobachtung des Körpers und über das Körperbewußtsein:

> Auf diese Weise verweilt er dabei, den Körper zu beobachten, verkörpert, innerlich oder äußerlich verkörpert. Oder sowohl innerlich als auch äußerlich. Er verweilt dabei, die Phänomene des Werdens im Körper zu beobachten. Er verweilt dabei, die Phänomene des Vergehens im Körper zu beobachten. Nun tritt das Bewußtsein selbst hervor: „Dies ist Körper." Dieses Bewußtsein entwickelt sich in einem solchen Ausmaß, dass nur Verstehen und Beobachtung übrigbleiben, und er verweilt losgelöst, ohne an irgend etwas in der Welt festzuhalten.

zitiert in William Hart
Die Kunst des Lebens. Vipassana-Meditation nach S. N. Goenka.

John Travis

Wenn wir unsere Aufmerksamkeit auf den Körper richten, dann erleben wir ihn auf verschiedene Weise. An dem einen Ende ist Freude, am anderen Schmerz. Erstere wird von Saraha, einem berühmten tibetischen Tantralehrer, beschrieben:

> Hier in diesem Körper sind die heiligen Flüsse: hier sind die Sonne und der Mond ebenso wie die Orte der Pilgerschaft. Ich habe noch keinen anderen Tempel kennengelernt, der so voller Glückseligkeit ist wie mein eigener Körper.

> zitiert in Rick Fields, *Chop Wood, Carry Water*

Die zweite wird von Anne Morrow Lindbergh beschrieben:

> Mit dem Schmerz gehen,
> laß dich von ihm erfassen.

> Öffne deine Hände und deinen Körper für den Schmerz.

> Er kommt in Wellen wie eine Flut,
> und du mußt offen sein wie ein Gefäß,
> das am Strand liegt,
> ihn dich anfüllen lassen und sich dann zurückziehen,
> dann läßt er dich leer und klar zurück.

> Mit einem tiefen Atemzug,
> er muß so tief sein wie der Schmerz,
> erreicht man eine Art innerer Freiheit von dem Schmerz,
> so, als ob der Schmerz nicht dein eigener wäre,
> sondern der deines Körpers.

> Der Geist legt den Körper auf den Altar.

> Anne Morrow Lindbergh, *War Within and Without*

Wir machen also ein breites Spektrum von Erfahrungen in bezug auf unseren Körper durch. An einem Ende befinden sich unglaubliche Glückseligkeit und Freude, was jedoch häufig zu Begehren nach und einem Festhalten an der Erfahrung führt. Am anderen Ende ist der Schmerz, der zu Widerstand und Abneigung führen kann. Als

Reaktion auf schmerzhafte Erfahrungen haben viele von uns den Mechanismus der Abspaltung entwickelt, um nicht fühlen zu müssen, was in unserem Körper vor sich geht.

Abspaltung

Wir Menschen aus dem Westen haben große Schwierigkeiten damit, im Körper zu sein. Manchmal spalten wir uns von unserem Körper ab, um uns in sehr schwierigen Situationen unsere geistige Gesundheit bewahren zu können. Das Leben bietet uns jedoch Gelegenheiten, die Spirale der Abneigung zu erkennen, die wir geschaffen haben. Indem wir zumindest einen Moment lang aus dieser Spirale aussteigen, öffnen wir uns für die Möglichkeit, frei zu sein.

In den sechziger Jahren lebte ich im Bezirk von Haight-Ashbury in San Francisco. Eines Tages ging ich mit Freunden zu einem Konzert von Grateful Dead und Jefferson Airplane. Ein Mitglied der Band gab mir Psychedelika, also nahm ich sie. Ich hatte einen jener Tage, nun, Sie kennen vielleicht den Spruch: „Wenn Sie sich an die Sechziger erinnern, dann sind Sie nicht wirklich dabei gewesen." Als wir das Konzert verließen, stapelten sich die Leute im Auto, und für mich war kein Platz mehr. Ein Mädchen sagte: „Warum gehst du nicht in den Kofferraum?" Also tat ich das. Wir fuhren zurück nach Haight, aber das Mädchen, das den Vorschlag gemacht hatte, ich solle in den Kofferraum gehen, war nicht mitgefahren und als wir dort ankamen, sprangen alle aus dem Auto, und ich blieb im Kofferraum zurück.

In dem Zustand, in dem ich mich befand, driftete ich geistig weg und kam zwischendurch wieder zurück, und jedesmal, wenn ich zurückkam, wurde mir bewußt, dass ich in einem Kofferraum eingeschlossen war; es war dunkel, und ich konnte nicht raus. Ich hatte Angst. Ich wollte nicht dort sein. Aber wo war „dort?" Es war genau „hier", in diesem Körper. Also spaltete ich mich wieder ab. Jetzt wird mir bewußt, dass ich bereits seit meiner Kindheit sehr gut im Abspalten war. In meiner traumatischen Kindheit war das eines der ersten Dinge, die ich gelernt hatte, um nicht bei dem gegenwärtig sein zu müssen, was geschah.

Irgendwann mitten in der Nacht riß ich mich schließlich zusammen. Ich hörte, wie Leute vorbeigingen, also begann ich, gegen den Kofferraum zu hämmern, und sie ließen mich raus. In den nächsten sechs Monaten spaltete ich mich infolge dieser Erfahrung regelmäßig ab und verlor mich in abstrakten Phantasien und Gedanken. Ich lebte auf der Straße und im Golden Gate-Park. Noch ein Jahr danach schaffte ich es nicht, „mein Leben auf die Reihe zu bringen."

Gegen Ende der Sechziger ging ich nach Asien. Das Lockmittel war Erleuchtung – sie war da draußen, irgendwo. Großartig, ich würde mich also durch etwas „da draußen" befreien. Es war gewiß nicht in diesem Körper. Ich war sehr jung und wußte zur damaligen Zeit nicht sehr viel über den Dharma oder über Meditation. Ich hatte in den Vereinigten Staaten ein wenig Erfahrung in Meditation gesammelt und hatte auch ein bißchen gelesen, jedoch hauptsächlich über den Geist und sehr wenig über Meditation als konkrete Praxis. Als Mensch aus dem Westen glaubte ich, dass es eine Spaltung zwischen Geist und Körper gäbe.

In Nepal war ich Schüler des tibetischen Lehrers Lama Tubten Yeshe. Ich begann mit Niederwerfungen und Mantras und las viel über die Funktionsweisen und das Wesen des Geistes. Nachdem ich etwa sechs Monate dort gewesen war, wollten mein Lehrer mit einigen Schülern zu einem Ort namens Luqua auf etwa 3660 Metern Höhe im Celacumbu, in der Nähe des Mount Everest, fliegen. Im Flugzeug war kein Platz für mich, also beschloß ich, dorthin zu wandern, was etwa zwei Monate dauern würde. Als ich mich auf meinen Abmarsch vorbereitete, gab mir mein Lehrer ein Mantra und fügte hinzu: „Denke einfach daran, bei jedem Schritt deine Füße auf dem Boden zu fühlen." Als ich dann meinen ersten Berg erklomm, fühlte ich tatsächlich meine Füße auf dem Boden. Da ich nicht an eine derart handfeste Erfahrung gewöhnt war, erreichte ich den Gipfel unter Tränen. Mit Ausnahme des Trägers, der nur Tibetisch sprach, war ich die nächsten zwei Monate allein. Ich erinnerte mich nicht an das Mantra, aber ich erinnerte mich daran, meine Aufmerksamkeit bei meinen Füßen am Boden zu halten. Es war unglaublich wichtig für mich, einfach nur die Aufmerksamkeit bei meinem Körper zu halten. Langsam begann ich zu begreifen, dass ich tatsächlich hier sein konnte. Es war in Ordnung, hier zu sein.

Verkörperung

Bei der Achtsamkeitspraxis geht es darum, sich selbst die Erlaubnis zu geben, hier zu sein. Und was immer hier ist, ist unser Körper. Wir entwickeln die Fähigkeit, für die Freuden und Schmerzen unseres Körpers gegenwärtig zu sein. Auch wenn mir irgendwann einmal bewußt wurde, dass es bei dieser Praxis um Verkörperung ging, so brauchte ich dennoch viele Jahre, bevor ich es tatsächlich tun konnte. Und ich arbeite immer noch daran. Insbesondere zu Beginn der Praxis geschieht das mehr oder weniger zufällig. Man ist eine Zeitlang da, dann ist man weg, und dann ist man wieder eine Weile da. Bei der Praxis geht es darum, am Ball zu bleiben und zu versuchen, Wege zu finden, um im Alltagsleben verkörpert zu bleiben. Die Sitzpraxis ist äußerst wichtig, aber es ist darüber hinaus wichtig, diese Verkörperung auch im Alltagsleben zu finden.

Das Wunderbare an der Vipassana-Praxis ist, dass es nicht darum geht, irgendwo hin zu gehen; es geht darum, hier zu sein, und die Transformation passiert dadurch, dass man vollkommen hier ist, von Moment zu Moment. Und es geht darum, die Wahrheit anzuerkennen. Die Wahrheit ist, dass wir nun einmal diesen Körper haben, auch wenn es nicht immer angenehm ist, in ihm zu sein. Ein Buddha ist jemand, der vollständig verkörpert ist. Wenn wir mit dieser Praxis beginnen, dann stellen wir fest, dass wir einen Moment lang in unserem Körper präsent sein können, dann springen wir ab, dann kommen Gedanken, dann haben wir uns in einer Vorstellung verloren, und dann erinnern wir uns vielleicht wieder für einen Moment daran, uns zu verbinden, und dann sind wir wieder weg. Es ist Teil unserer Praxis, immer mehr Momente dieser vollständigen Verkörperung zu erleben.

Body Scan –
den Körper Schritt für Schritt erkunden

Eine nützliche Praxis, um sich stärker zu verkörpern, ist das, was wir als ‚body scan' bezeichnen. Er wird in Form einer geführten Meditation praktiziert. Hier sind die Anweisungen:

> Wir werden systematisch durch den Körper hindurchgehen und Aufmerksamkeit in ihn hineingießen, so als ob Aufmerksamkeit Wasser wäre. Während Sie das tun, wird es Bereiche geben, in denen Sie überhaupt nichts fühlen, und andere, in denen Sie starke körperliche Empfindungen haben. Richten Sie den Geist auf das körperliche Erleben, ohne zu versuchen, es zu beurteilen oder zu verändern. Nehmen Sie einfach Notiz von dem, was für Sie gerade in diesem Moment präsent ist.

John Travis

Beginnen Sie damit, dass Sie einfach den Stuhl oder das Kissen wahrnehmen, auf dem Sie sitzen, und erlauben Sie sich, eins mit dem Atem im Körper zu werden. Dann lassen Sie, beginnend mit dem Scheitel des Kopfes, langsam dieses Wasser der Aufmerksamkeit, der Achtsamkeit und des Gewahrseins nach unten zur Vorderseite und zur Rückseite des Kopfes fließen, zur rechten und zur linken Seite und durch die Mitte hinunter. Erlauben Sie es Ihrer Aufmerksamkeit als nächstes, durch die Nackenmuskeln, die Kehle, den Adamsapfel auf der Vorderseite, die Nackenwirbel und die Muskeln, die den Kopf halten, weiter hinunterzuströmen. Berühren Sie diese Bereiche einfach, erkennen Sie sie an und gehen Sie weiter.

Gehen Sie mit Ihrer Aufmerksamkeit weiter nach unten, indem Sie sie gleichzeitig auf beide Schultern richten. Nehmen Sie jegliches Festhalten und jegliche Spannung in diesen Bereichen wahr, und lassen Sie sie einfach da sein. Erkennen Sie sie an und gehen Sie weiter.

Lassen Sie als nächstes das Wasser der Aufmerksamkeit durch beide Arme, durch den Bizeps und die Rückseite der Arme hindurchfließen, und schließlich auch die Ellenbogen hinunter und weiter zu den Unterarmen. Halten Sie Ihren Körper ruhig und richten Sie die Aufmerksamkeit von Bereich zu Bereich, während wir durch den gesamten Körper gehen. Gehen Sie weiter zu den Handgelenken, den Handinnenflächen, den Handrücken, den Daumen und den Fingern.

Bringen Sie jetzt Ihre Aufmerksamkeit zurück in Ihren Schulterbereich. Beginnen Sie, sich den Rumpf hinunterzubewegen, zunächst auf der Vorderseite, dann auch auf der Rückseite und durch die Mitte hinunter. Spüren Sie das Heben und Senken des oberen Brustbereichs. Fühlen Sie auch die Wirbel im Rücken, die Muskeln, die Sie aufrecht halten, sowie die Schulterblätter. Gehen Sie mit Ihrer Aufmerksamkeit weiter nach unten in den mittleren Brustbereich, die Herzgegend, die Brust und den Brust-korb, der sich mit jedem Atemzug weitet und zusammenzieht.

Gehen Sie weiter nach unten zum unteren Brustbereich; fühlen Sie das Zwerchfell und die Lungen, die sich heben und senken. Weiter hinunter in den Bauch und zum untersten Teil der Bauchatmung, und weiter zur Blase und den Genitalien; zum unteren Teil der Wirbelsäule, dort, wo sie mit den Hüften verbunden ist; dem Po, der sich auf dem Kissen oder Stuhl befindet und schließlich der rechten und linken Kniehöhle und den Muskeln, die mit dem Rumpf verbunden sind.

Erlauben Sie es Ihrer Aufmerksamkeit jetzt, sich gleichzeitig durch beide Beine hindurchzubewegen, die Knie hinunter und zu den Waden und Schienbeinen. Lassen Sie die Aufmerksamkeit einfach fließen; richten Sie Ihren Geist auf den Körper, verbinden Sie sich, erkennen Sie an, lassen Sie los und gehen Sie weiter. Gehen Sie hinunter zu den Knöcheln, den Fersen, der Fußwölbung, dem gesamten Fuß und weiter bis zu den Zehen.

Geben Sie sich jetzt die Erlaubnis, den gesamten Atemkörper vom obersten Ende des Kopfes bis hin zu den Zehen zu spüren. Nehmen Sie wahr, dass Ihr Atem die gröbste Bewegung im Zentrum dieses Körpers ist.

Wenn Ihre Meditation beendet ist, dann machen Sie einige tiefe Atemzüge und stehen Sie langsam auf.

Ich unterrichte auf Achtsamkeit basierende Streßreduktionskurse für Menschen, die unter chronischen Schmerzen leiden. Wenn wir ein allzu intensives Erleben von Körperempfindungen haben, dann versucht normalerweise unser Instinkt dieses Erleben abzuschneiden und sich davon abzuwenden. Diese Praxis hingegen fordert Sie auf, sich zu öffnen und sich der intensiven Erfahrung zuzuwenden. Es ist tatsächlich sehr schwierig, das zu tun, aber wenn Sie sich dem Körper zuwenden, dann begegnen Sie Ihrer Buddhanatur. Der Körper verfügt über seine eigene Weisheit. Er möchte nicht an Schmerz und Leiden festhalten. Loslassen ist ein natürlicher Prozess. Wenn wir diese Erfahrung wegschieben und sie zu vermeiden suchen, dann erlauben wir uns nicht, uns zu verkörpern und das, was geschieht, vollständig zu erfahren. Wir leisten der Erfahrung Widerstand. Indem wir das tun, vergrößern wir in Wirklichkeit das Leiden. Der Buddha hat uns den Weg gewiesen, der weg vom Leiden und hin zum Glück führt, wenn wir unsere Aufmerksamkeit auf die Erfahrung richten und uns ihr öffnen.

Wie bei der Übung, als wir den Körper Schritt für Schritt erkundet haben, so geht es auch bei dieser Praxis nicht darum, eine starke Empfindung an einem Ort mit einem Ort zu vergleichen, an dem wir überhaupt nichts wahrgenommen haben. Es geht darum, dass wir es uns erlauben, eine Erfahrung zu machen, sie anzuerkennen und weiter loszulassen: erfahren, anerkennen, loslassen. In dieser Weise bringen wir uns jedesmal selbst in den gegenwärtigen Moment zurück; wir schenken ihm unsere volle Aufmerksamkeit und bleiben durch das Vehikel, das zufälligerweise unser Körper ist, dafür präsent.

Chögyam Trungpa sagt folgendes über den elementaren Ausgangspunkt für diese Festigkeit, dieses Geerdetsein:

> Wenn du sitzt, dann sitze wirklich. Selbst deine umherwandernden Gedanken beginnen, sich auf den eigenen Hintern zu setzen. Es gibt keine besonderen Probleme. Du hast ein Gefühl von Festigkeit, von Geerdetsein und fühlst dich gleichzeitig lebendig. Ohne diese besondere Grundlage würde der Rest deiner Meditationspraxis sehr unausgegoren sein. Du schwankst hin und her, probierst dieses und jenes aus, und es könnte sein, dass du ständig wie auf Zehenspitzen auf der Oberfläche des Universums herumtanzt und nie wirklich irgendwo Fuß faßt. Du könntest zu einem ewigen Autostopper werden ... Im Gewahrsein des Körpers liegt so etwas wie ein Gefühl, zu Hause zu sein.
>
> Chögyam Trungpa

In meiner eigenen Praxis sitze ich im Gewahrsein der körperlichen Erfahrung des Atems. Alle paar Minuten überprüfe ich dann den Rest meines Körpers. Halte ich irgendwo fest oder leiste Widerstand? Manchmal vermeide ich Dinge durch die Beobachtung des Atems einfach nur deshalb, weil ich fest im Atem verankert bin. Es handelt sich also um ein sehr empfindliches Gleichgewicht, eine Kunst, sich auf den Atem zu konzentrieren und einfach innezuhalten – aber nicht bis zu dem Punkt, wo wir nicht mehr bereit sind, uns mit dem zu konfrontieren, was geschieht.

Innehalten und Sehen

In die Meditationssitzung gehen, sich hinsetzen und die Aufmerksamkeit auf den Atem und den Körper zu richten, ist einfach. Könnten Sie sich ein einfacheres Ziel setzen? Dennoch sperren wir uns dagegen, einfach nur gegenwärtig zu sein. Wir würden lieber darüber spekulieren, was passieren könnte oder uns erinnern, was passiert ist. Nicht, dass daran etwas falsch oder verkehrt wäre, aber die

Eine Praxis der Verkörperung

Gegenwart zu verlieren, ist eine Art, die Verbindung zu verlieren. Wir müssen damit beginnen, unsere Aufmerksamkeit für das, was hier und jetzt vorhanden ist, aufzubauen und zu verstärken.

Das folgende Zitat stammt aus dem *Chi I* von dem chinesischen buddhistischen Meister T'ung Meng Chi'h Kuon:

> Es gibt viele Wege, um in die Realität des Nirwana einzutreten, aber im wesentlichen sind alle in zwei Praktiken enthalten – innehalten und sehen. Innehalten ist das Haupttor, um die Fesseln der Zwanghaftigkeit zu überwinden. Sehen ist die wesentliche Voraussetzung, um die Verwirrung zu beenden. Innehalten ist die gesunde Quelle, die den Geist nährt. Sehen ist die wunderbare Kunst, die intuitives Verstehen fördert. Innehalten ist die effektive Ursache, um konzentrative Gelassenheit zu erreichen. Sehen ist die eigentliche Grundlage für erleuchtete Weisheit. Ein Mensch, der sowohl Konzentration als auch Weisheit erreicht hat, besitzt alle Voraussetzungen, um sich selbst und anderen zu helfen. Es sollte also bekannt sein, dass diese beiden Techniken wie die beiden Räder eines Triumphwagens, wie die beiden Flügel eines Vogels sind. Wenn Sie nicht beide Teile in ausgewogenem Verhältnis üben, dann werden Sie vom Weg abkommen. Daher bezeichnen die Sutras die einseitige Pflege der Verdienste der konzentrativen Ruhe ohne die Praxis von Verständnis als Stumpfheit. Die einseitige Pflege von Wissen ohne die Praxis von Ruhe und Gelassenheit wird wahnsinnig genannt. Stumpfheit und Verrücktheit sind, obwohl grundsätzlich verschieden, doch gleich in dem Sinne, dass sie beide eine ungesunde Sichtweise verstärken.

In der Praxis der Sitzmeditation üben wir die Fähigkeit innezuhalten, und daraus entsteht auf natürliche Weise die Fähigkeit zu sehen, denn wir verlangsamen unser Tempo und beginnen zu sehen, wie wir handeln. Wir haben die Chance zu untersuchen, wer und wie wir sind. Einfach nur hier zu sein, ist eine wunderbare Erfahrung. Es ist unglaublich geheimnisvoll. Indem wir einfach innehalten, öffnen wir uns für die Möglichkeit des Sehens. Den Atem zu beobachten, schafft Konzentration, welche die Fähigkeit ist, innezuhalten und vollkommen aufmerksam zu sein. Die Fähigkeit zu sehen, führt zu vorurteilsfreier Bewußtheit, einer expansiven Fähigkeit, für das offen zu sein, was gerade geschieht.

Konzentration erlaubt uns, Stabilität zu entwickeln. Konzentration baut unsere Stärke auf, so dass die Ereignisse uns nicht überwältigen. Wir lassen weder unserer Freude noch unserem Schmerz freien Lauf, aber wir erlauben uns, offen zu sein und zu fühlen, wie es ist, genau hier zu sein. – Sie setzen sich auf Ihr Meditationskissen, schließen Ihre Augen und denken: „Ich werde jetzt meine Aufmerksamkeit auf dieses oder jenes richten." Aber was ist das erste, was dann geschieht? Ihr Geist driftet ab, und Sie fangen an, an gestern zu denken oder zu planen, was Sie morgen tun werden. Der Geist hebt ab. Also sagen Sie geschwind: „Hallo, hierher!" Und jedesmal, wenn Sie Ihre Aufmerksamkeit zu dem zurückbringen, was in diesem Augenblick passiert, stärken Sie Ihre Fähigkeit, gegenwärtig zu sein, was zu einem unglaublich kraftvollen Seinszustand führt, einem Gefühl der Verbundenheit mit allen Dingen. Der Buddha hat dies „Sitzen auf dem Löwen-Thron" genannt. Sie sind verbunden mit dem Körper, den Gedanken, dem Riechen, dem Sehen, dem Schmecken – von Augenblick zu Augenblick.

Also erkennen Sie die jeweilige Erfahrung an, indem Sie sie sehr klar wahrnehmen, und sie dann loslassen. Sie verbinden sich erneut vollständig mit der Erfahrung – und lassen los. Das ist ein einfacher Prozess. Das ist Leben, und das ist Tod. Es passiert in winzigen Augenblicken, in denen Sie zu sehen beginnen, dass die Aufmerksamkeit rastlos von einem Gegenstand zum nächsten und wieder zum nächsten springt. Langsam lassen Sie ab von diesem ständigen Kampf und beginnen, das Ganze als einen Prozess, einen Fluss zu sehen. Der Geist möchte es zu etwas Solidem machen und festhalten wie eine Fotografie; was jedoch in Wirklichkeit passiert, ist, dass eine Erfahrung blitzschnell auf die andere folgt. Die Praxis macht es möglich, ständig damit in Verbindung zu bleiben und Sie entwickeln die Bereitschaft, in jedem einzelnen Augenblick vollkommen gegenwärtig zu sein, wieder und wieder und wieder. Das folgende Zitat stammt von Martha Graham:

Es gibt eine Vitalität, eine Lebenskraft, eine Energie, eine Beschleunigung, die in Handlung umgesetzt wird. Und da es nur einen Menschen deiner Art bis in alle Ewigkeit gibt, ist diese Ausdrucksform einzigartig. Und wenn du sie blockierst, wird sie durch kein anderes Medium ausgedrückt werden und geht verloren. Die Welt wird sie nicht zur Verfügung haben. Es ist nicht deine Sache festzulegen, wie gut sie ist oder wie wertvoll, noch wie sie mit anderen Ausdrucksformen zu vergleichen ist. Es ist vielmehr deine Aufgabe, sie ganz klar und deutlich als die deinige zu behalten; die Kanäle offenzuhalten. Du mußt nicht einmal an dich oder deine Arbeit glauben; du mußt dich vielmehr offenhalten und dir der Antriebe, die dich motivieren, direkt bewußt sein.

Bei dieser Praxis geht es darum, ein vollständiger Mensch zu werden; es geht um Ganzheit. Ganzheit bedeutet, für alle Sinne wach zu sein; zu sehen, zu riechen, zu fühlen, zu hören, zu schmecken, zu denken. Ich bin nicht meine Gedanken; sie sind einfach nur Gedanken. Ich bin mehr als meine Gedanken. Ich bin diese ganze Gestalt, dieses ganze Wesen. Und wenn ich komme und sitze, dann erkenne ich meine volle Gegenwart an und bin bereit, mit dem Ganzen zu sein.

Letztes Jahr im Herbst habe ich einen Retreat gemacht. Ich hatte etwa eine Woche oder zehn Tage lang gesessen, als mein Körper zu zucken begann. Ungeheure Vibrationen gingen durch meinen Körper, und ich wurde vollständig durchgeschüttelt. Mit einem Mal begann ich zu begreifen, dass ich lediglich dabei war, mich zu entspannen und die Schutzschichten, die mein Körper aufgebaut hatte, bzw. das, was Wilhelm Reich den „Körperpanzer" nannte, loszulassen. Indem ich die Starre meines Körpers aufzuweichen und zu lockern begann, erlaubte ich mir, ein wenig berührbarer zu werden.

Der Raum, der bei Retreats geschaffen wird, ist ein sicherer Ort, an dem man sich selbst wirklich erfahren kann; wo man sich die Erlaubnis geben kann zu weinen, wenn es nötig ist, und es sich erlauben kann, die eigene Trauer oder den eigenen Schmerz zu spüren und zugleich die Leichtigkeit und Freude zu erfahren, in einer friedvollen Umgebung zu sein. Man kann vollkommen präsent sein und einen Teil des Panzers, der für die Distanz zwischen einem selbst und den eigenen Erfahrungen verantwortlich ist, auflösen.

Einmal habe ich eine Erfahrung gemacht, bei der ich meinen Schutz auf ziemlich unerwartete Weise fallen ließ. Ich war Schüler der tibetischen Lamas Tubten Yeshe und Tubten Zopa gewesen. Ich war vier oder fünf Jahre lang in Indien gewesen und hatte sie etwa ein Jahr lang nicht gesehen. Zu jener Zeit widmete ich mich intensiv der Vipassana-Praxis, aber ich war immer noch wie ein tibetischer Yogi in einen Dhoti, einer Art von weißem Rock, unter dem man keine Unterwäsche trägt, gekleidet. Ich machte mich schließlich nach Bodhgaya auf, dem Ort, an dem der Buddha Erleuchtung erlangte, um sie zu treffen. Ich freute mich wirklich darauf, sie zu sehen. Sie saßen vorne in der Meditationshalle auf Kissen, und eine Gruppe von Menschen umringte sie zu beiden Seiten. Ich ging bis zur Mitte des Raumes und begann, vollständige Niederwerfungen zu machen, bei denen man sich ganz auf den Boden wirft. Und ich trat auf meinen *Dhoti*. Das nächste, was ich mitbekam, war, dass ich dort nackt vor meinen Lehrern und all diesen anderen Menschen stand. Tibeter sind sehr sittsame Menschen, und mir war das Ganze furchtbar peinlich, von Körperempfindung ganz zu schweigen. Es war eine unglaubliche Situation. Ich wußte nicht, wie ich mich aus dieser mißlichen Lage herausretten sollte. Wie macht man so etwas mit Anmut?

In gewisser Weise gleicht das einer Metapher für die Praxis. Das mag zwar weit hergeholt klingen, aber es stimmt. Bei der Praxis geht es darum, etwas von dem äußeren Schutz loszulassen, den man mit sich herumträgt. Das erlaubt es Ihnen, Ihr Herz für die Schlichtheit des gesamten Prozesses zu öffnen. Es ist einfach; ein Augenblick nach dem anderen. Ja, es sind Empfindungen da, es sind Gefühle da, die man anerkennen muß – sich weder von ihnen abwenden noch in ihnen schwelgen –, sondern ihnen erlauben, da zu sein und sich selbständig zu entfalten. Jede dieser Empfindungen ist einfach nur ein unbeständiges Phänomen, das eben auftaucht. Sie ist einige Augenblicke da; Sie erkennen sie an, und dann zieht sie weiter und eine andere taucht auf. Darauf vertrauen zu können, dass immer wieder eine andere kommen wird, ist eine Gnade. Diese Praxis, bei der man die Unbeständigkeit der Phänomene erlebt, ist immer dann besonders wichtig, wenn wir in einer Sache gefangen sind und nicht sehen können, dass sie sich unaufhörlich verändert. Eine der tiefsten Einsichten, die wir bei einem Retreat gewinnen können, ist die Erfahrung der Unbeständigkeit.

Und wenn wir vollkommen in Kontakt mit der sich dauernd verändernden Gegenwart leben, wissen wir nie, was als nächstes passieren wird. Es ist ein Geheimnis. Können wir mit Anmut beginnen, dieses Geheimnis anzuerkennen, das vor unseren Augen liegt? Können wir es so vollständig wie nur möglich erleben, mit allen Freuden und Schmerzen, allen Erfolgen und Mißerfolgen?

Eine Praxis der Verkörperung

Letzte Nacht träumte mir (oh wunderbarer Irrtum!)
dass Honigbienen in meinem Herzen säßen
und aus all meinen alten Mißerfolgen Honig machten.

> adaptiert aus „Letzte Nacht" von Antonio Machado
> nach der Übersetzung von Robert Bly in
> *The Rag and Bone Shop of the Heart*

JULIE WESTER

Mein Beitrag zu dem Projekt von Spirit Rock besteht in den Früchten einer mehr als zwanzigjährigen Praxis mit westlichen Dharmalehrern. Ich bin dankbar für die traditionsreiche und engagierte Praxis, die meine Dharmafreunde und Lehrer, insbesondere Stephen Levine, Joanna Macy, Jack Kornfield, Thich Nhat Hanh und Ruth Denison an mich weitergegeben haben.

Ruths Angebot von Übungen zur Sensibilisierung des Körperbewußtseins nach der *U Ba Khin*-Tradition hat mir grundlegende Einsichten vermittelt und ist seitdem zu einem wichtigen Medium bei meiner eigenen Lehrtätigkeit geworden. Mit ihrem kreativen und bisweilen sogar provokanten Einsatz von Bewegung und Sinneserforschung zum Zweck einer unmittelbar sinnlichen Erfahrung des Lebens hat Ruth mir die Möglichkeit eröffnet, meinem intuitiven Verständnis des Dharma zu vertrauen.

Im Augenblick ist meine zweijährige Tochter Sophia meine Lehrerin. Sie leitet mich an, in eine tiefere Intimität mit der Natur einzutauchen – angefangen bei den Käfern, Schnecken und Weinstöcken in unserem eigenen Hinterhof. Mein Mann Jonathan und ich üben uns durch unsere tägliche Praxis der Dankbarkeit für die Kostbarkeit und Zerbrechlichkeit des Lebens. Wenn wir uns bei Tisch an den Händen halten – dieses Tischgebet wird häufig von Sophia initiiert –, dann schauen wir uns in die Augen und tun einen bewußten Atemzug. „Ah, danke...“ Dieser Moment ist genug.

Sensibilität gegenüber dem Leben pflegen

Was wir durch diese besondere Bewußtseinspraxis zu entwickeln suchen, könnte man eine Einladung nennen – eine Einladung an uns selbst, sensibler gegenüber dem Leben zu werden. Wir laden uns ein, unsere Sensibilität gegenüber der Lebendigkeit im eigenen Innern sowie unserer Verbundenheit mit allem Leben um uns herum zu erhöhen. Wir kultivieren diese Sensibilität, indem wir sehr einfach werden, unser Tempo verlangsamen und bereit sind, die Dinge so zu sehen, wie sie auf der Ebene der ursprünglichen Nähe, der Ebene des schlichten Lebendigseins, sind.

Um zu tieferer Einsicht in unsere grundlegende Einheit mit allem Leben zu gelangen, bietet Gary Snyder den Vorschlag an, sich mit den Namen der Lebewesen – der Pflanzen und Tiere – eingehender zu befassen und ihre Lebenszyklen, ihr Fortpflanzungsverhalten sowie generell das Wesen ihres Lebens und Sterbens kennenzulernen. Ein solches Wissen weckt das Bewußtsein von unserer wechselseitigen Verbundenheit mit der Welt. Man mag vielleicht eine abstrakte Vorstellung davon haben, was es bedeutet, die Menschheit oder die Erde zu lieben, aber, über die Abstraktion hinaus, läßt man sich auf ein tieferes Wissen um das Wesen des Lebens ein, wenn man die lebendige Realität eines Menschen oder eines bestimmten Platzes auf der Erde kennt.

Diejenigen von uns, die im Laufe der Jahre auf dem Grund von Spirit Rock gelebt haben, kennen das Land ganz genau; sie haben den Durst des Landes und seine Sehnsucht nach Regen gespürt; sie haben gejubelt, wenn der kleine Fluß Wasser führte; sie haben die Jahreszeiten des Hügellandes kennengelernt – die braunen Gräser im Sommer und die wilden Blumen im Frühling.

Ich muß zugeben, dass ich gerade erst dabei bin, für diese Art von Sensibilität gegenüber der Welt zu erwachen. Bis vor kurzem hatte ich nur ein vages „Raumgefühl" und konnte einen Adler nicht von einer Seemöwe unterscheiden. Mein Partner Jonathan hat mir mit seiner bewußten und intensiven Verbindung zur Natur dabei geholfen, mein Gefühl der Verbundenheit mit allem Leben zu wecken. Ich habe entdeckt, dass sich mir, wenn ich in diesem Geist in der Welt lebe, in unverhofften Augenblicken Möglichkeiten des Erwachens bieten können.

Vor einigen Monaten schlug Jonathan vor, zum Aquarium von Monterey Bay zu fahren, um die Quallen zu besuchen. Diese halbdurchsichtigen Geschöpfe, die ich vorher nur zu unförmigen Haufen reduziert gesehen hatte, wenn sie am Strand angeschwemmt worden waren, schwammen hier in ihrer vollen Anmut und Schönheit umher. Das Aquarium ist ein sehr geschäftiger Ort voller Menschen, die umherhasten und sich Fische anschauen. Aber hier, inmitten all des Gehetzes, stand ich und war vollkommen fasziniert. Ich kniete auf einer Bank, die vor dem Quallenteich angebracht war, damit sich Kinder daraufstellen und besser sehen konnten. Ich hatte das Gefühl, mich in einem Tempel zu befinden, an einem heiligen Ort, in Gegenwart der erstaunlichsten einfachen Wesen, deren gesamtes Leben aus Atmen und Schweben zu bestehen schien ... atmen und schweben ... deren gesamter Körper die Ein- und Ausatmung widerzuspiegeln scheint ... hineinnehmen und entspannt loslassen ... atmen und schweben.

Immer wieder einmal kommt eine Meereswelle vorbei, nimmt die Qualle mit und wirbelt sie umher. Zu beobachten, wie die Qualle von den vorüberziehenden Strömungen weitergeschoben wurde, erinnerte mich an die Wellen von Emotionen, die von Zeit zu Zeit durch die Atmosphäre ziehen, und in denen wir ebenfalls atmen und schweben. Aber die Qualle bleibt ihrer eigenen Natur treu und fährt inmitten des sich verändernden Flusses mit ihrer Hauptfunktion fort – atmen und schweben, mit den sich verändernden Gezeiten fließen. Die Qualle ist für mich zu einer ständigen Erinnerung an die Möglichkeit geworden, mich in diese Einfachheit des Lebens hineinzuentspannen, wo es nichts Wichtigeres gibt, als sich daran zu erinnern – atmen und schweben.

Meditation zu den Elementen: Alles Leben ist Energie

Ich habe es stets als sehr hilfreich empfunden, über die Elemente zu reflektieren, um mehr Sensibilität dem Leben gegenüber zu entwickeln. Dabei handelt es sich um eine traditionelle buddhistische Meditationspraxis, die der Buddha in seiner Unterweisung über die erste Grundlage der Achtsamkeit, die Achtsamkeit des Körpers, gelehrt hat. Betrachtungen über die Elemente sind häufig in den Anweisungen für die Vipassana-Meditation enthalten. Ich möchte darüber sprechen, um sie allgemein bewußt zu machen, denn ich glaube, dass diese Praxis eine sehr wirksame Methode sein kann, um ein „gegenwärtiges Bewußtsein" aufzubauen, sowohl innerhalb formaler Meditationssitzungen als auch im täglichen Leben.

Alles Leben ist Energie, die sich ausdrückt in ständig verändernder Form. Wir sind. Die Erde ist. Dies wissen wir sowohl aus den Erfahrungen der Mystiker vieler Traditionen als auch aus den Beobachtungen der modernen Physik. Bisweilen können wir uns in der Meditation in diese Ebene, auf der man sich selbst direkt als Energie, als Schwingung erfährt, hineinfallen zu lassen. Dabei handelt es sich um ein primäres Bewußtsein des Seins, des Lebens selbst, das unterhalb der Ebene von Konzepten oder Interpretationen stattfindet. Auf dieser Bewußtseinsebene können wir direkt wahrnehmen, dass wir nicht nur dieses isolierte Selbst sind, sondern vielmehr ein Energiefeld inmitten größerer Energiefelder.

Über die Elemente zu reflektieren, bedeutet, sich der verschiedenen Formen bewußt zu werden, die Energie in unserem Körper annehmen kann. Dies ebenso wahrzunehmen, wie die Art, in der sich diese Formen verändern, kann ein verbindendes Bewußtsein zwischen unserer gewohnten relativen Bewußtseinsebene, in der wir uns selbst als diese scheinbar soliden und dauerhaften Körper wahrnehmen, und dem tieferen Bewußtsein von uns selbst als sich ständig verändernden Energiemustern, herstellen.

Die folgenden Anweisungen können Sie als geführte Meditation zu den Urelementen Erde, Feuer, Luft und Wasser verwenden.

Beginnen Sie damit, sich vollkommen Ihres Sitzens bewußt zu werden. Spüren Sie unter sich die Festigkeit der Erde, die Sie trägt. Nehmen Sie die Empfindung von Druck wahr, während das Gewicht Ihres Körpers auf der Erde ruht. Vielleicht können Sie überflüssige Spannungen in Ihren Schultern, Ihrem Kiefer und Ihrem Bauch loslassen, während sie sich mehr und mehr darauf einlassen, „einfach nur zu sitzen." Dieses Gefühl der Solidität Ihres Körpers, der auf der Festigkeit unter Ihnen ruht, ist ein direktes Spüren des Elementes Erde: das „Erdelement", das auf dem „Erdelement" ruht. Genau jetzt, wo Sie dasitzen und diese Worte lesen, können Sie eine Ahnung von Ihrer eigenen lebendigen Beziehung zum Erdelement bekommen.

Ein anderer Aspekt von Energie, den wir durch direktes Spüren erfahren können, ist das Element des Feuers oder der Temperatur. In jedem Moment können wir Wärme oder Kühle in uns spüren. Vielleicht spüren Sie das Feuerelement in der Atmosphäre um sich herum, in der Wärme Ihres Körpers, der kühlen Berührung von Luft auf Ihrer Haut, der warmen Berührung der Kleidung.

Wenn Sie erst einmal ein klares Bewußtsein des Sitzens, von der Erde und dem Feuer entwickelt haben, werden Sie sich wahrscheinlich ganz von selbst der Bewegung des Luftelementes bewußt, wie es ein- und ausströmt. Die Bewegung der Luft, der Fluß des Atems, zeigt sich als die Bewegung wechselnder Empfindungen innerhalb Ihres Bewußtseinsfeldes. Es ist viel leichter, die Verbindung zum Atem aufrechtzuerhalten, wenn Sie die von der Atembewegung hervorgerufenen Empfindungen unmittelbar spüren. Dies ist die unmittelbare Erfahrung von Energie in der Form des Elementes Luft.

Unsere Körper bestehen, wie wir wissen, zu einem großen Teil aus Wasser, aber vielleicht können wir das zunächst nicht deutlich wahrnehmen.

Vielleicht spüren Sie manchmal Ihren Herzschlag oder das pulsierende Blut. Das ist das Wasserelement, das durch Sie hindurchströmt. Sie können das Element Wasser als Qualität des Fließens, der Flexibilität und des Zusammenhalts spüren, die es Ihnen erlauben, sich zu bewegen und zu dehnen, und die es Ihrem Atem erlauben zu fließen. Wenn Sie sich einem unmittelbaren Spüren des Lebens von Moment zu Moment vollkommen hingeben, dann offenbart sich Ihnen das Wasserelement.

Sie können die Bewegung von Energie in all diesen Formen unmittelbar wahrnehmen, und während Sie das tun, beginnen Sie festzustellen, dass sich Energie in ständiger Veränderung und ständigem Fluß befindet. Wenn Energie sich zwischen verschiedenen Manifestationen bewegt, können Sie sie in Form von Wellen, von

Schwingung oder Pulsieren wahrnehmen. Bisweilen kann die Betrachtung dieser Bewegungen elementarer Energien befreiend sein, und zwar insbesondere inmitten starker Empfindungen. Druck, Dichte, Schwere, Brennen, Auflösung – Momente intensiver Empfindungen sind Bestandteile des Lebens, die Sie möglicherweie ins Licht Ihres Bewußtseins heben können. Wenn Sie in der Vorstellung von Knie- oder Herzschmerzen gefangen sind, oder der Atem sich schwer anfühlt – was für eine Erleichterung ist es dann denken zu können: „Ah, Erdenergie, ah, Feuerenergie", und deren veränderliche Natur wahrzunehmen, zu erkennen.

Interdependenz

Indem wir die Fähigkeit entwickeln, auf diese Weise über die Wahrnehmung der Elemente in uns zu reflektieren, beginnen wir ganz von selbst, uns unserer tiefen und intimen Verbundenheit mit dem Leben um uns herum ganz unmittelbar bewußt zu werden. Indem wir fühlen, dass wir aus Erde, Luft, Feuer und Wasser bestehen, können wir direkt spüren, dass wir aus demselben Stoff gemacht sind, wie der Rest des Universums. Wir hängen, wie alle anderen Lebewesen auf dieser Erde auch, von einem äußerst empfindlichen energetischen Gleichgewicht, einer bestimmten Menge und Art von Luft und Wasser innerhalb eines relativ engen Temperaturspektrums ab. Indem wir uns selbst auf dieser intimsten und elementarsten Ebene erfahren, beginnen wir direkt unsere Interdependenz mit allem Leben zu erkennen. Die Lehren der gegenseitigen Verbundenheit können unser Leben auf sehr tiefgreifende Weise prägen, wenn wir zulassen, dass die Auswirkungen dieses Bewußtseins für uns real werden.

Ich möchte gerne mit dem folgenden Zitat von D.H. Lawrence schließen:

> Wir können Verbundenheit nicht ertragen. Das ist unsere Krankheit. Wir müssen uns abspalten und isoliert sein. Wir nennen das frei sein, ein Individuum sein. Jenseits eines bestimmten Punktes, den wir erreicht haben, ist das Selbstmord. ... Wonach der Mensch am leidenschaftlichsten verlangt, ist seine lebendige Ganzheit, der Einklang mit dem Leben. ... Ich bin Teil der Sonne, ebenso wie mein Auge ein Teil von mir ist. Dass ich Teil der Erde bin, wissen meine Füße nur allzu gut, und mein Blut ist Teil des Meeres. ... Es gibt keinen Teil von mir, der alleine und iso-

liert wäre, außer meinem Geist, und wir werden feststellen, dass der Geist nicht für sich selbst existiert; er ist lediglich das Glitzern der Sonne auf der Oberfläche des Wassers.

D.H. Lawrence, *Apocalypse*

MARIE MANNSCHATZ

Marie Mannschatz hat mehr als zwei Jahrzehnte in freier Praxis als Gestalt- und Körpertherapeutin gearbeitet. Sie praktiziert Vipassana-Meditation seit 1978 bei ihrem Lehrer Jack Kornfield und wurde von ihm in den neunziger Jahren zur Vipassana-Lehrerin ausgebildet. Jetzt unterrichtet sie diese Form der Achtsamkeitsmeditation in Europa und USA, dort vor allem im Spirit Rock Meditation Center, Californien. 1996 gründete Marie Mannschatz zusammen mit anderen Meditationslehrerinnen das der DBU angegliederte Netzwerk ‚Buddhistische Perspektiven'. Marie Mannschatz lebt am Stadtrand von Berlin und schreibt gegenwärtig ein Buch über die Metta-Meditation.

Fünf klassische Hindernisse
im Alltag und in der
Meditationspraxis

Wie sehr wir von Gewohnheiten bestimmt werden, merken wir erst, wenn wir versuchen auszubrechen. Schon der Vorsatz, sich still hinzusetzen und eine halbe Stunde lang gar nichts anderes zu tun, als die Atembewegung zu empfinden, kann erheblichen Widerstand wecken. Noch stärker werden die Abwehrreaktionen, wenn wir mehrere Tage meditieren und schweigen. Die Übung der Achtsamkeit provoziert unseren Geist zu Gegenreaktionen. Er möchte den bekannten Trott nicht aufgeben, es widerstrebt ihm, sich neuen Erkenntnissen zu öffnen.

Bei einem längeren Klosteraufenthalt in Asien begegnete mir eine junge, australische Krankenschwester, die noch nie meditiert hatte, doch gerne die Methode lernen wollte. Niemand bereitete sie auf etwaige Schwierigkeiten vor. Sie bekam von einem Mönch eine kurze Einweisung, danach mußte sie sich allein zurechtfinden. In ihrem stillen Sitzen erfuhr sie schon nach kurzer Zeit rebellisches Aufbegehren. Sie spürte den dringenden Impuls laut schreiend wegzulaufen. Ihre körperlichen Reaktionen wurden für sie so schwer kontrollierbar, daß sie sich nach vier Tagen zur Abreise entschloß.

Ihr fehlte als Handwerkszeug das Wissen um die Fünf Hindernisse. Ein von Hindernissen erfüllter Geist hat seine Zielstrebigkeit verloren und kann sich nicht wohlig entspannen und auch nicht die Kontinuität der Konzentration wahren.

Marie Mannschatz

Die durch die Meditationsübung vertiefte Konzentration wirkt wie ein Mikroskop - sie holt verdrängte emotionale Prozesse, Gefühle, körperliche Spannungen und Blockaden ins Bewußtsein. Plötzlich wird unser Geist überflutet mit Bildern und Gedanken, der Körper reagiert mit Schmerzen, der Atem verkrampft sich - aus Furcht vor dem Auftauchen unangenehmer Erfahrungen. produziert der Geist klassische Abwehrmuster.

Wenn wir nicht in den gewohnten Gleisen weiterfahren wollen, wenn wir uns verändern möchten durch Meditation, dann ist es notwendig, die Abwehrstrategien des Geistes zu kennen und zu benennen, denn nur die Erfahrungen, denen wir Namen geben können, lassen sich verwandeln und auflösen.

Fünf klassische Hindernisse schränken unsere Wahrnehmung ein und verursachen zuweilen große Schwierigkeiten für Meditationsanfänger. Diese fünf Hindernisse begegnen uns überall im Leben. Sie heißen: Verlangen oder Habenwollen, Abwehr oder Nicht-Habenwollen, Trägheit, Unruhe und Zweifel. Unter dem Einfluß der Hindernisse ist klares Erkennen schwer möglich, denn Hindernisse schieben sich wie eine Nebelwand vor unsere Gewohnheiten und Verhaltensmuster, Unabhängig von Kultur und Herkunft existieren die Hindernisse in jedem Menschen und haben charakteristische Auswirkungen auf Herz und Geist, die ich im folgenden beschreiben und zusammenfassen möchte.

Es soll deutlich werden, wie wir die Hindernisse erkennen, wie wir im Alltag und in Meditationskursen sinnvoll mit ihnen arbeiten und welche positiven Kräfte (,Gegenmittel') wir einsetzen können, um den Geist von Hindernissen zu reinigen, zur Ruhe zu bringen und Einsicht zu ermöglichen.

Zu Buddhas Zeiten gab es nur ein einziges Wort für Herz und Geist: *citta*. Wir könnten citta mit dem ungewohnten Wort 'Herzgeist' übersetzen. Diese Übersetzung hilft uns, unsere Wahrnehmung neu auszurichten und Herz und Geist wieder miteinander zu verschmelzen und zu begreifen, daß alles, was im Geist geschieht, auch im Herzen ein Echo hat.

In der buddhistischen Psychologie ist citta, der Herzgeist, ein Sinnesorgan. Neben den uns vertrauten fünf Sinnen bestimmt citta als sechster Sinn unsere Erfahrung von der Welt. Ist der Herzgeist eng und abweisend, wird uns auch die Welt als unfreundlich und lieblos erscheinen. Gehen wir mit offenem Herzgeist in den Tag, machen wir positive Erfahrungen.

Fünf klassische Hindernisse im Alltag

Der Buddhismus lehrt, daß gesundes, wohlwollendes Handeln ein friedliches Leben bewirkt und daß unkluges Handeln unglückliche Folgen hat, somit ein friedliches Leben verhindert. Je mehr uns dieser Zusammenhang zwischen Geisteshaltung und Lebenserfahrung nachfühlbar wird, desto mehr werden wir uns bemühen, den Herzgeist zu reinigen und zu pflegen. Damit die Herzgeistkräfte zunehmend freier und fokussierter fließen können, müssen wir die fünf Hindernisse erkennen und auflösen.

Schlüssel für unser Bemühen ist Achtsamkeit. Mit Achtsamkeit kommen wir den Hindernissen auf die Schliche und entdecken, welche Hindernisse Geist und Körper häufig aufstellen. Wir erkennen, vor welchem Hindernis wir besonders gerne zurückscheuen und welches Gegenmittel ausgleichend wie eine natürliche Medizin wirkt. Wenn wir dank achtsamer Wahrnehmung Hindernissen und Gegenmitteln Namen geben können, rufen wir unsere Erfahrung in unser Bewußtsein. Durch behutsames Anwenden der Gegenmittel bringen wir unseren Herzgeist ins Gleichgewicht. Bereits diese Fähigkeiten wirken tief befreiend und bewußtseinswandelnd.

Nun zum ersten Hindernis, das Verlangen oder Habenwollen heißt. Verlangen treibt uns durch die Welt. Es liegt in der Natur unseres Sinnesapparates, daß wir von angenehmen Erfahrungen immer mehr haben wollen und nie genug bekommen können. Wir sehnen uns nach schönen, aufreizenden, immer neuen und interessanten Erlebnissen, nach gutem Geschmack, tollen Gerüchen, herrlichen Klängen und intensiven Gefühlen. In unserer Konsumkultur wird das Haben-Wollen ständig verstärkt. Werbung suggeriert: wenn du das kaufst, bist du glücklich, wenn du das rauchst, bist du frei, wenn du dir dieses Auto leisten kannst, wirst du bewundert. Unser Wirtschaftssystem baut auf endloses Wachstum. Unsere Kaufkraft soll beweisen, wer wir sind. Wir hoffen, durch Geld Sicherheit zu gewinnen, doch das große Loch in unserem Inneren läßt sich nicht mit materiellen Gütern stopfen. Das emotionale Verlangen, der Hunger nach Liebe und Geborgenheit, scheint unstillbar zu sein. Gefühle der Entfremdung und des Verlassenseins quälen uns weiterhin. Schließlich müssen wir erkennen , was Meister aller Kulturen seit jeher verkünden: Angenehme Empfindungen sind ebenso vergänglich wie materielle Güter. Wachsender Konsum bedeutet nicht wachsendes Glück.. Wahre Lebenskunst liegt in der Vereinfachung und im Loslassen des ständigen Habenwollens, das uns gefangen hält.

In den traditionellen Schriften werden die Folgen von Verlangen und Genußsucht am Beispiel der Affenfalle erklärt. In Asien fängt man einen wilden Affen, indem eine Kokosnuß handbreit aufgeschlitzt und ausgehöhlt wird. Dann befestigt man die Kokosnuß an einem Pfahl oder einer Kette und legt als Lockmittel ein Stück von dem köstlich duftenden Kokosmark hinein. Affen lieben Süßigkeiten und wittern sie aus weiter Ferne. Der gierige Affe schlüpft mit der Hand in die Falle. Da er die Süßigkeit nun in seiner kleinen Faust hält und die Faust nicht durch den Schlitz paßt, sitzt er fest und zappelt um sein Leben. Dabei brauchte er nur die Süßigkeit loszulassen, um die Hand aus der Nuß zu ziehen und frei zu sein. Der Affe kann seine Gier auf Süßes aber nicht loslassen. Das Haben-Wollen fesselt ihn und kostet ihn seine Freiheit.

Wir wundern uns über den Affen und sind oft selbst nicht schlauer. Aus Angst vor dem Gefühl der Unvollständigkeit und der inneren Leere konsumieren wir pausenlos, greifen nach immer mehr und verlieren dabei die innere Mitte. Unsere überhöhten Ansprüche setzen uns unter alltäglichen Streß, bis wir krank und leidend sind. Auch im Meditationsretreat zeigt sich Verlangen auf vielfältige Weise: Die Bedingungen sollen schön sein, wir wollen möglichst keine unangenehmen Geräusche hören, schnarchende Zimmernachbarn treiben uns zur Abreise, wir vergleichen unsere ‚Meditationsleistungen', schielen bei Körperübungen und Mahlzeiten abschätzend zu den anderen hin, wollen uns vergewissern, daß wir gut, besser, richtiger sind. Verlangen beherrscht unseren unbewußten Geist.

Als heilsames Gegenmittel wird Konzentration, d.h. zielgerichtete, achtsame Wahrnehmung gelehrt. Wir begegnen dem Habenwollen , indem wir uns genau anschauen, was wir empfinden und erleben, wenn wir unserem Wollen nachgeben, wenn wir zum Beispiel mehr einkaufen oder essen, als wir aus eigener Überzeugung brauchen. Was spüren wir im Körper, welche Gedanken und Bilder, welche Gefühle begleiten den Prozeß vom aufkeimenden Verlangen bis zum Gesättigtsein? Können wir heilsames und unheilsames Wollen unterscheiden ? Gefangensein besteht erst, wenn wir nicht mehr „Nein" sagen können zu dem Reiz, der sich bietet, wenn wir so abhängig sind, daß wir scheinbar keine Wahl mehr haben und in der Falle sitzen. Konzentrierte Wahrnehmung ist ein Gegenmittel zum Verlangen, weil der Geist in der Konzentration zur Ruhe kommt und nicht nach weiteren angenehmen Sinneseindrücken sucht.

Das zweite Hindernis ist das Gegenteil vom ersten Hindernis: während Verlangen und Habenwollen Erfahrungen anzieht, weisen Aversion und ärgerliches Nicht-Habenwollen bestimmte Erfahrungen weit von sich. Der mit Abwehr und Ärger erfüllte Geist will nicht wahr haben, was tatsächlich geschieht und sucht nach Mitteln der Vermeidung und Zerstörung. Auswirkungen dieser Geisteshaltung sind Furcht, Eifersucht, Nervosität, Feindseligkeit, Nörgelei, Besserwisserei, vergleichendes Urteilen. Wir haben bestimmte Erwartungen an uns und andere Menschen, werden diese Erwartungen nicht erfüllt, sind wir entrüstet. So schaffen wir uns selbst die inneren Konflikte, die sich in unserem komplexen Alltag zu Streß verdichten. Innere Abwehr, Nicht-Haben-Wollen ist ein Grundbaustein von Streß. Abwehr ist immer von Druck und Gegendruck begleitet. Das abweisende Herz fühlt sich hart und verschlossen an. Es tut uns selber weh und führt dazu, daß andere uns ausweichen. Eine Empfindung steigt im Körper auf, der Hals verengt sich, wir spüren den Kloß und denken, wie die junge Krankenschwester, von der ich anfangs berichtete: „jetzt nicht!" Trauer, Schmerz, Protest, was immer sich zeigen will, wir möchten es nicht haben, weil es nicht in unsere Ansichten und Vorstellungen paßt, weil es sich unangenehm anfühlt. Wir reagieren auf unangenehme Empfindungen mit Aversion, und je weniger wir etwas wollen, desto heftiger rufen wir es unbewußt herbei.

Jeder hat schon erlebt, daß genau das passiert, was wir am meisten fürchten. Wird der Organismus z.B. mit Schmerz konfrontiert, zieht er sich zum Schutz dagegen zusammen. Muskeln kontrahieren und verhärten sich. Fügen wir der körperlichen Reaktion noch eine geistig-emotionale Aversion hinzu („Ich kann den Schmerz nicht leiden, ich will ihn nicht haben!"), dann vertiefen wir ihn damit unbewußt. Wir kleiden den Schmerz in Abwehr und geben ihm so noch mehr Kraft.

Wie können wir das zweite Hindernis erkennen und damit arbeiten? Wie heißt das Gegenmittel? Im Retreat wie im Alltag richtet sich Nicht-Habenwollen gegen unangenehme Gefühle und Erfahrungen. Wenn es gelingt, die Abwehr durch wohlwollendes Akzeptieren zu ersetzen, schwindet das Hindernis. Das gilt ebenso auf der physischen wie auf der psychologischen Ebene.

Die unbewußten Abwehrreaktionen gegen Schmerzen lösen sich, wenn man lernt, die körperliche Erfahrung zu unterscheiden von unseren Gedanken über den Schmerz. Wenn wir voller Interesse den

Schmerz untersuchen, ihn benennen, seine besonderen Eigenschaften erkennen, dann entsteht ein Raum der Akzeptanz. Wir fragen: In welchen Situationen taucht der Schmerz meistens auf, in welchen Abständen wiederholt er sich? Von welchen Emotionen wird der Schmerz begleitet? Kommen Bilder und Erinnerungen dazu? Können wir den inneren Raum spüren, den der Schmerz einnimmt? Können wir Zentrum und Ränder des Schmerzes innerlich abtasten? Ist der Schmerz heiß, stechend, juckend, flächig, wellenartig? Kommen zusammen mit dem Schmerz bestimmte Gedanken auf (z.B. „Selber Schuld, du hättest besser aufpassen müssen!" Oder: „Indianerherz kennt keinen Schmerz.")? Mit dem annehmenden Betrachten lösen sich die Gegenreaktionen, der Schmerz wird von der Verkleidung des Leidens befreit und kann sein was er ist: ein unangenehmes, manchmal schwer erträgliches Gefühl im Körper. Es gibt viel über bewußte Schmerzerfahrung zu lernen. Wenn wir z.B. nur unangenehme Gefühle zu unterdrücken versuchen, schneiden wir gleichzeitig mit den unangenehmen Gefühlen auch immer die angenehmen Gefühle ab. Gefühlserfahrung ist ganzheitlich, man kann nicht auf ein Ende des Spektrums verzichten, ohne das andere auch zu verlieren. Je verständnisvoller sich die Beziehung zum Schwierigen gestaltet, desto weniger Angst müssen wir vor Schmerzen haben. Ja, viele Menschen nutzen ihren Schmerz als Helfer und Lehrer, um ihre Grenzen zu erkennen und längst überfällige Entscheidungen zu treffen und Veränderungen in ihrem Leben einzuleiten.

Ähnlich wie der Umgang mit Schmerz ist der Umgang mit schwierigen Emotionen erlernbar. Angst ist z.B. ein Gefühl, das den meisten höchst unangenehm ist. Wir versuchen deshalb Situationen zu vermeiden, die Angst auslösen. Wenn Angst die Regie im Leben übernimmt und sagt, was zu tun und zu lassen ist, wird der Handlungsraum immer enger. Lebenssituationen die ungewohnt und herausfordernd sind, werden vermieden, jede Form von Irritation erscheint bedrohlich. Können wir verstehen und annehmen, daß Angst und Aufregung zum Wandel gehören? Daß wir uns nicht schämen müssen, wenn wir Angst spüren? Jedes unangenehme Gefühl hat seine innere Berechtigung und möchte akzeptiert werden. Das heißt nicht, daß wir deshalb unseren Kurs ändern müssen. Wir können die Angst spüren und auf dem eingeschlagenen Weg bleiben. Die körperlichen Empfindungen, die wir unter dem Begriff „Angst" zusammenfassen, entpuppen sich oft als Ausdruck von Erregung und energetischer Ladung, die wir stets brauchen, um dem Neuen zu begegnen. Bei genauerem Hinsehen kann aus dem abgewehrten, unangenehmen Gefühl der Angst ein lebendiger Kontakt mit unserer Lebensenergie erwachsen.

Die buddhistische Tradition empfiehlt als Gegenmittel zum abweisenden Herzgeist, zu Aversion und Nicht-Habenwollen Freude und Begeisterung, Großzügigkeit und Verständnis, denn in einem frohen Herzen kann kein ärgerlicher Geist wohnen. Das tiefe Nachempfinden des Nicht-Habenwollens, das Akzeptieren und Verstehenwollen der aversiven Empfindungen wird auf natürliche Weise innere Lösung bewirken. Dadurch wird das Herz weicher, es öffnet sich und kann wieder Kontakt genießen.

Aversion und Böswilligkeit wachsen aus Unzufriedenheit, Verlassensein, Unglück und Mangelempfinden. Wenn wir gut für uns sorgen und uns wohl fühlen, im Einklang mit dem Fluß des Lebens, dann zieht dieser Geisteszustand in uns vorüber, ohne daß wir uns damit identifizieren müssen.

Nach den beiden klassischen Abwehrbewegungen des Herzgeistes - gieriges Ergreifen und ärgerliches Abweisen- kommen wir zum dritten Hindernis, Trägheit, mit dem jedes Erleben so früh abgeblockt wird, daß es zu keiner echten Berührung kommen kann. Die Energie ist so schwach, daß keine Kraft und kein Interesse am Sinneskontakt bestehen. Der träge, stumpfe Herzgeist möchte sich ständig zurückziehen und verkriechen. Man fühlt sich in diesem Zustand müde, benebelt, überfordert, antriebslos und verweigert die Auseinandersetzung. Man will nicht wissen und nicht genau hinschauen. Der träge Geist raunzt: „Ich will nicht, ich hab keine Freude, vielleicht mach ich das später…" Aus Mangel an Selbstwertgefühl blüht die Faulheit, man mag nichts Anpacken, scheut Licht, Luft und Bewegung. Dabei wäre einfaches Tun das beste Heilmittel gegen Trägheit.

Wenn dem Geist die Antriebskraft fehlt, um zum Objekt der Aufmerksamkeit vorzudringen, liegt es manchmal daran, daß die Konzentrationsfähigkeit höher ist als das Energie-Reservoir. Der Meditierende fühlt sich wie gelähmt, wie in Trance, lustlos. Energie und Konzentration müssen erst einmal ins Gleichgewicht gebracht werden.

Im alltäglichen Leben ist es ganz ähnlich. Wir wissen wohl, was erledigt werden muß. Wir können vielleicht sogar Prioritäten benennen, doch wir setzen sie nicht um, uns fehlt die Energie, das Wissen in Handeln zu verwandeln.

Als Gegenmittel zur Trägheit wird frische Energie gebraucht. Energie kommt durch Aufmerksamkeit und Taten. „Energy follows attention" hat meine Aikido-Lehrerin gepredigt - unsere Kraft folgt unserer Aufmerksamkeit. Schritt um Schritt kann diese Kraft aufgebaut werden. Oft behindern wir uns mit überhöhten Ansprüchen. Es ist sinnvoll mit kleinen Taten zu beginnen, sich nur eine einzige Sache vorzunehmen und sie wirklich zu erledigen - daraus bildet sich Zufriedenheit, die wiederum Kraft mit sich bringt. Gutes Gelingen bereitet uns Freude, diese Freude stärkt. Kleine Schritte und daraus resultierende kurzfristige Erfolge bringen die Energie wieder ins Fließen.

Meditierende, die vom trägen Herzgeist geplagt sind, können sich fragen: Was würde mich in Bewegung bringen? Was motiviert mich? Vitalisierende Übungen, schnelles Gehen, im Stehen oder mit offenen Augen meditieren und zum Licht hin schauen, Farbigkeit suchen - all das hilft.

Die alten Schriften lehren als Gegenmittel von Trägheit: Zielgerichtet sein und sich dem Meditationsobjekt entschieden zuwenden. Wenn es gelingt, ein Ziel, ein Objekt ins Auge zu fassen und den Kontakt damit zu halten, wächst neue Kraft. In der Meditation bemühen wir uns ganz besonders um die Wahrnehmung körperlicher Empfindungen, d.h. den Anfang, die Mitte und das Ende der Schläfrigkeit im Körper spüren und keine Aversionen gegen die Trägheit entwickeln, sondern mit viel Geduld erspüren, wo lebendiger Kontakt wieder hergestellt werden kann.

Das stumpfe Herz braucht einen Ort des Aufgehobenseins, an dem es durch schrittweise Forderungen aus den Reserven gelockt wird. Alles was enthusiastisch stimmt, wirkt hier hilfreich. „Follow your bliss" heißt der berühmte Lehrsatz von Joseph Campbell, „folge dem, was dich selig stimmt" gilt ganz besonders für den von Trägheit und Antriebslosigkeit geplagten Geist. Welches Ziel liegt wirklich am Herzen, wohin öffnet sich die Energie? Was wirkt vitalisierend?

Herbeiziehen, abweisen und durch Trägheit blockieren - diese drei Reaktionsformen haben wir bisher kennengelernt. Das vierte Hindernis, Unruhe, ergänzt die Palette der Vermeidungsmöglichkeiten durch unruhiges Herumjagen, was wiederum das Gegenstück zum blockierten Antrieb ist.

Der Herzgeist in diesem Zustand ist rastlos, aufgeregt, geplagt von Gedanken der Sorge, des Bedauerns, der Schuld. Die Aufmerksamkeit springt schnell hin und her, lockt dieses und jenes Objekt an. Man mag bei nichts verweilen, dreht sich ständig im Kreis, verfängt sich in Erinnerungen und Selbstmitleid, fühlt sich innerlich getrieben, möchte aus der Haut fahren. Das reine Sein in der Gegenwart scheint unerträglich. Man spürt einen ständigen Drang, von der Meditation aufzustehen, meint, man würde platzen, wenn jetzt nicht gleich der Gong ertönt.

Das klassische Gegenmittel heißt Trost und angenehmes Verweilen. Der Geist braucht einen Ort, der zum Bleiben einlädt. Man fragt sich: Wo habe ich positive Empfindungen im Körper? Der Geist nimmt diese Empfindungen, die wie ein Ruhepol im Zentrum der Unruhe wirken, vorübergehend zum Meditationsobjekt.

Außerdem möchten alle Begleiterscheinungen von Unrast und Sorge genauestens erforscht und akzeptiert werden. Wie ich es schon zuvor bei den anderen drei Hindernissen beschrieben hatte, sortiert man die Körperempfindungen, die dazu gehörigen Emotionen, die Bilder und wiederkehrenden Gedanken. Womit begann die Unruhe, worin gipfelt sie, wie fühlt sich der Ausklang an? Alles wollen wir wahrnehmen und leise benennen. Durch die gesammelte Aufmerksamkeit entsteht Ruhe und Freude im gegenwärtigen Moment.

Ähnlich wie beim dritten Hindernis, der blockierten Antriebskraft, ist auch im fünften Hindernis, Zweifel, die Verbindung zum Objekt der Aufmerksamkeit behindert - der Zweifel entzweit, teilt den Strom der Aufmerksamkeit, so daß sich weder Tiefe, noch Kontakt entwickeln können. Das zweifelnde Ichweißnicht-Wesen glänzt vor Unentschlossenheit, ist meist fixiert auf das, was nicht klappt, was schiefgehen muß. Es fragt sich: Soll ich bei diesem Partner bleiben? Werde ich betrogen? Bin ich zu gutmütig? Wer liebt, sieht, beachtet mich? Werde ich das schaffen, was ich mir vorgenommen habe? Skeptischer Zweifel wirkt sehr quälend. Man kann sich nur schwer konzentrieren, bewegt sich ziellos umher, erwägt unzählige Möglichkeiten, ohne zu einem Entschluß zu kommen. Zweifel verhindert Handeln. Die Gedanken laufen wie gefangene Tiere im Kreis, während Angst und Getriebensein die Gefühle bestimmen.
Wie können wir herausfinden, ob das Ausharren in einer zweifelhaften Situation unserem Wachstum dient oder ein klarer Schlußstrich uns förderlicher wäre? Die Schauspielerin Mae West schlägt vor: „Wenn ich zwischen zwei Unannehmlichkeiten wählen soll, nehme ich immer eine, die ich noch nicht ausprobiert habe."

Gegenmittel zum Zweifel ist geduldige Aufmerksamkeit oder die Fähigkeit, sich am Objekt der Aufmerksamkeit zu reiben, d.h. sich durch die Kontinuität der Berührung Gewißheit zu verschaffen. Andauernder aufmerksamer Kontakt schafft Vertrauen und Vertrauen wiederum heilt Zweifel. Wenn wir im Zweifel feststecken, richten wir unser Bewußtsein auf vertrauenerweckende Erfahrungen. Wir können uns sagen: denk nicht mehr nach. Warte eine bestimmte Zeitspanne und stelle jeden zweifelnden Gedanken beiseite. Dann entscheide dich.

Durch tiefes Hineinspüren in den Körper erleben wir, welches Empfinden sich mit den Zweifeln und einzelnen Entscheidungsmöglichkeiten verbindet. Je genauer wir uns kennenlernen durch achtsames Wahrnehmen, desto sicherer wird unser Unterscheidungsvermögen. Dann können wir intuitive Weisheit von vorgeprägten Erwartungen trennen und wissen welcher Weg sich richtig anfühlt. Vertrauen in die eigene Intuition verjagt den Zweifel. Wenn wir dorthin gehen, wo die Herztüren sich öffnen wollen, dann fühlen wir uns gut und kompetent, dann gelingt es uns, Skepsis und Zweifel aufzulösen.

Es gibt, das soll abschließend gesagt sein, auch heilsamen Zweifel. Allein zu wissen, daß wir von zweifelnder Unklarheit erfüllt sind, kann sich sinnvoll auswirken. Heilsamer Zweifel bringt uns auf die Suche, möchte forschen und Erkenntnis gewinnen, erlaubt uns auch abzuwägen und nach Gegengewichten zu suchen. Heilsamer Zweifel wirkt ausgleichend und erhellend.

In den traditionellen Schriften wird der Geist gern verglichen mit einem klaren Bergsee. Ist das Hindernis Zweifel gegenwärtig, so erscheint das Wasser schlammgetrübt, ist Unruhe gegenwärtig, ist das Wasser windgepeischt, bei Trägheit ist die Oberfläche mit Algen übersät und man kann nicht auf den Grund schauen. Die aversive Geisteshaltung würde kochendes Wasser bedeuten, und die Haltung des Haben-Wollens zeigt einen See, in dem faszinierend bunte Farben spielen und unsere Aufmerksamkeit auf sich ziehen, sodaß wir nicht auf den Grund schauen können.

Hindernisse sind so vergänglich wie alles andere auch. Nur durch unseren Widerstand geben wir ihnen zusätzliche Kräfte. Wir sollten uns deshalb nicht mit ihnen identifizieren, d.h. nicht glauben, „ich bin gierig, ich bin ärgerlich, i ch bin träge, ich bin unruhig, ich bin ein Zweifler". Es wird einfacher, wenn wir den Ich-Gedanken rausfiltern.

Fünf klassische Hindernisse im Alltag

Hindernisse wirken wie Stolpersteine, die zum Aufwachen zwingen. Wenn wir ihnen mit ärgerlicher Ablehnung begegnen, setzen wir noch eins obendrauf, wenn wir aber die unerwartete Verschnaufpause aufgeschlossen annehmen, können wir bestimmt Neues entdecken. Vor Hindernissen ist unsere Kreativität und Flexibilität gefragt. Wenn wir den Hindernissen begegnen, müssen wir sie erkennen und benennen. Ob sie nun Betonwand, Bretterzaun, Trägheit oder Zweifel heißen - sie verlangen von uns Umdenken, die Bereitschaft neue Wege zu wagen und uns diszipliniert bei der Hand zu nehmen. Solange wir waches Interesse haben, die Hindernisse zu entschleiern, werden wir zusehends klarer und konzentrierter unseren ureigenen, authentischen Weg gehen.

Empfehlungen zur Lektüre

Sylvia Boorstein, Buddha oder die Lust am Alltäglichen, Goldmann, 1998.

Joseph Goldstein, Vipassana-Meditation. Die Praxis der Freiheit, Arbor Verlag, 1999.

Joseph Goldstein und Jack Kornfield, Einsicht durch Meditation. Die Achtsamkeit des Herzens. – Buddhistische Einsichts-Meditation für westliche Menschen, O.W. Barth – Scherz Verlag, 1989.

Gavin Harrison, In the Lap of the Buddha, Shambala, 1994.

Jack Kornfield, Geh den Weg des Herzens. Meditationen für den Alltag, Kösel, 1997.

Jack Kornfield und Gil Fronsdal, Die Lehren Buddhas, Droemer Knaur, 1997.

Stephen Levine, Schritte zum Erwachen. Meditation der Achtsamkeit, Rowohlt TB, 1997.

Sharon Salzberg, Ein Herz so weit wie die Welt. Buddhistische Achtsamkeitsmeditation als Weg zu Weisheit, Liebe und Mitgefühl, Arbor Verlag, 1999.

Geborgen im Sein. Die Kraft der Metta-Meditation, Fischer TB, 1999.

Ajahn Sumedho, The Mind and the Way: Buddhist Reflections on Life, Wisdom, 1995.

Das Spirit Rock Centre

Das Zentrum von Spirit Rock ist als lebendiges Mandala geschaffen worden. Ein westliches Dharma- und Retreatzentrum, das der Entdeckung und Festigung des Dharma in unserem Leben gewidmet ist. Als Gemeinschaft widmen wir uns der spirituellen Verwirklichung. Zusammen begründen wir ein neues Zentrum, in dem sich das Herz der Weisheit durch die traditionelle buddhistische Praxis und ihre Umsetzung in der Welt entfalten kann. Für uns hat dieses Mandala eine Form, bei der alle Facetten miteinander verbunden sind und jede einzelne Facette sowohl eine Widerspiegelung der Wahrheit ist als auch zu dieser zurückführt. Während der Dharma der Befreiung im Zentrum des Mandalas steht, schließt der äußere Ausdruck die folgenden Dharmawege ein: Retreats, rechte Beziehungen, Studium, Rückzug, Integration und Dienst an anderen.

Der Dharma der Befreiung: Buddha – Dharma – Sangha

Retreats: Übung in der Vipassana-Meditation und anderen unterstützenden Praktiken durch stille Retreats

Studium: Die Lehren des Buddha durch fortlaufendes Studium und Erforschung traditioneller und zeitgenössischer buddhistischer Literatur und Praxis bewahren und zugänglich machen.

Integration: Durch Seminare und Workshops Training für die Integration der Dharmapraxis im täglichen Leben bieten; ein Leben des weisen und mitfühlenden Handelns in der Welt unterstützen.

Rückzug: Interessierten Menschen die Möglichkeit bieten, das auf angemessenen, nicht sexistischen Prinzipien basierende einfache und hingebungsvolle Leben an einem Rückzugsort kennenzulernen.

Dienst am Nächsten: Der Sangha von Spirit Rock sowie der größeren Gemeinschaft auf der Grundlage von Fürsorge und Respekt für alle Wesen seine Dienste anbieten.

Rechte Beziehungen: Im Einklang mit dem Achtfachen Pfad rechte Beziehungen untereinander, mit der Erde und mit allen Wesen pflegen.

Weitere Informationen

Leser, die weitere Informationen über Spirit Rock wünschen oder über Retreats und Seminare, die vom Lehrerkollegium von Spirit Rock durchgeführt werden, können sich an folgende Adresse wenden:

Spirit Rock Center
5000 Sir Francis Drake Blvd.
P.O. Box 909
Woodacre, CA 94973
USA

Informationen sind auch über Internet unter:
http://www.spiritrock.org erhältlich.

Informationen für Deutschland können Sie über das von Marie Mannschatz mitinitiierte „Netzwerk Buddhistische Perspektiven" erhalten:

c/o Johanna Bohlsen, Hünensteig 12 a, 12169 Berlin
Fon & Fax 030.794 10 959

Audio- und Videokassettenaufzeichnungen von Vorträgen, die von Lehrern aus Spirit Rock und anderen Vipassana-Lehrern gehalten wurden, können angefordert werden bei:

Dharma Seed Tape Library
P.O. Box 66
Wendell Depot, MA 01380
USA
Tel. (800) 969-7333

ZUM WEITERLESEN

Sharon Salzberg (Hg.)
Die Flügel der Freiheit
Mit Beiträgen von Jack Kornfield, Joseph Goldstein, Larry Rosenberg, Sylvia Boorstein, Fred von Allmen u.a.

Es sind Fragen nach der Gemeinschaft und den unterschiedlichen Aspekten der Meditationspraxis, die im Mittelpunkt dieses Sammelbandes stehen. Zwanzig der angesehendsten und bekanntesten Vipassana-Lehrer Nordamerikas beleuchten die Grundlagen buddhistischer Praxis: Die »Erziehung des Herzens«, die »Zufluchtnahme in der Sangha«, die »Befreiung von allem Leiden«.
  Ewig gültige Themen buddhistischer Praxis, die in »Die Flügel der Freiheit« in zeitgemäßer Form und in großer Nähe zu unseren alltäglichen Erfahrungen aufgeworfen und beantwortet werden.
  Arbor Verlag, Hardcover, ISBN 3-924195-76-5

Sharon Salzberg
Ein Herz so weit wie die Welt
Buddhistische Achtsamkeitsmeditation als Weg zu Weisheit, Liebe und Mitgefühl

Sharon Salzberg zählt zu den herausragenden buddhistischen Lehrerinnen unserer Zeit. In diesem Buch lehrt sie die Meditation, die Daniel Goleman zu seinem Bestseller „Emotionale Intelligenz" anregte: Mit großer Herzenswärme und Humor zeigt sie, wie wir durch die Praxis der Achtsamkeit Freundschaft mit uns und unseren Gefühlen schließen und Hindernisse in Verständnis transformieren können. Ein außergewöhnlich inspirierender Wegbegleiter zu einer Spiritualität, die verankert ist in unserem ganz alltäglichen Leben.
  Arbor Verlag, Hardcover, ISBN 3-924195-48-X

Rodney Smith

Die innere Kunst
des Lebens und des Sterbens

Jeder Kontakt mit dem Tod hat das Potential, unser Verständnis des Lebens zu vertiefen. Bei seiner Arbeit in der Hospiz-Bewegung erhielt Rodney Smith immer wieder Einblick in die Situation von Menschen, die dem Verlust von allem, das sie je gekannt hatten, ins Gesicht sehen mußten.

Rodney Smith zeigt auf, wie wir von Sterbenden lernen können, uns dem Mysterium des Lebens und des Sterbens wieder zu öffnen und so zu einem erfüllten Leben im Hier und Jetzt zurückzufinden.

Arbor Verlag, Hardcover, ISBN 3-924195-52-8

Myla & Jon Kabat-Zinn

Mit Kindern wachsen
Die Praxis der Achtsamkeit in der Familie

Mit Kindern wachsen ist das ideale Buch für alle, die die Essenz der ihnen anvertrauten Kinder erkennen und bewahren wollen. Myla und Jon Kabat-Zinn, langjähriger Schüler von Thich Nhat Hanh machen deutlich, daß das Leben mit Kindern ein eigener spiritueller Weg von ungeahnter Tiefe und Erfüllung sein kann.

Die behandelten Themen sind sehr vielfältig und reichen von grundsätzlichen Überlegungen bis hin zu vielen praktischen Beispielen und konkreten Hinweisen für ein harmonisches Leben mit Kindern. Das Buch kann Eltern schon während der Schwangerschaft eine wertvolle Hilfe sein, begleitet sie durch die Höhen und Tiefen der ersten Jahre, gibt Hinweise, wie Kinder, die in die Schule gehen, unterstützt werden können, und zeigt, daß es selbst dann nicht zu spät sein muß, neue Wege zu gehen, wenn die Kinder erwachsen sind.

Arbor Verlag, Hardcover, ISBN 3-924195-40-4

Pema Chödrön
Tonglen

Ihr neuestes Buch und die Essenz ihrer Arbeit. Mit Unterweisungen zum Tonglen, zur Sitzmeditation, zur Entwicklung von Maitri, Mitgefühl und Furchtlosigkeit.
Hardcover, ISBN 3-924195-74-9, ab Frühjahr 2002

Chögyam Trungpa
Erziehung des Herzens

59 herausfordernde Losungen stehen im Mittelpunkt dieses Buches – Losungen, die seit acht Jahrhunderten von tibetischen Lehrern in der Unterweisung von Meditationsschülern genutzt werden. Chögyam Trungpa versteht es, uns die Prinzipien und Praktiken der tibetischen Lojong- und Tonglen-Praxis in einer zeitgemäßen Form nahezubringen.
Arbor Verlag, Hardcover, ISBN 3-924195-63-3

Chögyam Trungpa
Weltliche Erleuchtung
Die Weisheit Tibets für den Westen

Eine dichte, allgemeinverständliche und lebendige Zusammenstellung aus den wichtigsten Schriften des wohl bekanntesten Meisters des tibetischen Buddhismus unserer Zeit.
Arbor Verlag, Hardcover, ISBN 3-924195-54-4

Jack Kornfield & Christina Feldman
Geschichten des Herzens
Mit einem Vorwort von Jon Kabat-Zinn

Mit seinen kurzen und langen, humorvollen und bewegenden, buddhistischen, christlichen, chassidischen, indianischen und Sufi-Geschichten, ist es ein ideales Buch für den Nachttisch und ein wunderschönes Geschenk!

Bereits der Vorgänger dieses Buches – Das strahlende Herz der erwachten Liebe – hat sich schnell von einem Geheimtip zu einem außergewöhnlich beliebten Buch entwickelt. Jetzt in überarbeiteter und erweiterter Neuauflage.

Arbor Verlag, Hardcover, ISBN 3-924195-37-4

Wundervolle und zutiefst inspirierende Geschichten.
Daniel Goleman

Joseph Goldstein
Vipassana-Meditation
Buddhistische Achtsamkeitsmeditation
als Weg zu innerer Freiheit

Das Handbuch zur buddhistischen Achtsamkeitsmeditation.

Klar, praktisch und voller Mitgefühl zeigt es Wege auf, auf denen wir uns von alten Gewohnheiten und einengenden Verhaltensmustern befreien können. In seiner Strukturiertheit und praktischen Nähe zu den Fragen der Meditationspraxis eine hervorragende Ergänzung zum Buch von Sharon Salzberg.

Mit wunderbarer Einfachheit und Direktheit beschreibt Joseph die Praxis der Achtsamkeit, die Einsicht und wahre Freude verspricht.

Arbor Verlag, Hardcover, ISBN 3-924195-46-3

Gerne informieren wir Sie über unsere weiteren
Veröffentlichungen aus dem Bereich Buddhismus.
Schreiben Sie uns oder besuchen Sie uns im
Internet unter:

www.arbor-verlag.de

Hier finden Sie Leseproben unserer Bücher,
aktuelle Informationen, Links und
unseren Buchshop.

Arbor Verlag • D-79348 Freiamt
Fax: 07641.933781 • info@arbor-verlag.de